사회적 경제는
좌우를 넘는다

사회적 경제는 좌우를 넘는다

더 가난해지지 않기 위한 희망의 경제학

우석훈 지음

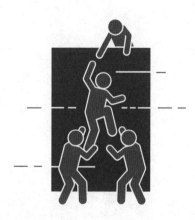

문예출판사

서문

1

2000년대 초반에 커피가 가장 맛있는 도시는 취리히라는 이야기를 들은 적이 있다. 그래서 취리히에 가보았다. 진짜로 맛있었다. 아인슈타인이 대학 시절 수업에 안 들어가고 커피를 마셨다고 하는 카페에도 가보았는데, 역시 맛있었다. 파리에서 사르트르가 자주 간다는 카페에 가보았을 때, 음식은 비싸고 커피 맛은 생각보다 그렇게 맛있지 않았던 기억이 났다. 내가 마셔본 가장 맛있는 커피는? 일본 히로시마에서 히로시마 야구단인 도요카프의 시민 주주임을 자랑하는 할머니가 하는 골목길 카페에서 먹었던 커피가 가장 맛있었던 것 같다. 커피는 맛만 보는 것이 아니다. 도시의 분위기와 풍경 그리고 커피를 내려 주는 주인 등의 요소가 결합되면서 노스탤지어와 낭만을 같이 마신다. 블라인드 테스트를 하면 커피

맛을 알아볼 수 있는 사람은 정말 얼마 없다. 눈을 뜨면 보이는 풍경 그리고 그 시절을 살아가는 사람의 마음, 그런 것을 같이 마시는 것이다.

취리히는 원두의 생산지도 아니고, 근처에서 원두를 거래하는 항구도 아니다. 그렇다고 샹젤리제처럼 전 세계 모든 미식가와 멋쟁이들이 모이는 세계 문화의 중심지도 아니다. 유학 시절, 샹젤리제에서 그렇게 멀지 않은 곳에 살았다. 집에서 산책을 나오면 가끔은 개선문을 지나 샹젤리제에서 커피를 한 잔 마시고 돌아갔다. 세계적으로 커피가 맛있다고 하는 곳인데, 그것보다는 솔직히 투박한 취리히 동네 카페에서 마시는 커피가 더 맛있었다.

취리히? 대표적인 우파 도시다. 스위스 극우파 정당이 바로 그곳에서 출발했다. 우리 식으로 치면 배트맨의 고담 시티와 연결해서 '고담 대구'라고 불리기도 하는 대구와 정치적 위치가 비슷하다. 불어권을 대표하는 로잔과 제네바가 좀 더 좌파적이고 인문학적인 전통을 가지고 있다면, 취리히는 우파 심지어는 극우파적 성향이 강하고 이공계와 금융이 강한 도시다. 그렇다면 스타벅스의 도시 시애틀처럼 프랜차이즈 카페가 많을까? 물론 취리히에도 스타벅스가 있기는 하다. 그렇지만 역시 취리히는 자영업자들이 직접 커피를 내리는 오래된 동네 카페의 도시다. 그리고 'COOP'이라는 마크를 단 가게가 많은 협동조합의 도시이기도 하다. 자영업자와 협동조합, 이것을 가능하게 하는 요소가 바로 세계 최고 수준이라고 하는 직접 민주주의와 지역자치다.

유럽의 우파들이나 극우파들도 지역자치만큼은 아주 잘한다. 자신의 동네를 깨끗하게 지키는 것을 자랑으로 안다. 그 연장선에서, 경제도 지역자치의 일부로 생각한다. 그러다 보니 평생을 한자리에서 커피만 내렸던 작은 카페 사장의 커피가 맛있어진다. 평생 그 일만 한 사람을 이기기는 어렵다. 그것이 커피가 가장 맛있는 도시가 취리히라는 세평의 이유가 아닐까?

보수와 극우파가 강한 도시 취리히에서 나는 한국 경제의 미래를 처음 보았다. 한국은 좌파가 아예 없다시피 하고, 진보라고 불리는 사람들도 약하다. 유럽 기준으로 보면, 한국은 중도우파와 우파 그리고 극우파의 힘이 강한 나라다. 실력은 모르겠는데, 정치와 경제는 심하게 우편향되어 있는 나라다. 스웨덴의 사민주의는 강한 좌파 노조의 힘에서 나온다. 프랑스의 좌파는 집권 경험도 길고, 자신감도 강하다. 프랑스에서는 좌파들에게 비주류라고 말하지 않는다. 이미 기득권 세력의 기본 축 가운데 하나다. 독일도 좌파 전통이 강하고, 노조도 강하다. 그리고 지역자치도 강하다. 규모와 실력으로만 보면 21세기는 이미 독일의 시대다. 그럼 우리는?

한국 경제학계에서 좌파라는 것은 별거 없다. 학파도 없고, 학풍도 없다. 학회도 이제는 너무 약해졌다. 그냥 몇 명이 자기 자리에서 버티는 정도다. 좌파의 공격이 날카롭지 않으니까 한국의 우파들은 나태해졌다. 열심히 책 읽을 이유가 없어졌다. 골프 치고, 접대받고, 맛있는 거 먹고, 하는 것을 삶의 이유로 생각한다. 이렇게 대충 사는 우파들은 OECD 국가 중에서 한국밖에 없을 정도다. 스웨덴 모델이나 독일 모델, 매력적이기는 하다. 그렇지만 별거 없는 좌파, 게으르고 틈틈이 부패하는 우파 정도 가지고는 할 수 없는 국민경제 모델이다. 좋은 건 알아도, 우리가 직접 도달할 수 있는 궤적이 없다.

아주 강력한 우파의 힘, 이것이 동네 경제와 결합하면서 만들어낸 모델이 스위스 취리히가 갔던 길이다. 스위스는 산업도 강하고, 금융도 강하다. 그렇지만 지역자치가 더 강한 나라다. 그 정도는 우리도 할 수 있을 것 같다. 이것이 내가 스위스 모델에 주목한 이유다. 프랑스, 독일, 스웨덴 같은 데도 나름대로 안정적인 국민경제를 가지고 있다. 그렇지만 우리가 직접 가기에는 사회적 조건이 너무 멀다. 그렇지만 스위스, 그것도 취리히 정도는 우리도 할 수 있을 것 같다. 동네에 있는 작은 카페가 망하지 않고 평생 영업할 수 있는 도시, 그 정도는 우리 실력으로도 만들 수 있는 것 아닌가?

한국이 스위스 같은 나라가 된다? 해볼 만한 일이다. 제2차 세계대전이 끝날 때까지, 역사적으로 스위스는 유럽의 빈국 중의 빈국이었다. 그 후에도 프랑스, 독일 옆에 붙어 있는 위성경제satellite economy 정도로 분류되던 나라다. 유럽연합European Union, EU 가입을 거부했을 때, 지금과 같은 경제적 위상을 스위스가 가지게 될 것이라고 예상한 사람은 거의 없었다.

2

1990년 1월, 일본 증권의 니케이지수는 4만 포인트에 근접했다. 그리고 그해 10월 1일에는 2만 포인트 아래로 내려갔다. 주식이 이렇게 반토막 난 상태에서도 집값은 최고치를 계속 갱신하다가 그다음 해 여름부터 내려가기 시작한다. 1989년 왕위에 즉위한 아키히토 일왕의 연호는 헤이세이이다. 공교롭게도 아키히토가 즉위한 뒤로 일본 경제가 어려워지기 시작했다. 일본에서는 이 연호를 따서 1990년 이후의 일본 경제위기를 '헤이세이 불경기'라고 부른다. 우리 식으로 표현하면 '헤이세이 공황' 정도로 부를 수 있다. '10년 불황' 혹은 '20년 불황'이라고 불리는 이 공황의 정확한 명칭은 없다. 헤이세이 불경기가 가장 근접하고, '버블 공황'이라고도 부르는데, 많은 경제위기는 대부분 버블에서부터 시작한다. 정확한 용어는 아니다.

2~3년 위기를 겪다가 회복되는 경제 불황을 U자형 불황이라고 부른다. 가장 보편적인 현상이다. 아래쪽이 둥그스름하다. 빨리 내려왔다가 금방 올라가는 것은 V자형 불황이라고 부른다. 한국이 1980년과 1998년에 겪은 경제위기가 이런 V자형 유형을 보였다. 금방 올라갔다가 다시 내려가면 W자형이 생긴다. 이것은 하강국면이 두 개라는 의미에서 '더블딥'이라고 부른다. 한 번 내려가면 다시 올라올 회복의 모멘텀이 보이지 않는다는 면에서, 일본형 장기 불황은 L자형이라고 부르기도 한다. 물론 한 번 내려갔다가 다시 더

나쁜 데로 계속 내려가기만 하는 아르헨티나 등 중남미식의 장기 위기도 존재한다. 그렇지만 OECD 국가들이 가장 무서워하는 경제 위기는 일본식 장기 불황인 L자형 불황이다.

한국은 일본형 장기불황으로 이끌려 가지 않을 기회가 몇 번 있었다. 박근혜 정부 초대 국토부 장관인 서승환, 경제부총리로 위기의 스위치를 격발한 최경환, 그리고 그 시기에 청와대 경제수석을 맡은 안종범, 이들이 최고의 힘을 발휘하던 순간 한국은 장기 불황의 궤적으로 들어갔다. 만약 우리가 지금의 위기를 극복하지 못하면 먼 훗날 한국의 경제사학자들은 이들을 한국 경제의 '악의 축'으로 분류할 것 같다.

안타까운 일이다. 서승환 교수는 나에게 은인 같은 사람이다. 대학에 들어가서 내가 처음으로 경제학 수업을 들은 것이 바로 이 양반의 수업이다. 경제학을 공부하고 싶다는 생각을 불러일으킨 사람이기도 하다. 안종범은 더 안쓰럽다. 그는 원래부터 버블파와는 아주 거리가 먼 학자다. 클린턴 시절 미국 신복지의 주요한 한 축이 바로 안종범의 논문에서 시작되었다. 한국에 들어오지 않았다면 미국 대통령 자문은 당연히 했을 것이고, 유엔개발계획UNDP이나 유엔공업개발기구UNIDO 혹은 유엔아동기금UNICEF의 의장 정도는 했을 가능성이 높은 사람이다. 나와 정말로 가까운 사람들이 안종범의 절친이기도 하다. 우파이기는 하지만 나름 괜찮은 학자라고 생각하던 사람들이 단체로 모여서 한국형 버블의 단추를 누르게 되었다. 그리고 이제 한국 경제가 그 함정으로부터 돌아 나오기는 아주 어렵게 되었다.

국제적으로 보면, 협동조합을 비롯한 사회적 경제가 비약적으로 발전한 때가 경제불안기다. 1929년 대공황으로 세계 전체가 어려울 때, 무솔리니의 파시즘 아래에서 이탈리아 협동조합이 경제의 핵심 축을 담당했다. 일본의 생활협동조합이 노동자와 시민들 사이에서 지역적으로 형성된 것은 패전 후 정말로 먹을 것도 없던 그 곤궁하던 시기였다. 국제연합United Nations, UN이 세계협동조합의 해를 지정하고, 유럽의 많은 국가들이 사회적 기업을 거시 정책의 한 축으로 포함하기 시작한 것은 2008년의 글로벌 금융위기를 극복하는 과정에서 벌어진 일이다. 우리 속담으로 하면 '산 입에 거미줄 치랴' 정도라고 할 수 있다. 사회적 경제가 '멋있어서' 또는 '폼나서', 지금과 같은 세계적 기반을 갖추게 된 것은 아니다. 급격한 경제위기 때, 다른 방식으로는 먹고살 수 없게 된 사람들끼리 모인 조직을 정부가 지원하면서 형성된 것이다. 사회적 경제는 이념적인가? 사회적 경제를 설명하는 이론틀이 이념적인 것이고, 실질적이고 실무적인 과정은 지극히 현실적인 경제에서 발생할 수밖에 없는 거대한 흐름과 같은 것이다. 경제위기 때면 나올 수밖에 없는 이야기다. '너는 이거 말고 단기적으로 처방할 다른 대안 있어? 아, 아파트 짓기, 다리 짓기, 아스팔트 다시 깔기? 그거 말고!'

경제 불황이 시작되면 국가가 개인을 일일이 돌보기 어려워진다. 있던 복지기금도 줄이자고 한다. 박근혜 정부 때 노인회관에 들어가는 연탄값 등의 난방비를 전액 삭감했다. 큰돈은 아니지만 다리를 더 지으려면 어쩔 수 없다고 정권은 생각한 것 같다. 경제는 어렵고, 정부는 안 도와줄 것 같고, 식구한테 손 내밀기도 어려운 순간, 어떻게 할 것인가? 제일 먼저 손을 내미는 것은 불법 다단계일 것이고, 그다음에는 자영업 창업으로 눈이 갈 것이다. 자영업 창업, 3년 동안 버틸 확률이 그렇게 높지는 않다. 독자 여러분을 위해 미리 말씀드리면, 한국에서 학자든 공무원이든 또는 국회의원이든, 경제의 주류 흐름은 자영업자에 대해 그렇게 우호적이지 않다. '빚내서 집 사기'에 비하면 확실히 덜 우호적이다. 외국에 비해 자영업자가 너무 많다는 판단이 지배적이고, 자영업자들이 버티기에 유리한 정책이 만들어질 여건 자체가 형성되기 어렵다. 물론 국제 지수로는 부동산과 가계 부채도 마찬가지이지만, 토건에 대해서는 우호적인 주류 흐름이 자영업에 대해서는 놀랍도록 비우호적이다.

불황의 시기에 더 많은 돈을 버는 것보다는 덜 가난해지는 것도 개인에게는 중요한 전략이다. 불법 다단계 빼고, 자영업 창업 빼고, 이것저것 빼고 나면 내릴 수 있는 판단이 별로 없다. 이런 경제적 조건이 사회적 경제가 중요하게 떠오르는 순간이다. 그렇다고 해도 많은 사람들은 선뜻 선택하기 어렵고, 판단하기도 쉽지 않다. '이게 대체 뭐여, 사회적 경제?' 우리는 사회적 경제에 대해 아직 잘 모른다. 그리고 사실 알고 싶은 마음도 별로 없을지 모른다. 그렇지만 무턱대고 창업하겠다고 달려드는 시간의 일부, 정말 아주 일부만 내서 사회적 경제에 대해 알아보는 것이 해로울 것 같지는 않다.

경제 원론 교과서 앞의 절반은 앨프리드 마셜Alfred Marshall이 한 얘기다. 그는 경제학도는 '뜨거운 가슴과 차가운 머리'를 가져야 한다고 말했다. 불황이 길어지면 많은 사람들은 그와는 반대로 가슴은 차가운데 머리가 뜨근뜨근해진다. 이래서는 좋은 판단을 내리기가 어렵다. 사람은 너무도 쉽게 가슴보다 머리가 뜨거워지는 법, 삶은 불황의 시대에 그렇게 스스로를 배신하게 된다. 그리고 이렇게 뜨거워진 머리로 우리는 많은 경우, 더 빨리 더 많이 가난해지는 쪽을 스스럼없이 선택한다. 후회? 후회가 들 때는 이미 너무 삶이 힘들어져서 어디서부터 후회해야 할지 생각하기도 어려워진다.

3

핀란드 헬싱키의 작은 식당에서 만난 일본 여성 셋이 서로의 삶을 꾸며 가는 이야기는 일본에서 소설로 엄청나게 성공했고, 영화로도 만들어졌다. 〈카모메 식당〉을 영화관에서 본 한국인은 공식적으로 6997명이다. 한국에서는 2007년에 개봉했다. 10년에 걸친 민주당 정부 마지막 해였다. 이 이야기를 모티브로 하는 나영석 PD의 예능 방송 〈윤식당〉은 시청률 10퍼센트를 훌쩍 넘어간다. 남녀 불문, 50대 이하로 전 연령대에서 1위를 기록한다.

두 영상 사이의 차이는 무엇일까? 일본과 한국, 두 문화권의 차이일까? 아니면 2007년과 2017년이라는 시간의 차이가 큰 것일까? 물론 삶과 밀접하면서도 살짝살짝 일상성을 비껴나가는 판타지에 대한 나영석 PD의 기획력과 연출력을 우선 생각하지 않을 수 없다.

그러나 그렇다고 하더라도 유사한 모티브를 공유하는 두 영상의 너무 큰 관객 차이를 설명하기가 쉽지는 않다. 하나는 망했고 다른 하나는 잘됐고, 그렇게 정서적으로 이해해버리면 간단하다. 자영업자 식당과 프랜차이즈를 지향하는, 나름 초일류 셰프의 도움을 받는 식당의 차이일까? 그렇지는 않은 것 같다.

영화 〈카모메 식당〉은 사회적 경제를 이해하기에는 좋은 텍스트다. 국가가 직접 개입하지는 않는다. 삶이 살짝 뒤틀린 여성들이 작은 공간에 모여서 서로 고민하고 도와가면서 또 다른 경제적 삶을 만들어 나가는 이야기다. 원형적인 사회적 경제 이야기다. 엄청난 판타지는 없다. 다만 빡빡하게 꽉 짜여진 일본과는 달리 많은 것들이 허용되고, 문화적 다양성이 용인되는 헬싱키가 배경일 뿐이다. 2007년에 이 이야기를 남다르게 해석하거나 느끼고자 했던 한국 사람은 1만 명이 채 되지 않았다. 그 시기에 한국에서는 사회적 기업 관련 법안이 국회를 통과하면서 사회적 경제의 새로운 계기가 만들어지고 있었다.

낯설지만 어쩌면 전혀 낯설지 않은 〈카모메 식당〉 이야기를 그 시기에 받아들이기에는 우리는 너무 판타지 속에 깊이 들어가 있던 것인지도 모른다. 경제 신문을 한 번 펼쳐보시라. 과학으로서의 경제에 관한 이야기보다는 경제를 소재로 한 판타지가 가득 찬 종이 무더기를 볼 수 있을 것이다. 판타지, 어쩌면 너무 빠른 시간에 성장한 우리는 경제를 판타지의 일종으로 생각하고 있는 것인지도 모른다. 재벌 2세, 아니 3세 정도는 나와 줘야 하고, 차관급은 넘어서는 공무원이라야 뭐라도 한마디 할 수 있게 된다. 아마도 우리는 경제를 과학으로 받아들이기보다는 삼국지나 리니지 공성전 같은 판타지의 한 분야로 받아들이고 있었던 것인지도 모른다. 판타지에는 영웅이 등장하고, 대자본이 동원되거나 세상을 한 번에 바꿀 듯한 신기술이 등장한다. 그리고 물량 공세와 정교한 전략이 판을 움직이는 기본 요소가 된다.

실제로 우리가 살아가는 경제가 그럴까? 거시라고 불리기는 하지만, 국민경제의 많은 것들이 소소한 사람들의 일상으로부터 나온다. 찌질해 보이고 비루해 보이고 때로는 남루해 보이기도 하지만, 그런 사람들의 일상성이 모여서 거시 경제를 만든다. 우리가 생각하는 거시는 너무 판타지적이고, 너무 힘이 센 것들 중심으로 구성되어 있다. 그렇지만 그것은 아주 일부다. 우리는 일상성을 무시하고, 삶은 경제의 영역, 아니 과학의 영역이라고 생각하는 데 너무 익숙해져 있다. 우리가 지나치게 판타지로 가는 동안 경제에 관한 이야기는 너무 커져 버렸고, 하늘 위로 올라가 버렸다.

조선의 4대조 국왕 세종은 건국의 칼부림 위에서 '안정되고 편안한 나라' 만들기를 자신의 소임이라고 생각했다. 농업 기술을 정비하고, 음악을 통일하고, 과학과 관련된 연구를 진흥했다. 그리고 훈민정음을 만들었다. 글자 만들기 같은 것은 엄청난 일이다. 그렇지만 세종의 이런 업적들은 어디까지나 수단이고 도구일 뿐이다.

그가 만들려고 했던 세상은 《서경》에 나오는 표현인 '생생지락生生之樂'으로 요약된다. 세종이 가장 많이 했던 말로, 실록에 기록되어 있기도 하다. 지금 식으로 표현하면 '일상이 즐거운 삶' 또는 '즐거운 생업' 정도로 이해할 수 있다. 하루하루의 경제적 삶을 살면서 그 삶이 즐거운 것, 대왕 세종이 꿈꿨던 조선의 모습이다. 한 명 한 명의 삶이 편안한 것, 그것을 위해서 훈민정음을 만든 것 아닌가?

우리는 일상성을 너무 무시하고 경제를 판타지처럼 생각했다. 그러다 보니 사회적인 것도 '비경제적인 것', 솔직한 마음으로는 찌질한 것이라고 무시하고 지냈다. 지나와서 보니까, 한국에서 좌파는 너무 사회화되었고, 자의식 과잉일 지경이 되었다. 그리고 경제개발 세력이라고 자부하는 우파는 너무 사회화가 덜 되었다. 혼자 있으면 유아적이고, 같이 있으면 부패 세력이 된다. 적당한 사회화는 여전히 우리에게 어려운 과제다. 그리고 경제의 사회화는 아직 1퍼센트도 만들지 못한 초보 수준이다.

그러나 시간이 지나면서 많은 선진국의 경제가 사회화 과정을 거쳐 성숙해졌듯이 우리에게도 그런 시간이 왔다. 이것을 애써 외면하거나 비과학적이라고 낮추어 볼 이유는 없다. 너무 판타지에 익숙해지다 보니까 삶의 일상성, 경제의 일상성 같은 것이 눈에 들어오지 않을 뿐이다. 우리 앞에 펼쳐질 불황의 시기에 개인들이 조금이라도 덜 힘들고, 더 즐겁고, 더 재미있는 것들을 고민해야 할 것 같다. 자연스럽게 이전과는 다른 요소들이 삶 속으로 깊이 들어오는 계기가 될 것이다. 세종이 생각했던 조선의 꿈인 생생지락, 오래된 꿈이지만 우리에게는 여전히 해볼 만한 목표이기도 하다.

일상적이고 소소하지만 같이 고민하는 삶, 그것을 사회적으로 같이 논의하는 것, 그 거대한 흐름으로 지금 우리는 아주 빠른 속도로 들어가고 있다. 소소한 일상을 사회적으로 같이 하는 것이 왜 경제가 아니란 말인가?

기초 자료를 모아주고 같이 분석해 준 백운광 박사와 박동욱 박사에게 깊은 감사를 드린다.

2017년 4월
우석훈

차례

제1장

사회적 경제에 관한
짧은 스케치들

1. 수영 못하는 해적?

유럽의 해적 이야기에는 수영을 잘 못하는 해적들이 종종 나온다. 수영을 못하는 해적? 어이 없는 이야기일 것 같지만, 아주 이상한 말은 아니다. 그들과 맞상대했던 대영제국의 해군들도 수영을 제대로 못했던 것은 마찬가지였다. 지금의 눈으로 보면 자맥질 수준 이상의 고급 수영을 하는 수병은 없었다. 19세기 초반에도 유럽 사람들이 수영을 하기는 했다. 그렇지만 우리가 보는 그런 형식의 수영은 아니었다.

영화에서 타잔은 아프리카에서 아주 유려한 크롤 영법으로 늪지대를 건너가고, 심지어는 악어와 작은 칼 하나를 들고 물속에서 싸움을 하기도 한다. 이 장면은 매우 인상 깊다. 그럴 수밖에 없는 것이, 이 장면을 매끈하게 뽑기 위해 올림픽에서 수영으로 금메달을 다섯 개나 딴 존 와이즈뮬러가 여섯 번째 타잔으로 캐스팅되었다. 당연히 수영을 멋지게 했고, 극 중에서 타잔의 수영 장면은 가장 극적인 장면에 사용되었다. 와이즈뮬러 이전에도 이미 다섯 명의 타잔 배우가 있었다. 그러나 이 수영 장면 덕분에, 와이즈뮬러 이후로는 계속해서 그가 타잔을 맡았다. 우리가 기억하는 거의 대부분의 타잔은 수영 선수였던 와이즈뮬러가 연기한 그 타잔이다.

타잔이 크롤 영법으로 수영을 한다는 것은 할리우드가 만들어 낸 대형 허풍 가운데 하나다. 설령, 아프리카 야생에서 살아남은 어느 아이가 결국 멋진 청년으로 자라나는 데 성공하더라도 그가 흔히 우리가 '자유형'이라고 부르는 그 수영을 할 가능성은 거의 없다.

1844년 런던에서 열린 수영 대회에 두 명의 미국 인디언이 참가했다. 유럽 사회는 그때 크롤 영법이라는 것을 처음 보았다. 이렇게 유럽은 아메리카 대륙 인디언들의 수영에서 자유형을 배웠고, 이 새로운 영법의 속도감은 근대적 사회를 만들고자 하던 19세기 유럽인들을 매혹했다. 오랫동안 평영, 그것도 속도 면에서 지금의 평영에는 훨씬 미치지 못하는 자맥질 정도의 수영이 유럽에서는 전부였다. 문명과는 전혀 상관없이 살아왔던 아프리카 청년이, 아무리 타잔이라도 자연스럽게 미국의 인디언들이 즐겨 하던 크롤 영법의 수영을 했을까?

2. 우리가 알고 있는 많은 것들은 불변의 진리가 아니다

요즘 수영을 배우면 숨을 참고 물에 뜨는 법을 맨 처음 배운다. 수영은 과학의 한 연장이고, 효율성을 중심으로 수영이라는 특별한 종목이 구성된다.

19세기 중반에 수영을 배운 사람들이 남겨 놓은 이야기들은 인상적이다. 그들이 수영을 배울 때, 수영을 한다는 것은 배와 비슷해지는 것이라는 설명을 들었다. 마치 자신의 몸이 물에 더 친해지고, 익숙해지는 것과 같은 원리라고 가르쳤다. 그러고는 물을 마시는 것부터 배웠다. 물론 수영을 하다 보면 물을 마시게 되기는 한다. 그렇지만 물을 많이 마시는 것이 수영에 익숙해지는 것과 상관이 있을까? 별로 그럴 것 같지는 않지만 크롤 영법이 본격적으로 도입되기 전까지, 유럽은 수영에 그렇게 익숙하지 않았다. 큰 바다를 건너는 배에 대한 은유로 자신의 몸을 이해하면서 수영에 익숙해지는 것, 지금은 상상하기 어렵지만 그 시절에는 그것이 더 일반적이었을지도 모른다.

우리가 세상을 바라볼 때 직관적으로 느끼는 것 같지만, 많은 경우 세상의 틀을 가지고 보게 된다. 그냥 물 근처에 오래 있으면 수영을 할 수 있게 될까? 시간이 아주 많이 걸릴뿐더러, 크롤과 같은 근사하고도 효율적인 영법은 물론 그냥 물에 떠서 움직이는 개헤엄 정도도 익히기 힘들다. 19세기 중반의 유럽은 이미 많은 과학 기술을 만들어 냈다. 전기의 힘으로 인간을 다시 만들어 내는 것을 상상하는 소설《프랑켄슈타인》은 19세기가 되자마자 등장했다. 우리가 아는 대부분의 기술에 대한 원형이나 상상은 19세기쯤 되면 거의 대부분 이루어졌다. 그러나 인간의 몸을 직접 사용하는 기술, 특히 수영에 관해서는 거의 발전된 것이 없었다.

아메리카 인디언이 런던에서 그 19세기 인간들에게 수영을 하는 새로운 방법을 보여주지 않았더라면 지금 우리의 수영이 어떠한 모습일지, 사실 아무도 모른다. 우리가 당연하다고 생각하는 것들, 그 많은 것들은 이 시대에만 유효한 것일 수 있다.

만약 우리가 2세기 전, 19세기 초반에 살고 있다고 생각해 보자. 누군가 수영에 대해 물어본다면 뭐라고 대답했을까? 아무 말도 하지 않았을 수도 있다. 그리고 아무 말도 하지 않는 것이 싫어서 뭐라도 이야기했을 수도 있다. 18세기 후반에 청나라를 여행했던 박지원은《열하일기》에서 방구들부터 부엌에 이르기까지, 당시 우리의 삶 거의 전반에 대해 많은 얘기를 했다. 그러나 수영에 대해서는 한마디도 하지 않았다.

아메리카 인디언들이 런던에서 그들의 새로운, 아니 너무 오래된 수영을 보여주기 전까지, 유럽인들이 알고 있던 수영에 대한 상식은 큰 의미가 없는 것이었다. 개구리헤엄이나 개헤엄과는 달리 얼굴을 물속에 담그고 헤엄치는 방식에 대한 문화적 거부감 때문이든 정서적 거부감 때문이든, 근대 유럽에서 그들이 자생적으로 알고 있던 헤엄은 인디언들의 크롤 영법 앞에서 별로 의미 없는 것이 되어 버렸다.

지금 가장 고급 영법으로 많은 사람들이 간주하는 접영은 20세기에 들어와서야 개발되었다. 평영에서 팔 동작과 다리 동작이 각각 개선되면서, 평영 시합에 일종의 혁신 상품처럼 등장했다. 그렇지만 전통적 규칙은 평영에서 돌핀킥을 금지하고 있었다. 이 시절의 평영 시합에서 팔은 접영을 하고, 다리는 평영을 하는 모습이 종종 연출되었다. 히틀러의 총통 취임으로 전쟁의 기운이 가득 찬 1936년 베를린 올림픽의 평영 시합을 지금의 관객들이 본다면 도저히 웃음을 참을 수 없을 정도의 기이한 모습이었을 것이다. 베를린 올림픽에서 등장한 이 기이한 영법은 얼마 후 평영 대회의 표준 영법처럼 되어 버렸다. 모든 평영 선수들이 팔은 접영, 다리는 평영을 하는 모습으로 시합에 참가했다. 평영도 아니고 접영도 아닌, 이 어정쩡한 상태는 한동안 지속되었다. 국제올림픽위원회 위원들은 평영에서 돌핀킥을 하는 것을 도저히 용납해 줄 수 없었다. 결국 1956년 호주 멜버른 올림픽에서 접영을 별도의 종목으로 독립시키면서 평영과 접영이 혼합되어 있던 한동안의 사태가 드디어 해결되었다.

달리기와 함께 수영은 인류가 가지고 있는 아주 오래된 지식인 것처럼 생각하기 쉽다. 물론 아메리카 인디언의 시각으로 보면, 그렇게 볼 수 있다. 그러나 15~16세기의 경제적 팽창 이후로 전 세계를 지배하게 된 코커서스의 시각으로 보면, 정말 새로운 것이고 또한 이질적인 것이다.

누구나 수영을 배워야 할까? 수영을 일종의 사치재로 생각할 수도 있고, 중산층이면 당연히 누려야 하는 문화 복지의 일부로 생각할 수도 있다. 1970~80년대의 일본에서는 중고등학교에 수영장을 설치하는 것이 근대국가가 제공해야 하는 기본으로 이해되었다. 21세기의 한국에서 수영은 배우고 싶은 사람은 배우고, 그렇지 않은 사람은 배우지 않아도 되는 것, 그렇게 개별적인 문화 수요의 일부로 이해된다. 그렇지만 2014년 세월호 사건 이후로, 많은 부모들은 자녀에게 최소한의 수영 능력은 가르쳐 주고 싶을 것이다. 많은 사람들이 그렇게 생각하면, 그것은 기본 재화가 된다.

우리가 알고 있는 많은 것들은 불변의 진리가 아니다. 어린 시절 평영을 배울 때는 팔 동작을 크게 하고, 팔의 힘을 많이 써야 한다고 배웠다. 어른이 되어서 다시 평영을 배울 때, 이제는 팔 동작은 숨을 쉬기 위해 최소한만 하고 다리 힘으로 전진해야 한다고 배운다. 긴 역사로 보면 그렇게 오랜 시간이 지나지 않았는데도, 그사이에 영법이 또 바뀌었다.

경제에 대한 지식은 좀 다를까? 대체적으로 우리가 알고 있는 지식은 불완전하고, 시간과 공간에 따라 많은 차이가 생긴다. 18세기에서 19세기까지, 유럽 국가들이 막강한 해군력을 바탕으로 제국주의 팽창 전략을 극한으로 몰고 나가던 시점에 그 해병들이 수영도 세계에서 제일 잘했을까? 수영 실력으로만 치면, 아메리카 인디언들이 세계를 정복하고도 남았을 것이다. 겨우 자맥질하는 수준의 수영 실력을 갖춘 바로 그 병사들의 힘을 그 시기에는 누구도 당하지 못했다. 정말로 막강한 절대 강자였다. 그렇다고 해서 그들이 수영도 잘했을 것이라고 생각할 필요는 없다.

시대가 가지고 있는 지식의 배경을 프랑스의 철학자 미셸 푸코Michel Paul Foucault는《말과 사물Les mots et les choses》에서 에피스테메épistémè라고 불렀다. 우리가 세상을 인식하고 이해하는 방식은 시대에 따라서 바뀐다. 그리고 경제 발전과 함께 한국은 정말 빠르게 움직이는 사회가 되었다. 우리의 인식도 빠르게 변한다. 유행하는 TV 방송 몇 개만 놓쳐도 동료들과 대화하기가 어려울 정도로 우리는 진짜 변화의 속도가 빠른 사회다. 인식 혹은 인식의 틀만 제자리에 있을 이유가 있을까?

3. 사회적 경제. 무엇이 맞고 무엇이 틀렸나?

1980년대 중후반에 대학을 다녔다. 학부 시절에 공부만 한 것은 아니고, 경제학만 공부한 것도 아니다. 그렇지만 그 시절에 배운 것을 바탕으로 박사 학위를 받을 때까지 기초가 부족해서 크게 고생하지는 않았던 것 같다. 경제학만 놓고 보아도 성실한 학생 쪽에는 속할 것 같다. 그렇지만 '사회적 경제'라는 표현을 들어 본 적이 없다. 생활협동조합 등의 협동조합에 대해서도 따로 배운 것은 없다. 철학사 공부를 하면서 조합이라는 것이 있다는 것을 본 적이 있기는 했지만, 정확히 어떻게 움직이는지는 잘 몰랐다. 후생경제학을 공부하면서 복지의 기본 개념을 배우기는 했지만, 요즘 우리가 아는 것처럼 그렇게 복지에 대해 자세하게 배우지는 않았다. 수업에서 복지에 대한 선생님들의 견해는 갈렸다. 복지가 중요하다고 말하는 사람도 있었다. 그렇지만 절대로 복지가 중요하다고 답안을 쓰면 안 되는 수업도 있었다. 그런 과목에서는 시장의 효율적 작동 방식을 강조하고, 국가가 쓸데없이 복지를 늘리면 안 된다, 이렇게 표준 답안이 준비되어 있었다. 그 시절 경제학 수업의 상당 부분은 어떻게 답안을 써야 하는지 표준 답안이 나와 있는 경우가 많았다. 그런 경우, 답안지는 기술적 해법의 문제가 아니라 개인적 양심의 문제가 된다. 유학 가서 대학원에서 가장 좋았던 것은, 연구자의 양심을 이유로 점수를 차별하지는 않는다는 점이었다. 열심히 문제를 풀면, 문제를 푸는 접근 방식과 기법으로 점수를 주지 결론을 내리는 학생의 개인적 양심으로 점수가 좌우지되지 않는다. 극단적인 보수주의 교수의 수업도 들었고, 양심대로 답안을 썼다. 마지막까지 걱정을 했는데, 점수는 진짜로 잘 나왔다.

유학을 간 대학에 있던 도서관이 아주 마음에 들었다. 개가식 도서관을 경험해 보지 못하다가 파리에서 처음 그런 도서관을 보고는 정말로 신세계를 만난 것 같았다. 도서관은 두 층으로 되어 있었는데, 2층의 한쪽 큰 방 전체가 경제학관이었다. 세상에 경제학 책이 그렇게 많은지 진짜로 처음 알았다. 처음 그 도서관을 보자마자 그 책을 다 읽는 것을 목표로 삼았다. 물론 다 읽지는 못했다. 그렇지만 상당히 많은 책이 내 손에 쥐어지기는 했다.

그 시절에 책장 하나가 '사회적 경제'라는 제목으로 분류되어 있었다. 솔직히, 그 책장 앞에 서기 전에는 사회적 경제에 대해 진지하게 고민해 본 적이 없었고, 그것이 뭔지도 잘 몰랐다. 체계적으로 배운 적이 없는데, 무슨 수로 알겠는가.

그때 사회적 경제에 대한 책들이 주로 복지를 다루는 후생경제학과 비슷하다는 인상을 받았다. 그리고 일반적으로 읽던 경제학 책보다는 행정학에 더 가깝다는 생각을 했다. 정부가 예산을 집행하는 방식을 현실적으로 분석하고, 그에 대한 개선안을 제시하는 내용이 대부분이었다. 대학원 시절, 사회적 경제는 재정학과 행정학 그리고 지역학을 합쳐 놓은 것 같다는 생각을 했다. 이론적이라기보다는 실무적이었다. 어떻게 보면, 실무 행정관들을 위한 행정 교본 같기도 했다. 요즘 청와대에서 이해하는 것처럼 이념적인 것도 아니었고, 최근 시민단체에서 생각하는 것처럼 철학적인 것도 아니었다.

국가가 어떻게 복지 예산을 집행할 것인가? 그것을 지역의 시민들과 많이 논의하면서 합리적으로 만들어 나가는 과정이 내가 책장 하나분의 책을 검토하면서 내린 사회적 경제에 대한 잠정적 결론이었다. 요즘은 사회적 경제를 이렇게 이해하는 사람도 없고, 그렇게 설명하는 사람도 없다. 그 시절의 사회적 경제의 의미보다는 훨씬 더 이론적이고, 심각하고, 종합적인 것이 되었다. 1980년대 프랑스의 사회적 경제와 지금 전 세계적으로 통용되는 사회적 경제, 용어는 유사할지 모르지만 접근하는 방식이나 내용이 상당히 다르다. 그렇다면 무엇이 맞고, 무엇이 틀린 것인가? 그런 것은 아니다.

4. 미테랑과 박정희, 다르지만 같은…

1980년대 중후반의 프랑스는 서구 역사에서도 좀 독특한 사회다. 80년대 초반에 영국은 마거릿 대처Margaret Thatcher를 중심으로 좀 다른 방식의 변화를 만들고 있었다. 비슷한 시기에 미국도 로널드 레이건Ronald Reagan 대통령이 레이거노믹스Reaganomics라는 것을 강하게 밀고 있었다. 요즘 박근혜가 하고 싶어 하는 조세 감면과 규제 개혁을 조금은 더 합리적이면서 타협적인 방식으로 하고 있었다고 생각하면 비슷하다. 초기에는 대처와 레이건의 이 공통적인 흐름을 앵글로-색슨 스타일이라고 불렀다. 영어권 나라에서 벌어지는 일이라는 의미다. 1990년대에는 여기에 대해 세계화라는 또 다른 흐름이 강하게 생겨났다. 영미의 흐름에 세계화까지 덧붙여졌다. 워싱턴 주변에 있는 사람들이 폭넓게 가졌던 생각이라는 의미에서 '워싱턴 컨센서스Washington Consenssus'라고 부르기도 하고, 그냥 편하게 '신자유주의'라고 부르기도 한다. 신자유주의라는 명칭에는 애로 사항이 하나 있다. 일반적인 학파나 사조와는 달리, 자신이 신자유주의자라고 하는 사람이 존재하지 않는다는 점이다. 길거리에서 "헤이, 미스터 신자유주의자!"라고 부르면 돌아보는 사람이 아무도 없다. 철이, 영희, 이런 장삼이사격인 이름보다도 현실적 효용성이 떨어지는 이름이다.

어쨌든 영국과 미국이 이렇게 최소한 30년은 지속될 새로운 흐름을 만들어 나갈 때, 프랑스에서는 정치인 프랑수아 미테랑François

Mitterrand이 대통령에 당선되면서 사회당 정권이 생겨났다. 이 집권의 시기는 7년씩 두 번, 14년이나 계속되었다. 그렇다고 많은 사람들이 생각하듯이 프랑스 사회당이 엄청난 좌파 정당인가? 그렇지는 않다. 더 왼쪽에는 프랑스 공산당이 있고, 그보다 더 급진적인 변화를 지향하는 정치 그룹들도 존재한다. 국제적인 시각으로는 중도 좌파, 경우에 따라서는 중도 우파 정도로 보면 어느 정도 비슷하다. 미테랑 시절에 오랫동안 집권을 경험했고, 프랑수아 올랑드François Hollande와 함께 지금의 집권당이기도 하다. 지금은 중도 우파 정도로 이해하는 게 더 적절할 것 같다.

'마일드하다'라는 표현을 쓰면, 좌파 중에서는 상당히 마일드하다는 이야기를 듣는 것이 프랑스 사회당이다. 물론 독설적으로, 오랜 집권에 따른 부패가 발생하면서 타락한 현실 정치인들에 불과하다는 평가도 뒤따른다.

중도 좌파든 중도 우파든, 미테랑의 프랑스는 확실히 대처의 영국 또는 레이건의 미국과는 성격을 분명히 달리하는 정권인 것은 맞는다. 이 상황에서 정부가 집행하는 각종 예산이나 기금을 좀 더 대중적이고 투명하게 할 필요가 생겨났다. 밖에서 보면 복지인데, 내부에서 보면 사회적 경제라는 이름으로 불렸다. 모든 국가가 그렇게 하지는 않지만, 미테랑의 프랑스는 복지를 좀 더 시민적인 관점에서 처리하고 싶어 했다. 그런 행정적 절차와 메커니즘을 사회적 경제라는 이름으로 설명하는 책들이, 뭘 잘 모르던 내 눈에는 행정학 교과서처럼 보였다.

우리에게도 이런 일이 발생할 가능성이 아주 없었던 것은 아니라고 생각한다. 박정희 시절에 새마을운동을 추진하면서 지역별로 수많은 조직을 만들었다. 우리는 그것을 관변 단체라고 부른다.

대표적인 관변 단체는 한국자유총연맹이다. 한국반공연맹이 나중에 한자총으로 이름을 바꿨다. 단체야 무슨 단체든 만들 수 있고, 그 성격이 어떻든 상관할 바는 아니다. 예전에는 여권을 만들려면 소양 교육을 받아야 했는데, 그 소양 교육을 대행한 기관이 한자총이었다. 군사정권 시절, 여권 만들고 해외에 가려면 어쨌든 한자총에서 진행하는 소양 교육에 참석해야 했다. 비용도 좀 지불했다. 물론 정부가 필요한 교육을 시민단체 등의 민간 단체에 부탁할 수도 있고, 위탁을 할 수도 있었다. 그렇지만 외국에 가려는 모든 국민이 특정 단체에서 교육을 받아야 한다는 것은 상식적이지 않다. 정부 옆의 관변 단체가 아주 힘쓰던 시절의 일이다.

새마을운동협의회 등 새마을운동과 관련된 많은 지역단체가 관변 단체였을까, 아니면 자생적이거나 민주적인 자체 조직이었을까? 위에서부터 조직된 전형적인 '탑다운' 모델이다. 그렇지만 지역 조직이기도 하고, 모든 회원들이 관변 단체적 성격을 가지고 있다고 말하기는 어렵다. 그 시절, YMCA나 가톨릭농민회 같은 오래된 조직을 제외하면 농촌에 별 조직이 있지는 않았다. 지금 농촌에 있는 수많은 조직들, 사실 많은 경우 그 사람이 그 사람이다.

만약 박정희 시절에 새마을운동협의회 등의 지역 조직을 통해 좀 더 강화된 지역 복지 사업을 하고, 이런 과정이 지역 주민들과 함께 좀 더 공개적으로 추진되었다면 그것도 일종의 사회적 경제라고 할 수 있다. 요즘은 '복지 전달체계'라는 복잡한 이름으로 지역의 시민 단체가 직접 복지에 참여하는 모델을 표현한다. 그렇지만 그것을 새마을운동협의회 같은 박정희 시절의 지역 조직들이 하면 안 되었을까?

1990년대 중후반 이후 한국에서 진행된 시민단체의 논의에 익숙한 사람이라면 새마을운동협의회나 한국자유총연맹 같은 데에서 정부의 복지사업 예산을 대행한다고 하면 아마 펄쩍 뛸 것이다. 그리고 이런 기관들이 '지역경제'를 명목으로, '자의적(!)'일 것이 뻔한 방식으로 돈을 집행하면서 그것을 사회적 경제라고 부른다면 절대로 동의하지 못할 것이다.

그렇지만 미테랑 시절 프랑스에서 진행된 사회적 경제는 실제로는 새마을운동협의회 같은 조직들이 좀 더 적극적으로 움직인 것과 크게 다르지 않았다. 다만 우리나라처럼 서울에 본부를 두고 있는 극단적인 중앙형 조직의 형태가 아니라는 점이 좀 다르다. 지역이라는 말, 프랑스는 물론이고 유럽에서 지역사회라는 말은 우리가 쓰는 의미와는 좀 다르다. 한국의 지역과 유럽의 지역, 제2차 세계 대전의 출발점부터는 좀 다르게 전개되어 왔다. 이런 것을 좀 짚어본다면 박근혜의 청와대가 왜 그렇게 사회적 경제에 대해 적대적인 생각을 가지고 있는지, 어느 정도는 이해할 수 있을 것 같다.

5. 담뱃가게와 사회적 경제의 상관관계

"(…) 하지만, 단순 담뱃갑 도입으로 수입에 타격을 받을 것으로 우려하는 프랑스 담뱃가게 주인들은 집단 반발하고 있다. 이들은 전국 도로에 설치된 차량 속도 측정기에 쓰레기봉투를 씌워서 과속 차량을 단속할 수 없게 했다. 담뱃가게 주인들은 "반흡연법이 담배 매출과 세금을 감소시키듯 속도 측정기를 봉투로 덮어 버리면 정부 세금이 줄어든다는 것을 보여주는 상징적인 행동"이라고 말했다. 담뱃가게 주인들은 이날 파리에서 새 법안에 반대하는 시위도 벌일 계획이다."

(연합뉴스, 2015년 7월 22일)

만약 누군가 경찰이 운용하는 과속 단속 카메라에 쓰레기봉투를 씌워 버리는 일이 한국에서 벌어지면 어떻게 될까? 아직 우리는 이런 종류의 시위를 해본 적이 없어서 가늠을 하기가 어렵다. 어쨌든 프랑스에서 실제로 벌어진 일이다. 담뱃갑의 포장을 없애고 다 같은 모양으로 하기로 한 법안이 상원에서 논의되기 시작하자 프랑스의 담뱃가게 주인들이 직접 행동에 나섰다. 이런 일이 한국에서 벌어질까?

우리의 경우도 담배에 붙는 세금을 대폭 인상하여 담뱃값이 올라가면서 거의 유사한 사회적 충격을 받은 적이 있다. 그렇지만 이에 직접적으로 반발한 사람은 거의 없었다. 뒤에서 불평을 하기는 하지만 드러내 놓고 반발하지는 않았다. 실내 금연이 확대될 때 손님이 줄어들 것을 우려한 음식적 주인들이 금연 지역을 완화해 달라는 헌법소원을 준비하기는 했다. 그 정도가 전부다. 프랑스의 경우처럼 대놓고 담뱃가게 주인들이 경찰 과속 단속 카메라에 봉투를 씌워 버리는 공무 집행 방해 같은 것은 상상도 못한다. 집회? 한국에서 담뱃가게 주인들의 집회라는 것은 존재하지 않는다.

이 시점에서 간단한 질문 하나. 두 나라 담뱃가게 주인들의 서로 다른 문화는 좌파의 문제 또는 우파의 문제, 어느 쪽의 문제일까? 2014~2015년, 금연 정책을 둘러싼 두 나라 담뱃가게 주인들의 서로 다른 행위 방식은 보수주의자들이 가지고 있는 치명적 차이점과 관련되어 있다. 그것은 프랑스 보수들이 잘한 것이기도 하고, 한국 보수들이 좀 이상한 사람들이라는 의미이기도 하다.

담뱃가게 주인은 영어에서 무엇일까? 토바코니스트tobacconist, 문자 그대로 담배tabocco에서 파생된 단어다. 담배를 파는 사람이니까 담배에서 파생된 단어를 쓰는 것이 당연하다. 임진왜란 때 우리에게 전해진 '담바고'도 포루투갈어 어원은 같다. 송창식은 여기에서 '담뱃가게 아가씨'까지 한 발 더 나갔다. 담뱃가게 주인이든 담뱃가게 아가씨든, 아주 특별한 일이 없다면 대서양 너머 남미에서 담배를 가지고 온 포루투갈어를 응용한다.

담배 포장지의 디자인을 없애겠다는 정책에 반발해서 과속 단속 카메라에 쓰레기봉투를 씌운 프랑스의 담뱃가게 주인들을 프랑스에서는 왜 토바코니스트라고 부를까? 그들의 공식적인 명칭은 뷔랄리스트buraliste다. 담배와는 어원적으로 아무런 상관이 없는 호칭을 가지고 있다. 뷔랄리스트의 어원은 '뷰로buro', 우리가 관료주의를

뷰라크라시라고 부를 때 사용하는 바로 그 뷰로다. 진짜 '공무원틱'
하고 사무실 냄새 팍팍 나는 이름이다. 담뱃가게와 공무원, 우리의
골목길 풍경에서 바로 연상이 되시는가?

우리가 미국 영화를 너무 많이 봤거나 아니면 F1 레이스 카에 붙
은 담배 광고를 너무 많이 봐서 깜빡 까먹고 있는 일이 있는데, 담배
는 기본적으로 국가 독점 사업이다. 개인이 담배를 판다고 해도 국
가가 관장하고 있는 일을 개인에게 위탁한 것이다. 프랑스에서는
담뱃가게의 공식 명칭이 '담배 사무소bureau de tabac'다. 담배 유통을
관장하는 작은 관공서와 같은 이름의 제목이다. 일반적인 가게shop
보다 위상과 격이 엄청 높다. 프랑스에서는 담배를 파는 일을 우표
를 파는 일과 같은 것으로 설명한다. 그리고 실제로 담뱃가게의 인
허가를 관장하는 가장 중요한 기관은 우리 식으로 말하면 관세청이
다. 그냥 소매업만 하는 것이 아니라 국가가 엄정하게 관리하는 수
입 업무도 같이 하기 때문에 관세청의 하부 업무로 들어가 있다.

상황이 이러니, 담뱃가게 주인을 담배로부터 파생한 말인 토바코
니스트라고 부르지 않고 사무실에서 파생된 뷔랄리스트라고 부르
게 되었다. 국가 독점 사업이라 적정 이윤이 보장되는 것은 물론이
고, 사회적 위상도 엄청나게 높아졌다. 이름만 그렇게 해놓고 사람
들은 '개무시'하는 게 아니라, 실제로 지역사회에서 담뱃가게 주인
들의 발언권도 높다. 여기에서 1945년 이후 한국과 프랑스가 사회
적으로 다르게 걸어온 길의 차이점이 생긴다.

제2차 세계대전이 끝나면서 우리는 일본으로부터, 프랑스는 독

일로부터 해방되었다. 우리는 일본의 총독부와 대치해서 싸우던 사람들을 그야말로 '개무시'했다. 그리고 한국전쟁이 벌어졌다. 그렇다면 이 전쟁에 참가한 사람들은 좀 대우해 줬는가? 그런 흔적은 별로 없다. 살아남은 사람들이 영웅이 되고, 그들의 일부가 성과를 그냥 나눠 먹었다. 프랑스의 담뱃가게는 전쟁에 참가한 사람들 특히 상이용사들에게 많이 돌아갔다. 담뱃가게 주인들이 바쳤던 청춘에 사회가 눈을 감지는 않았다.

프랑스에서 제도 정비는 1927년경 집중적으로 이루어졌다. 마지노선으로 너무나 유명해진 앙드레 마지노André Maginot 국방장관의 주도로 제1차 세계대전에 참가했던 상이용사와 유가족의 고용에 대한 법률이 대대적으로 정비되었다. 이런 과정을 통해 사회는 다양한 방식으로 전쟁 유공자와 상이용사의 고용을 위해 노력하고, 국가가 제공하는 고용에 대해서도 우선권을 가지게 되었다. 담뱃가게 주인을 전쟁 유공자만 하라고 규정하지는 않았다. 그렇지만 제1차 세계대전 이후 법률이 정비된 뒤로 아무래도 지역에서 그들이 우선권을 가지게 되었다. 국가 독점인 소매업, 누가 그 특혜를 받게 될 것인가?

지금도 프랑스에서 담뱃가게는 그냥 자기가 하고 싶다고 해서 편의점 프랜차이즈 신청하듯 열 수 있는 것이 아니다. 기존 담뱃가게 주인이 물려주어야 할 수 있는 것이고, 심사도 받고 필요한 교육도 이수해야 한다. 그런 담뱃가게가 프랑스 전역에 2만 7500개나 있다. 개인이 마음대로 열 수 있는 것이 아니라 더 늘어나지는 않는다.

이렇게 국가가 지정하고 관리하는 것이 프랑스의 담뱃가게다. 이런 상황을 보고 앞의 신문 기사를 다시 한 번 읽어 보자. 이것은 단순하게 특정 업종의 이익집단이 경찰들이 관리하는 감시 카메라를 습격한 사건이다. 국가기구 내의 한 기관이 다른 기관의 업무를 방해하면서 국회가 하는 일에 불만을 표시한 일이다. 이익집단과 정부의 갈등이 아니라 정부 내의 기관들 사이에서 충돌하는 일이 벌어진 것이다. 그러니 당당할 수밖에 없다.

국가가 지역 정책을 하든 복지 정책을 하든, 지역으로 들어가면 지역 주민들의 의견을 참고하지 않을 수 없다. 그리고 이것을 지역사회라고 부르기도 하고 그냥 시민사회라고 부르기도 한다. 그 핵심 축에는 담뱃가게 주인들이 들어가 있다. 이들을 무시하고 뭔가를 할 수 있는 조건이 아니다.

미테랑 시절에 사회적 경제라는 이름으로 추진된 것이 그 자체로 뭔가 대단한 것은 아니다. 이미 형성되어 있는 지역사회와 국가가 만나고, 그 과정에서 지역 복지와 같은 경제적 행위가 이루어지게 한 것이다. 지역으로 들어가면 국가의 담배 소매를 위탁받아 시행하는 담뱃가게 주인과 같은 '포컬 포인트focal point'가 존재한다. 미테랑 아니라 미테랑 할아버지라도 동네 담뱃가게 주인들의 의견을 무시하면서 뭔가를 할 수는 없다.

정치인으로서 미테랑의 권위는 상당 부분 그의 레지스탕스 활동에 뿌리를 두고 있다. 남편보다 더 인기 있는 영부인인 다니엘 미테랑Danielle Mitterrand 역시 레지스탕스였다. 독일에 대항하여 레지스탕스로 활동하던 청년들이 서로 사랑해서 결혼한 것, 이것이 프랑스 사회당이 현실 정치에서 집권하면서 사용한 레토릭이다. 그런 미테랑이 지역사회의 핵심 축인 담뱃가게 주인들의 말을 무시하고 뭔가 소소하면서도 세밀한 것을 할 수 있을까? 그렇지 않다.

모든 군인이 보수적이고, 모든 참전 용사가 보수 정당을 지지하는 것은 아니다. 그렇지만 집단으로서, 참전 용사들이 보수적인 경향을 많이 갖기는 한다. 담뱃가게 주인들의 모임이 우리 식으로 따지면 지역의 새마을운동협의회의 농민들과 많이 다를 것은 없다. 미테랑 시절의 지역사회가 적극적으로 참여한 것은 사회적 경제이고, 박정희 시절에 새마을운동 관련 단체들이 적극적으로 참여해서 경제적인 뭔가를 하면 사회적 경제가 아니라 그냥 관변 행사일 뿐인가? 그렇게 생각하지는 않는다.

지역으로 내려가면 다 거기서 거기다. 극단적인 좌파부터 무정부주의자까지, 그리고 진짜로 인종주의로 중무장한 극우파까지 동네에서는 다 섞여 산다. 도로 앞 길을 새로 포장할 거냐 말 거냐, 동사무소에서 하는 복지사업에 적극적으로 협조를 할 거냐 말 거냐, 그런 데 정치적 이념이나 개인적 철학이 낄 여지가 생각보다 별로 없다. 그보다는 그 사람이 동네에서 바람이나 피우는 사람인가, 아니면 인사 잘하는 성실한 사람인가, 이런 게 더 중요하다. 나라를 지키는 전쟁에 참여해서 뭔가 이미 이 사회에 공헌한 것이 있다고 하면 더 존경받는다.

6. 할아버지가 된 전공투 청년

수은과 다른 금속이 결합된 합금을 아말감이라고 부른다. '연한 물질'이라는 그리스어에 어원을 두고 있다. 가장 보편적이고 값싼 치과 치료용 보형물로 많이 사용된다. 국가 또는 중앙정부는 많은 경우 단단한 금속과도 같다. 잘 융합되지 않는 엘리트들이 스스로 자신을 강화하는 경향을 보인다. 강철, 다이아몬드, 이런 은유가 잘 어울린다. 그렇지만 지역 특히 동네는 그렇게 강하지 않다. 서로 다른 이질적 요소들이 생각보다는 쉽게 섞이고, 그렇게 시간이 흐르면 아말감처럼 아주 강력하지는 않아도 유용한 물질이 된다.

2000년대 초반, 총리실에 있던 시절의 일이다. 독일에서 기술과 자본을 대면서 한국의 풍력발전 사업에 진출하고 싶어 했다. 그때는 우리 나라에 대형 풍력 단지가 없었다. 2001년, 영동고속도로의 대관령 구간이 새로 개통되면서 기존의 대관령 휴게소 부근이 국도로 바뀌었다. 이 지역이 당시에 최적의 입지라는 평가가 나왔다. 교통도 괜찮고, 무엇보다도 고산지대라서 상업적 운전을 할 수 있는 풍속이 나왔다. 한국의 에너지 회사와 독일 투자사가 옛 대관령 휴게소 일대 부지에 대규모 풍력 단지를 만드는 일을 추진했다. 강원도도 적극적이었다. 그런데 문제가 생겼다. 그래서 조정이 필요한 사업으로 총리실까지 올라오게 되었다.

목장 부지로 쓰이는 산 위에 대규모 풍력발전 단지를 만드는 데 무슨 문제가 있을까? 그것이 그렇게 단순하지는 않다. 그 일대는 백두대간이고, 백두대간의 마루금 한가운데에 풍력 단지가 놓이게 되었다. 재생 가능 에너지 보급을 늘리고 싶어 하는 환경 단체와 백두대간을 보호해야 한다는 생태운동 계열의 환경 단체가 딱 맞부딪혔다. 경제성을 약간 포기하고 마루금 밑으로 입지를 조금 내리는 방식으로 결론을 내렸다. 지금은 옛 영동고속도로였던 대관령 국도를 따라 강릉으로 넘어가다 보면 그때 만들어진 풍력발전 단지를 볼 수 있다.

그때 국회에서 조그만 토론회가 열렸는데, 가서 보고 내용을 보고하라는 지시가 내려왔다. 풍력발전의 해외 성공 사례 같은 것이었다. 주로 농촌 지역에서 진행된 사례였는데, 색다른 것은 학자들이 아니라 진짜로 그 지역에 살면서 일을 추진했던 사람들이 와서 발표를 했다는 점이다. 별거 있겠어, 무덤덤하게 참석했다. 그리고 느낀 대로 요약해서 보고했는데, 총리가 그 보고서를 아주 세밀하게 읽었다는 이야기를 건네 들었다. 이한동 총리 시절의 일이었는데, 그때는 군용 잠수함, 소방용 헬리콥터 등의 연료 체계까지 거의 다 파악해서 보고하라는 지시가 종종 내려왔다. 하다 보니, 우주선 조정실의 전력계통 체계 같은 것까지 알아봐야 하는 곤란한 일이 벌어지기도 했다.

2000년대 초반이라면 풍력발전도 한국에서는 아직 생소했고, 사회적 경제나 협동조합 같은 것은 더더욱 알려지지 않았던 시절이다. 덴마크는 규모는 작지만 농업이 아주 강한 나라였고, 우리 식으로 이야기하면 농민회 등의 지역 농민 조직이 아주 튼튼한 나라다.

그 시절에 덴마크 농촌 지역에서 협동조합 형태로 농민들이 스스로 풍력발전기를 운영했던 것은 국제적으로 유명해진 사례다. 그리고 그중 상당 부분은 시범으로 해보는 단계를 넘어 상업적으로도 의미가 있었다. 그 시절에 국제연합 회의 같은 데 가면 덴마크 사례 발표는 차고 넘쳤다. 에너지 쪽에서는 풍력발전을 사회적 경제로 운영하는 것이 더 효율적인가, 아니면 상업적으로 접근하는 것이 더 효율적인가 하는 논쟁을 하고 있었다.

유럽, 특히 덴마크에서는 이미 익숙해진 사례였는데, 일본의 경우는 그때 토론회에서 처음 보았다. 유럽이 아니라 일본에서도 이런 일이 벌어진다는 것, 지역 주민들이 공동으로 참여한다는 것, 그리고 사회적 경제의 형태로 운영되고 있다는 것 정도가 특기할 일이었다. 공식적으로는 그랬다. 나는 그렇게 정리해서 보고서를 썼고, 보고서 말미에 충전 시스템과 천연가스를 원료로 하는 연료전지의 해외 동향 같은 것을 추가했다.

공식적인 것은 공식적인 것이고, 그날 내가 본 사례는 유럽에서는 한 번도 못 봤고, 우리나라에서도 거의 보지 못한 독특한 성격을 가지고 있었다. 일본 운동권에 대한 이야기를 전설처럼 듣기는 했는데, 실제 눈으로 본 것은 나도 그날이 처음이었다. 그때의 얘기를 한번 정리해 보면 다음과 같다.

어떤 청년이 있었다. 그는 도쿄대학에서 전공투 활동을 했다. 전공투와 관련해서 가장 많이 알려진 사람은 일본의 유명한 코미디언이자 영화감독인 기타노 다케시北野武다. 지브리 스튜디오의 에니메이션 감독으로 유명했던 미야자키 하야오宮崎駿도 넓게 보면 이 전공투 세대다. 청년은 대학에서 경제학을 전공했었다. 대학을 더 다니기도 어려웠고, 전공을 살릴 수도 없었다. 전공투의 뒤쪽에 있던 사람들은 인생 항로를 바꾸는 정도로 끝났지만, 앞 줄에 선 사람들은 사회생활 자체를 할 수 없었다.

　청년은 도쿄를 빠져나와 숨어 다녔고, 결국은 진짜 시골 한구석에서 숨어 지내게 되었다. 그냥 시골에서 지내는 이 청년을 그 마을의 이장이 아주 좋아하게 되었다. 아마 그가 도쿄대 출신인 것을 알았으면 더 좋아했을지도 모른다. 시간이 지나면서 청년은 그 마을에 정착하게 되었고, 이장의 딸과 결혼까지 했다. 이장의 딸을 좋아했던 동네의 다른 청년이 있는지는 잘 모른다. 어쩌면 있었을지도 모른다. 어쨌든 시간이 많이 흘러서 그런 건 중요하지 않게 되었다. 청년은 농민으로 동네에서 살았고, 이제는 할아버지가 되었다. 그의 젊은 시절 정치적 이념이 무엇인지, 아직 그런 것이 남아 있는지도 별로 중요하지 않게 되었다. 농부가 된 청년은 지역에서 사회적 경제와 관련된 일을 아주 열심히 했고, 그렇게 동네 지도자가 되었다. 그리고 아주 자연스럽게 그 동네에서 풍력발전을 도입하게 되었고, 그것이 성공했다. 내가 잠시 대화를 나눈 그 할아버지는 그렇게 자신의 삶을 우여곡절 끝에 아주 만족스럽게 설명했다. 아마 그때 총리가 이해찬이었으면 그와 나눴던 후일담도 보고서에 짧게라도 넣었을 것 같다. 그렇지만 이한동 총리는 농업과 에너지에 관한 이야기는 재미있게 생각해도 전공투 출신의 청년 이야기까지 재미있게 생각하지는 않을 것 같았다.

지역은 이렇게 모든 것을 섞어서 자신의 것으로 만드는 아말감과 같다. 정치범이나 사상범은 물론, 잡범이나 강력범도 사람들과 섞여 살면서 동네 사람이 되어 가는 경우가 많다. 우리나라의 80년대 학생운동 출신 중에도 유사한 사례가 있기는 하다. 내가 아는 몇 개의 사례는 해피엔딩으로 끝나지는 않았다. 그러나 농민 지도자로 중요한 역할을 하게 된 해피엔딩이 아주 없지는 않다.

지역으로 간 많은 사람 중에서 이렇게 긴 기간 성공적으로 안착한 사람이 그렇게 많지는 않다. 그렇지만 그렇게 많은 요소들이 합쳐지고 결합되면서 동네에서도 새로운 시도가 나타나기도 한다. 전공투 출신의 한 청년이 이장의 딸과 결혼하고 농민으로 할아버지가 되면서 살았던 삶, 풍력발전이나 사회적 경제에 대한 이야기를 뛰어넘는 잔잔한 감동이 있었다.

정부 기관에서 일하던 시절이 아니었다면 이 사나이의 삶을 조금 더 추적해 보려 했을 것이다. 그러나 대체적으로 내가 늘 게으르게 살았듯이 잔잔한 감동은 금방 잊혔고, 나는 왜 하는지도 모르는 뺑뺑이를 그 후로도 한참 더 돌았다.

7. 뉴 노멀의 시대

한 해 한 해, 시간의 흐름 속에서 무의미하게 흘러가는 수많은 시간의 차이점을 느끼기는 어렵다. 그때가 그때이고, 딱히 다르다고 말하기도 어렵다. 그렇지만 지내 놓고 보면, 그 시간 중에서 특별하게 기억해야 하는 시간이 생겨난다. 그런 것을 연도라고 부르고, 그런 연도를 모아 놓으면 연표가 된다.

역사 공부에서 제일 싫은 것이 연도를 외우는 일이었다. 고등학교 때까지는 그런 공부가 그렇게 싫었다. 대학에 들어오니까 졸업하기 위해서 경제사라는 것을 공부해야 했다. 꽤 여러 과목을 들었고, 나중에는 사상사도 많이 공부했다. 대학에서 배우는 역사에서는 연도가 별로 중요하지 않다. 연도와 사람 이름, 이것저것 많이 써 봐야 별로 점수가 잘 나오지도 않는다. 역사 공부에서 연도에 대한 부담감을 덜어 낸 이후, 사학과에 가서 수업도 많이 들었다. 몇 년, 몇 년, 실제로 사학과에서 들었던 과목들 시험 답안지 쓰는 데 연도가 필요한 일은 거의 없었다. 고등학교 때 왜 이런 과목을 그렇게 힘들게 공부했었나, 나중에 그런 생각이 들었다. 지금도 연도는 잘 못 외운다. 필요하면 그때그때 외워 두기는 하는데, 몇 년 지나서 누가 물어보면, 정말로 머리가 하얘진다. 여전히 사람 이름도 잘 못 외우고, 연도는 정말로 잘 못 외운다.

그래도 경제학을 공부하다 보면 꼭 알아야 하는 연표가 몇 개 있다. 그중에는 중요한 것도 있고, 중요하지 않은 것도 있다. 몇 가지만 잠시 생각해 보자.

1776이라는 숫자가 있다. 경제학을 공부한 사람 입에서 1776이라는 숫자가 자연스럽게 흘러나오면, 박사 중에서도 아주 상급의 이론을 공부한 사람이다. 음악으로 치면 바흐나 헨델과 관련된 몇 개의 연도를 외우는 정도의 난이도인데, 실제로 경제학을 공부한 사람들 중에서 이 숫자를 아는 사람은 거의 없다. 경제학의 아버지라고 불리는 애덤 스미스가《국부론The Wealth of Nations》을 발간한 해가 바로 1776년이다. 이 숫자를 알고 있으면 산업혁명이 어느 정도 마무리 단계로 들어가고, 초기 공업화가 안정화되면서 그것을 이론으로 정리한 시기가 18세기 후반이라는 것을 알 수 있다. 대부분의 사람들은 모르고 지나가는 숫자이지만, 알아 두면 일상생활에서도 가끔 도움이 되기는 한다.

1929는 아는 사람이 많다. 대공황이 났던 시기다. 미국 경제는 물론이고 전 세계 경제가 크게 한 번 바뀌는 결정적 순간이었다. 미국과 유럽에서 시작된 이 공항이 경제적으로 연계되어 있는 일본으로도 넘어왔다. 일본에서는 주로 농업공황의 형태로 진행되었다. 그리고 그 여파가 당연히 식민지였던 한국에도 왔다. 일제의 수탈이 더욱 심해지고, 진짜로 가난한 한국 사람들이 살기 어려워졌다. 19세기까지 한국 경제는 세계경제와 별 상관없이 자신의 리듬과 논리대로 움직였지만, 20세기 초반이 지나고 나면 한국도 이제는 세계경제의 한 부분으로 작동하게 된다. 이탈리아와 독일에서 파시즘이 등장하고, 세계는 제2차 세계대전이라는 거대한 전쟁으로 향한다.

1973 혹은 1974, 이 숫자도 알아두면 도움이 된다. 석유파동이 일어난 시기다. 사건이 발생한 것은 1973년인데, 실제 통계에서 변화가 생기는 것은 1974년이다. 제2차 세계대전이 끝나고 전 세계는 전례 없던 호황으로 들어갔다. 보통은 '영광의 30년'이라고 불린다.

미국의 경우는 부자와 가난한 사람의 차이가 줄어들었다는 의미에서 '대압축의 시대'라고 불리기도 한다. 풍요나 번영과 같이 자본주의를 지칭하는 용어들이 대부분 이 시기를 의미한다. 그 길고 긴 호황이 석유파동과 함께 끝났다. 위기가 등장하면서 많은 변화가 생겨났다. 생태주의가 본격적으로 세상에 등장하기도 했고, 사람들이 지구의 미래에 대해 고민하기 시작했다. 한국에서는 이 시기에 유신 개헌이 자행되었다.

1990년, 이 시기에도 세계경제가 크게 한 번 바뀌었다. 베를린 장벽이 무너지면서 독일이 통일된 것이다. 사회주의권으로 구성된 동구 경제가 붕괴한 순간을 이 기준으로 하면 대충 비슷하다. 레이건 정부 이후 극한으로 가던 냉전시대가 이렇게 막을 내렸다. 이해에 세계경제성장률이 0퍼센트였다. 공교롭게도 이때 일본 경제가 최고의 절정기를 구가했다. 일본이 벌어들인 돈과 동구 경제의 붕괴로 줄어든 돈이 비슷하다. 그만큼 일본이 경제적으로 힘을 가졌던 시기가 있었다. 그 직후, 일본의 경제는 거품 붕괴와 함께 20년이 넘도록 '언제나 불황'과 비슷한 시기를 겪었다.

이 정도가 학교 다니면서 대충 배우는 사건들이다. 교과서에서 어느 정도 정리된 사건들이다.

1997, 세계경제에서는 별 의미가 없는 숫자이지만, 한국에서 뭔가 하는 사람들에게는 가장 큰 의미로 다가오는 특별한 시점이다. IMF 외환위기로 알려진 바로 그 사건이다. 많은 사람들에게 개인사에서도 중요한 의미가 있다. 이 시점 이전에 대학을 졸업한 사람

과 이해가 지나고도 대학을 졸업하지 못한 사람들의 삶은 평균적으로 차이가 난다. 한국에서 우리가 관찰하는 많은 문제점을 "이게 다 IMF 외환위기로 심각해진……", 이렇게 얘기해도 대부분 유의미하다. 단일 연표로는 가장 설명력이 큰 숫자이기도 하다. 우리에게는 아주 의미가 많지만, 외국에서는 동아시아 환율 사태 정도로 간단하게만 언급된다. 이 무렵 미국은 빌 클린턴 시절에 '뉴 이코노미' 붐이 불었고, 10년에 걸친 아주 긴 호황기를 누리고 있었다. 1997년, 세계경제는 편안했고 우리만 힘들었다.

그리고 2008, 흔히 글로벌 금융위기라고 불리는 바로 그 사건이 벌어진 해다. 전 세계적 충격의 크기만 놓고 보면 1929년과 2008년, 두 해가 현대 경제사에서는 가장 중요한 순간으로 기록될 것이다. 세계 최대의 투자회사였던 리먼 브러더스의 파산으로 시작된 이 위기는 세계경제 자체를 뒤흔들었다. 그리고 그 끝이 어디로 이어질지 아무도 몰랐다. 충격은 단기적이 아니었고, 파장은 오래갔다. 제2차 세계대전 이후 최대의 사건일지도 모르는 EU 통합이 흔들릴 지경이었다. 그리고 실제로 2016년, 국민투표를 통해 영국은 EU 탈퇴를 결정했다. 영국이 빠져나간 뒤 프랑스와 독일이 어느 정도로 EU 경제권을 유지할 수 있을지는 여전히 미지수다. 미국에서 진행된 주택담보대출에서 생겨난 금융 사건 하나가 전 세계 경제를 뒤흔들었다. 이 파장은 끝이 날까? 어쩌면 자본주의 역사에서 2008년 글로벌 금융위기 이전으로의 복귀는 기록되지 않을지도 모른다. 저성장은 고착화되고, 과거와 같은 영광이 다시 돌아올 수 없다는 생각이 선진국을 지배하기 시작했다.

　2008년에 발생한 변화를 지칭하는 '뉴 노멀New Normal'이라는 용어가 이제는 세계경제의 현재 상황을 지칭하는 표준 용어가 되어 간다. 무엇을 생각해도 예전 같지 않고, 어떤 시도를 하더라도 전과 같지 않다. 이것이 뉴 노멀이 가진 의미다. 국가별로 차이가 있고, 사회마다 함의가 조금씩 다를 수 있다. 그렇지만 세계경제를 이야기할 때 빼놓을 수 없는 뉴 노멀이라는 단어를 쉽게 설명하면, 2008년 이후로 우리가 돌아갈 수 없다는 의미다. 이전이 아니라는 의미에서 '뉴'이고, 저항해야 소용없으니까 이 상태를 그냥 받아들이라는 의미에서 '노멀'이다.

　"저항은 소용없다Resistance is futile."

　스타트렉 영화 시리즈 〈퍼스트 콘택트first contact〉(1996)에는 유기체와 기계가 결합된 일종의 사이보그 종족이 주인공으로 등장하는 에피소드가 있다. 그때 기계로 무장한 보그족이 엔터프라이즈 호의 2대 선장인 피카디에게 한 말이다. 그리고 절대 강자가 상대방에게 하는 말로 "저항은 소용없다"라는 말이 유행했다. 인간과 기계가 결합하는 것도 무서운데, 계속해서 새로운 결합으로 상대 종족의 정보를 신속히 추가하는 보그퀸을 이기기는 너무 어렵다. 저항해도 소용없다, 절대적 강자가 할 수 있는 대사다.

　이 영화 대사를 경제학 용어로 바꾸면, 그것이 바로 '뉴 노멀'이다. 2001년 WTO에 가입한 이후 거침없이 몸집을 불리던 중국도 뉴 노멀을 대명제로 받아들였다. '중고속 성장'으로 속도를 낮췄고, 소득 주도 성장으로 내부의 모순을 완화하는 쪽으로 정책 방향을 급선회했다. 세계경제의 속도 조절 때문에 중국이 속도를 조절한 것인지, 아니면 '자기 실현적 예언'처럼 중국이 속도를 줄이니까 전체의 속도가 줄어든 것인지는 논쟁의 대상이다. 그러나 언젠가는 미국보다 더 큰 경제권을 만들겠다고 그 덩치를 가지고 '광속'으로 달려가던 중국이 기조 조정을 했다. 다른 나라도 연계해서 자신의 속도와 구조를 조정하지 않으면 안 되는 순간이 왔다.

1929년의 대공황이 유행시킨 것은 정부의 역할론이었고, 이에 따라 이전에는 존재하지 않던 '거시경제학'이라는 말이 새로 등장하게 되었다. 고전학파의 경제학자들은 정부는 언젠가는 '야경꾼' 수준으로 축소되어야 하는 존재라고 생각했다. 그러나 대공황과 함께, 정부의 적절한 역할이 없으면 경제는 필연적으로 '시장 실패'로 향해서 걷잡을 수 없는 경제위기로 치닫게 된다는 이야기가 세계적으로 유행했다.

이처럼 정부의 역할이 강화되는 흐름에는 어두운 면도 존재한다. 어둡다. 그것도 아주 어둡다. '민족적 사회주의 노동자당Natioalsozialistische Deutsche Arbeiterpartei'에서 나치오날의 앞부분만 발음한 것이 바로 독일의 '나치'다. 극단적인 극우파 정당의 대명사가 된 나치는 원래 국가의 역할을 더 강조하는 사회주의 계열의 정당이었다. 1929년 대공항의 여파로 독일의 나치, 이탈리아의 파시즘이 등장했다. 정부의 역할이 극단적으로 강조되면 그것이 바로 파시즘이다. 그리고 그 정부를 구성하는 민족의 순혈주의적 속성이 제어되지 않은 상태로 강화되면 인종주의가 된다. 세계 대공항 이후에 현대적 복지국가의 틀이 형성되었던 밝은 면 이면에는 파시즘이 커지고 결국은 제2차 세계대전이라는 거대한 전쟁과 인종 학살로 이어진 인류 문명의 흑역사가 있다.

그렇다면 2008년의 글로벌 금융위기에는 무엇이 유행하게 되었을까? 예전에도 존재했던 협동조합이나 사회적 기업처럼 각자 움직이던 경제 영역들을 묶어서 '사회적 경제'라는 이름을 다는 것이 유행하게 되었다. 그렇다고 해서 개별적 흐름이 약해진 것은 아니었다. 글로벌 금융위기 직후인 2009년, UN은 2012년을 '세계 협동조합의 해'로 지정했다. 프랑스를 비롯한 많은 국가들은 협동조합이나 상호공제조합과 관련된 기존 제도들을 통합하면서 사회적 경제에 관한 법률을 만들어 나갔다. OECD를 비롯한 많은 국제기구에서도 사회적 경제에 관한 보고서가 연달아 나오면서 새로운 흐름이 형성되었다. 한국도 이 흐름에서 아주 멀리 떨어져 있지는 않다. 2012년 대선 후보로 경선에 나왔던 손학규의 주도로 협동조합기본법이 만들어졌다. 원래 있던 것들을 모으거나 연결하면서 좀 더 큰 흐름을 형성하는 일들이 벌어졌다.

2008년 이후 새롭게 형성된 사회적 경제라는 흐름이 좀 더 안정화되어서 새로운 구조가 될지, 아니면 10년 정도 유행하다가 '별 볼일 없다'며 사람들의 외면을 받게 될지는 아직 모른다. 그렇지만 이 새로운 흐름은 일시적인 트렌드에 그치지 않고 새로운 경제의 구조적 요소가 될 가능성이 높다. '시장'이 강조되던 시기에 세계 대공황은 국가의 역할을 인정하게 만드는 계기가 되었다. 그리고 2008년의 글로벌 금융위기는 '사회적인 것'을 다시 경제의 구조적 요소로 전면에 등장하게 만든 계기라고 생각할 수 있다. 사회적 경제라는 말은 2008년 이전에도 사용되었다. '연대의 경제economy of solidarity'라는 말도 사용되었다. 그렇지만 글로벌 금융위기 이후로 같은 단어가 전혀 다른 위상, 전혀 다른 무게감을 가지게 되었다. 다시 한 번 미셸 푸코의 《말과 사물》에 나온 용어를 빌리면 '에피스테메'가 바뀐 것이라고 할 수 있다. '말'은 그대로이고, '사물'도 그대로다. 그렇지만 말과 사물을 대하는 사람들의 태도나 인식, 심지어는 무의식이 변했다.

2008년을 전후하여, 미국의 경영전문대학원 정도로 번역할 수 있는 MBA에 사회적 기업 등의 사회적 경제와 관련된 요소들이 전면에 등장했다. 예일(Yale's School of Management), 스탠퍼드(Center for Social Innovation), 버클리(Haas' Center for Non-profit and Public Leadership), 하버드(Social Enterprise Initiative) 등 주요 대학의 경영학 과정에서 사회적 경제가 급부상했다. 이에 대한 해석은 다양할 수 있지만, 가장 공통적인 것은 글로벌 금융위기 이후로 경제가 변하고 있다는 것이다. MBA, 자본주의의 심장이라고 해도 과언이 아닐 정도로 다국적기업과 금융회사에 필요한 인재를 양성하는 것을 목표로 했던 기관이다. 이들이 운영하는 프로그램에 사회적 경제 요소들이 점점 더 많이 반영되고 있다.

뉴 노멀의 시대, 변화는 생각보다 깊고 변이는 다양하다. 그것은 기업가를 양성하는 교육기관에서도 마찬가지다. 그렇다면 다른 곳에서는? 변화의 정도 차이만 있지, 2008년 이전과 완전히 똑같이 움직이는 곳은 없다고 해도 과언이 아니다. 지금 우리가 생각하는 것과 먼 미래의 경제학도들이 2008년을 대하는 위상이 전혀 다를 가능성이 높다. 학부 2학년이나 3학년 경제사 시험에서, 마치 지금 많은 학생들이 '1929년의 의미'에 대한 시험 문제를 풀어야 하는 것처럼 '2008년의 의미' 또는 '뉴 노멀의 등장'에 대해 답안지를 쓰게 될지도 모른다.

8. 가난 위에 피어난 꽃

경제학이 꼭 부자들의 학문이라고 말하기는 어렵다. 그러나 경제학에서 가난에 대해 많이 배우지는 않는다. 기껏해야 파산에 대해 배운다. 그리고 파산 절차에 대해서도 배운다. 그렇지만 매우 피상적이고, 가난한 사람들이 어떤 마음인지, 어떤 심경인지에 대해서는 자세히 배우지 않는다. 가난보다는 100배는 더 돈 많은 사람들이나 기업들의 행위 그리고 그것을 제어하기 위한 국가의 정책 기법들에 대해 배운다. 가난 혹은 가난한 사람들의 심경을 자세히 알기 위해서 경제학을 공부할 필요는 없다. 1929년 대공황이 낳은 참혹한 현실에 대해서는 존 스타인벡의 소설 《분노의 포도》(1939)를 읽거나 채플린의 영화 〈모던 타임즈〉(1936)를 보는 편이 훨씬 낫다.

많은 경우, 경제학의 분석은 '파산'에서 끝난다. 기업이든 개인이든, 지불 능력이 종료하였을 때 파산을 하게 된다. 그리고 이론적 분석은 거기에서 끝난다. 교과서에서 그리고 교실 안에서, 개인이나 기업의 파산을 다루는 방식은 의학 실험실에서 실험용 쥐를 다루는 것보다도 무미건조하고 무감각하다. 〈스타크래프트〉 게임을 하면서 상대방에게 '지짐이'를 날릴 때에도 이렇게 무감각하지는 않을 것이다.

살아 있는 사람들이 가지고 있는 제약 조건들이 있다. 하루에 세 끼를 먹어야 한다. 이것은 진짜로 생물학적인 기초 조건이라서, 파산을 했든 하지 않았든 생명을 가지고 있는 모든 사람들에게 절대 명제와 같다.

> "그동안 너무 도움 많이 주셔서 감사합니다……. 창피하지만, 며칠째 아무것도 못 먹어서 남는 밥이랑 김치가 있으면 저희 집 문 좀 두들겨 주세요."
>
> (시나리오 작가 최고은의 쪽지)

2011년 1월 말, 서른두 살의 어느 여성이 밥과 김치 좀 달라는 쪽지를 이웃집 문 앞에 남겼다. 이웃이 쪽지를 보고 밥과 김치를 들고 월셋집 방문을 두들겼을 때, 그녀는 이미 숨진 상태였다. 그녀는 최고은이고, 시나리오 작가다. 이것이 굶어서 죽은 아사인가, 아니면 지병이 심해져서 죽은 것인가를 놓고 약간의 논쟁이 있었다. 불필요한 논쟁처럼 보이지만, 사람들은 그런 걸 가지고 논쟁을 했다. 예술이나 영화가 워낙 좁은 길이니까, 능력 안 되면 빨리빨리 다른 직업을 알아봐야 한다는 논쟁도 있었다. 그 뒤에 그녀의 이름을 딴 '최고은법'이 생겨났다. 그렇지만 딜레마는 여전히 존재한다. 이 법은 여전히 최고은과 같은 시나리오 작가가 '김치와 밥' 좀 달라고 해야 하는 상황을 막지는 못한다. 예술인에게 주어지는 지원은 여전히 적고, 아직 상업영화에 정식으로 데뷔하지 못한 작가들이 받을 수 있는 지원은 제한적이다.

최고은 사건을 보면서 영화를 자신의 직업으로 생각하던 20대 청년들은 무슨 생각을 했을까? 아직 다른 직업을 알아볼 수 있는 사람들은 전업을 생각했을 것이고, 그중 또 많은 이들은 국가가 정년을 보장해 주는 공무원이 되기로 마음을 먹었을 것이다. 이미 데뷔한 시나리오 작가들 중 상당수는 드라마 쪽으로 주 활동 분야를 옮겨 갔다. 좁게 보면, 최고은 사건은 영화인 복지와 관련된 기본 시스템이 미비해서 벌어진 일이다. 넓게 보면, 우리가 가난에 대해 대처하는 방식 자체가 부재해서 생겨난 일이라고 할 수 있다. 우리가 만든 현대 사회가 그렇다.

삶을 살아가는 생활인이 갑자기 가난해지는 일은 많다. 진짜로 파산이 올 수도 있고, 해고를 당할 수도 있다. 멀쩡하던 가게에 손님이 점점 줄어들면서 가게가 망할 수도 있다. 급작스럽게 이혼을 하면서 갑자기 생활비를 벌어야 하는 막막한 상황이 올 수도 있다. 경제가 좋을 때는 이 모든 일들이 주는 실질적 부담이 덜하다. 특히 고도성장기나 30년씩 계속되는 호황기에는 개인이 가난해지더라도 버틸 수 있는 여지가 많다. 확률적으로는, 식구들도 상대적으로 여유롭고 사회 전체적으로도 부유하다. 단기 일자리도 넉넉하고, 조건도 나쁘지 않다. 호황기의 특징은 노동의 수요가 늘어나는 것이기 때문에 임금도 높아지고, 굳이 임금이 아니더라도 회사 복지와 같은 비임금 조건이라도 좋아진다. 기업도 넉넉하고 국가도 넉넉하다. 그리고 사람들의 인심도 좋다.

경제가 어려워지면 그것을 불황이라고 부른다. 이제 호황기에 비해서 모든 것이 역전된다. 경제활동은 위축되고, 돈이 잘 돌지 않는다. 많은 기업이 망하고, 사람들은 대거 실업자로 노동시장에 나온다. 일하겠다고 하는 사람들은 많다. 당연히 임금을 내리거나, 비임금 조건을 낮추려고 한다. 불황기에는 정부의 수입도 줄어든다. 기업과 정부, 다 힘들다고 한다. 그리고 이제 부모와 친척들의 경제 상황도 그렇게 좋지는 않다. 친구들도 마찬가지다. 어디 하나 맘 편하게 손 벌릴 만한 곳이 없다. 그리고 이런 시간들이 더 길어지면 어떻게 될까? 불황의 시간이 길어지면 탈출구는 점점 더 막힌다.

일반적으로 경제는 시장과 국가를 두 영역으로 상정한다. 그리고 한국에서는 가족을 하나 더 상정한다. 근대가 형성되면서 개인을 주체로 보기 시작한다. 현실적으로 가족이 중요한 범주로 존재하기는 하지만, 그것을 전제로 분석하지는 않는다. 그렇지만 우리는 근대의 형성이 불완전하거나 불충분했다. 그래서 국가나 시장이 해주지 못하는 것을 아주 사적이며 개인적인 가족의 영역에 미뤄 두었다. 가족? 겨우 가족? 그렇다. 기업과 국가, 그 두 축 위에 한국 사회가 서 있고, 거기에서 벗어나는 삶은 가족들에게 맡겨 놓았다.

물론 선진국이든 후진국이든, 사람이 살아가는 삶에 반드시 공식적인 영역만 존재하는 것은 아니다. 우리가 하는 대부분의 경제활동은 한국은행에서 집계하는 국민계정에 부가가치라는 이름으로 잡힌다. 그리고 이것을 전부 모으면 국민소득이라는 수치가 만들어진다. 여기에 집계되지 않는 경제활동이 비공식 경제다. 금액이 작아서 소소한 것들이 잡히지 않는 경우도 있고, 아직 어떻게 잡아야 할지 몰라서 못 잡고 있는 것도 있다.

여성의 가사 노동이나 육아 노동은 대표적으로 국민계정에 포함되지 않는 비공식 노동이다. 일을 하지 않는 것은 아니지만 대가를 직접 지불하는 것은 아니라서 국민계정에 포함되지 않는다. 이것을 어떻게 할 것인가? 이것은 21세기에도 뜨거운 논쟁거리 중 하나다. 소소하고 작은 거래도 누군가 직접 세금 신고를 하기 전에는 공식 활동으로 집계되지 않는다. 그리고 국민계정이 제대로 추산하지 못하는 또 다른 비공식 경제로 지하경제가 존재한다. 공식적으로는 세금을 내고 뭔가 신고를 하고는 있지만, 그 활동 자체가 불법적인 영역도 존재한다.

동네의 조직 폭력배를 생각해 보자. 등록된 것도 없고 그냥 동네를 돌면서 장사군 '삥'이나 뜯고 다니고 있으면, 이건 지하경제다. 그런데 이 조폭이 좀 더 커져 진짜로 조직적으로 건설사로 등록을 했고, 자신의 경제적 활동과 관련된 금액을 모두 신고하는 경우가 있다. 이 경우는 지하경제가 아니다. 그렇지만 그 활동 자체가 불법이기 때문에 불법 경제다. 합법과 불법의 중간에 있다. 그렇다고 이 모든 활동이 지하경제인 것만은 아니다.

다단계 판매업의 경우가 대표적으로 지하경제와 합법 경제 그리고 불법 경제가 중첩되는 영역에 있다. 다단계라고 해서 정부가 무조건 금지하는 것은 아니다. 일정한 요건을 갖춰 등록하도록 하고 있고, 그렇게 등록된 다단계 판매업의 경우는 합법이다. '다단계 판매에 관한 해설자료 고시'(공정거래위원회) 등을 통하여 법은 '다단계'라는 이름으로 규정한다. 그렇지만 자기들끼리는 직접판매업이라고 부른다. 어쨌든 등록되지 않은 다단계 판매업자는 무조건 불법이다. 그럼 등록된 다단계의 경우는 다 합법적이고 공식적인 것인가? 여기서부터는 애매하다. 기업, 그것도 대기업의 영역은 합법 경제의 영역이다. 그렇지만 모든 기업이 완벽하게 투명성을 가지고 있는 것은 아니고, 경제활동 내역을 허위로 기재하는 '분식회계'처럼 외부에 알려지면 불법인 경우가 상존한다. 합법이라고 해서 모두 좋은 것은 아니고, 법률적으로 문제가 없다고 해도 사회적으로 권장하는 활동이 아닌 경우가 많다.

경제 상황이 장기적으로 어려워지는 것을 'L자형 공황'이라고 부른다. 일본이 1990년대 이후에 이런 모습을 보였다. 한 번 밑으로 내려가면 오랫동안 위로 올라오지 못하는 것을 이렇게 지칭한다. 우리의 경우 1980년 공황, 1997년의 IMF 외환위기, 2008년의 글로벌 금융위기가 있었는데 일단은 단기적으로 과거 추세를 어느 정도 회복했다. 이런 것은 'V자형 공황'이라고 부른다. 내려갈 때 금방 내려가지만 올라올 때도 금방 올라오는 성격을 가지고 있다. 그리고 가장 표준적이고 보편적인 패턴은 'U자형 공황'이다. 일단 위기가 오면 2~3년 정도 고칠 건 고치고 바꿀 건 바꾸고 경제 체질을 개선하면서 다시 위로 올라가는 것을 이렇게 부른다. U자형과 V자형은 어느 정도 익숙한 경제위기의 패턴이다. 일단 올라왔다가 다시 위기가 반복되는 것을 '더블딥double dip'이라고 부르는데, W자 형태를 보인다. 이런 것들은 우리가 종종 경험했다. 그렇지만 L자는 익숙하지 않다. 그만큼 경험도 적고, 논의하기도 쉽지 않다.

L자형 경제위기 상황에서는 국가와 시장이 극도로 위축되고, 많은 경우 가족들도 같이 어려워진다. 이때 가난한 사람들에게 문을 열어 주는 사람이 신일까? 종교기관이 이렇게 경제의 '완충장치' 역할을 하는 것이 이상적이기는 한데, 한국에서는 아직 그런 경우가 거의 없다. 경기가 좋을 때 교회나 절도 살림살이가 같이 넉넉해지지, 경기가 안 좋을 때는 그들도 씀씀이를 줄이게 된다. 자체적으로 별도의 사업 영역을 가지고 있지 않은 대부분의 종교 영역 역시 세속 경제가 올라가거나 내려갈 때 같이 움직인다. 사람들이 지갑을 닫을 때, 교회나 절도 같이 지갑을 닫는다. 물론 극심한 사회적·경제적 변화가 있을 때, 불안해진 사람들이 점집에는 더 많이 가게 된다.

경제의 공식 부문들이 가난한 사람들에게 등을 돌리기 시작할 때, 이제 비공식 부문들이 그들에게 접근하기 시작한다. 다단계 판매업은 경제위기 때에 더 성업하는 경향이 있다. 경제위기, 취약 계층, 청년, 이런 것이 다단계 판매업의 성업 조건이다. 로또 같은 복권도 이와 유사한 경향성을 보인다. 부자들이 복권을 사는 경우는 거의 없다. 공황에 더욱 강해지는 지하경제들이 존재한다.

자본주의 경제에서는 '산 입에 거미줄 치랴'라는 말이 잘 성립하지 않는다. 어려우면 어려울수록 점점 더 지하경제와 비공식 경제가 늘어나게 되고, 가난한 사람들이 공식 경제에서 계속 버티기가 쉽지 않다. 어떻게 할 것인가? 아버지나 어머니가 좀 더 넉넉한 사람이었기를 바라고 있을 수만은 없지 않은가? 그리고 부모들과 언제나 좋은 관계일 수만도 없는 것 아닌가? 산 입에 거미줄 칠 수는 없다고 잘못해서 불법 경제로 발을 깊숙이 들였다가는 정말로 '산 입에 쇠고랑'을 차게 되는 일이 벌어질 수도 있다. 경제가 어렵다고 해서 불법 경제에 대한 법 집행이 유연해지지는 않는다. 그리고 많은 경우, 법은 몸통은 손을 못 대고 초범 등 경미한 참여자들을 주로 혼내는 경향이 있다.

우리가 요즘 사회적 경제라고 부르는 것은 가난 속에서 피어난 꽃과 같은 것이다. 역사적으로도 그렇고, 지금도 그렇다. 19세기, 자본주의가 가난한 사람들을 전혀 챙겨 주지 않던 시절에 협동조합이 생겨났다. 유통망이 발달하지 않아 가게라는 것이 아예 존재하지 않는 상태에서 알아서 물건을 구해 오는 소매조합도 이 시절에 생겨났다. 1929년 대공황 이후로 협동조합은 한때 이탈리아에서 국가를 운용하는 기본 조직으로 검토된 적도 있다. 대공황에 버금갈 것으로, 혹은 그 이상을 예측하는 상황에서 전 세계적으로, 특히

OECD 국가들을 중심으로 '사회적 경제'가 초미의 관심사로 떠오르고 있다.

사회적 경제는 대기업들이 주도하는 시장경제처럼 거대하고 화려하지 않을 수는 있다. 그리고 뷰로크라시라는 단어가 상징하듯이 힘과 권위를 가진 공무원들처럼 단단하고 강력하지 않을 수는 있다. 그렇지만 가난한 사람들이 더 가난해지고, 어려운 지역이 더 어려워지기 전에 부드럽고 은근하게 보호 장치를 만들었던 것은 사회적 경제다. 힘든 시간이 되면, 사회적 경제의 요소들이 더 강해진다. 그리고 그렇게 또 한 번의 어려운 순간들을 넘어간다. 지난 200년 동안, 자본주의를 먼저 만들어 낸 선진국들이 그렇게 살아왔다. 그래서 '가난 속에 피워 올린 꽃'이라고 해도 좋다.

그냥 능력 좋고 효율 좋은 대기업들이 알아서 다 하면 되지 않을까? 그렇게 강한 다국적기업들을 많이 갖추고 있는 미국에서도 사회적 경제는 최근 중요한 요소로 등장하고 있다. 어려운 사람들은 어차피 존재하는 법, 국가에서 복지를 더 많이 제공하고 나머지 사람들은 알아서 경쟁하면 되는 것 아닐까? 국가의 복지가 발달한 순서대로 국민경제에서 사회적 경제의 비중도 높다. 국가 즉 공공 부문만 알아서 혼자 커지는 경제는 세상에 존재하지 않는다. 한국은 대기업과 정부, 이렇게 두 개만 가지고 어떻게 해보려고 했는데, 이제는 도저히 버틸 수 없는 한계 상황까지 왔다.

1960년대에 본격적으로 한국이 경제 발전을 시작한 이후로 50여 년 정도가 지났다. 지금까지 우리는 어떻게 하면 더 부자가 될 것인가, 그 한 방향만 보고 살아왔다. 우리의 경제 시스템이 그랬다. 부동산 투기도 조장하고, 자본을 더욱 집중하기 위해 독과점도 장려했다. 개인들에게 주식 투자도 권장했고, 재테크라는 명목으로 나름대로 돈도 돌리라고 했다. 이 모든 것들은 어떻게 하면 더 부자가 될 것인가, 그 하나의 명제 위에 세울 수 있다. 그렇지만 더 부자가 되는 방법 외에 어떻게 하면 덜 가난할 것인가, 이런 새로운 질문을 해야 할 때가 되었다. 개인이 덜 가난해지는 경제, 이것을 국가적으로 그리고 사회적으로 우리가 고민해 본 적이 아직 없다.

9. 보수와 진보, 그리고 사회적 경제

1. 공동체에 더 많은 권력을 부여하겠습니다.
2. 민중이 자신들의 지역에서 더 많은 역할을 할 수 있도록 하겠습니다.
3. 중앙정부에서 지방정부로 더 많은 권력을 이양하겠습니다.
4. 협동조합, 상호조합, 자선단체, 사회적 기업을 지원하겠습니다.
5. 정부 자료집을 발간하겠습니다.

2010년 7월 19일, 영국의 리버풀 호프 대학에서는 신임 총리의 연설이 있었다. 그가 바로 한때 영국 보수당을 이끌었던 데이비드 캐머런David Cameron이다. 마흔세 살의 이 젊은 보수주의자는 2010년 총선을 이끌었고, 보수당은 306석으로 다수당이 되었다. 그렇지만 단독 집권을 위해서는 20석이 부족했다. 결국 좌파 정당인 자유민주당과 연정을 하게 되었고, 고든 브라운Gordon Brown에 이어 영국 총리가 되었다. 1812년 이후 최연소 총리였다. 호프 대학에서 그가 자신의 통치 철학으로 내세운 다섯 가지 항목은 기존의 보수주의 정권과는 결과 방향이 좀 달랐다. 이렇게 영국 사회 한가운데로 등장한 개념이 '빅 소사이어티Big Society'다. 말 그대로, 사회가 더 커지는 것을 의미한다. 그리고 이때 사회의 핵심은 사회적 경제다.

캐머런이 내건 빅 소사이어티에 대해서는 찬반 격론이 일었다. 원래 작은 정부를 내걸었던 보수당 캐머런의 이전 정책 기조의 연장선에서 해석하면 정부는 복지 예산을 줄이고, 이것을 사회적 경제라는 이름으로 그냥 민간에 넘기겠다는 말로 볼 수 있다. 노동당에서 캐머런을 공격할 때 주로 사용하는 논리다. 그렇지만 사회적 경제 그 자체로 본다면, 나쁜 시도만은 아니라고 할 수도 있다. 복지예산을 없애겠다는 것은 조금 과도한 비판이다. 런던에 집중된 권한을 지역으로 내리고, 사회적 경제를 지원하겠다는 것은 전통적인 사회적 경제의 흐름과 다를 바가 별로 없다.

정치인 데이비드 캐머런은 아주 격동적인 사람이다. 그가 살았던 시기가 격동의 시기였는지, 아니면 그 자신이 격동적인 사람이라 스스로 격동을 만들어 낸 것인지 구분하기가 쉽지는 않다. 앤서니 기든스Anthony Giddens의 '제3의 길'을 토니 블레어Tony Blair가 전격적으로 내세우면서 영국 노동당이 집권하던 시기에 캐머런은 극적으로 다시 보수당 정권을 만들어 냈다. 그리고 EU 탈퇴를 다시 내걸었다. 누구도 예측하지 못한 영국의 EU 탈퇴가 전격적으로 결정되고, 이른바 '브렉시트' 국면에서 캐머런은 총리직을 사퇴했다. 원칙적으로

만 말하면 그가 내걸었던 정책이 국민투표에서 이겼으니 그의 승리이지만, 상황이 그렇게 편안하게만 돌아가지는 않았다. 정말로 아무도, 그리고 캐머런 그 자신도 EU 탈퇴라는 국민투표 결과를 예측하지 못했을지도 모른다. 결국 50대 초반에 하원의원까지 사퇴하면서 일단은 뒤에서 미래를 지켜보는 자리로 돌아갔다. 영국은 처음부터 EU 화폐 통합에는 참가하지 않았다. 그래서 프랑스가 프랑을, 독일이 마르크화를 포기하고 유로화를 사용할 때, 영국은 파운드화를 계속해서 사용했다. 그렇지만 일종의 정치 체계이며 의사 결정 체계인 EU 공동체의 일원이었던 영국이 EU를 탈퇴한 이후에 무슨 일이 벌어질지, 정말로 아무도 모른다. 캐머런도 몰랐을 것 같다.

　2008년 글로벌 금융위기에 대한 경제적이며 사회적인 대응으로 데이비드 캐머런이 '빅 소사이어티'라고 부르는 '보다 큰 사회'를 정책 기조로 내세운 것은 여러 가지로 참고할 만하다. 보수 쪽에서 경제위기와 관련해서 사회적 경제를 전면에 내세운 것은 사실 캐머런이 처음은 아니다. 1929년 대공황의 부작용으로 유럽 한쪽에서 역사상 가장 강력하며 또한 부정적인 보수 정권이 탄생했다. 그 축의 하나가 바로 이탈리아에서 발생한 무솔리니의 파시즘이었다. 그냥 협동조합을 조금 강조하는 정도가 아니라, 국가의 기본 자체를 협동조합 위에 세우려고 했다.

　무솔리니의 파시스트들은 자본가와 노동자, 양쪽 모두를 좋아하지 않았다. 자본을 위한 정치와 노동을 위한 정치, 자본주의의 등장과 함께 나타난 이 오래된 이분법적 도식은 우리에게 익숙하다. 그런데 무솔리니는 두 가지 모두를 양극단이라고 해서 별로 안 좋아했고, 조국 이탈리아를 위해서는 별도의 기반이 필요하다는 생각을 했다. 그래서 등장하게 된 것이 사장도 아니고 노동자도 아닌 조직, 협동조합이다.

무솔리니는 협동조합을 13개의 협동체로 묶고, 그 위에 '협동체 전국가연합회'라는 것을 두었다. 그냥 그렇게 조직만 묶은 게 아니라 여기에 진짜로 입법권을 부여했다. 지금 식으로 이야기하면 협동조합의 지역 대표가 바로 그 지역의 국회의원이 되는 것이다. 지금 우리가 지역별로 국회의원을 뽑는 것을 지역별 협동조합으로 대체하고, 협동조합의 회의가 바로 입법권을 갖는 회의가 되도록 했다. 아마 역사상 존재했던 협동조합 중에서 가장 강력했던 것이 무솔리니 시기의 협동조합일 것이다.

물론 이러한 시도가 그렇게 행복하게 끝나지는 않았다. 많은 협동조합은 무솔리니의 파시즘 체계를 거부했고, 그래서 협동조합들과의 불화는 계속되었다. 말을 잘 들으면 전국적인 영향력을 보장해 주지만, 그 반대인 경우에는 탄압했다. 무솔리니 집권기가 이탈리아의 협동조합이 정말로 좋았던 시기인지는 논쟁의 대상이다. 지금까지 잘 활동하는 많은 협동조합에게는 그 시기가 암흑기였을 것이다. 협동조합이 가지고 있는 자치의 정신과 이탈리아어로 '묶는다'라는 의미의 파쇼가 잘 어울리기는 쉽지 않다. 결국 이 시기는 비극으로 치닫고, 전쟁과 함께 이탈리아 협동조합 정치의 시대도 막을 내렸다.

우리는 이런 비슷한 일이 전혀 없었을까? 우리도 흐름이 아주 다르지는 않다. 박정희의 5.16이 벌어진 것은 1961년이다. 박정희가 공식적으로 대통령이 되기 전까지 국정은 국가재건최고회의에서 결정했다. 이 회의의 의장이 박정희였다. 기존에 존재하던 농업협동조합과 농업은행을 합쳐서 지금 우리가 농협이라고 알고 있는 농협중앙회가 만들어진 것이 바로 그해 8월 15일이다. 쿠데타와 함께 군인들이 제일 먼저 했던 일 중 하나가 바로 협동조합 형태로 농민들에 대한 통치 기반을 만드는 것이었다. 1961년 5.16에서 8.15까지, 불과 네 달도 안 되는 시간이다. 군사정권이 속전속결로 정치깡패 이정재를 사형시킨 것도 10월의 일이니까, 진짜로 정신 없던 와중에 농협부터 만들었다고 해도 과언이 아니다.

농협도 사회적 경제야? 이렇게 되물을 사람들이 많을 것이다. 한국의 회사 가운데 사람들에게 대표적으로 욕을 많이 먹는 회사를 골라보면 한전과 현대자동차 그리고 농협을 생각해 볼 수 있다. 여름이면 한전은 전기료 때문에 욕을 먹는다. 현대차는 같은 회사인 기아와 함께 '흉기차'라고 놀림당하고, 현기 싫어서 외제 차 산다는 이야기가 공공연히 흘러나온다. 그럼 농협은? 사람들이 그냥 주는 거 없이 미워하고, 받는 거 없이 싫어한다. 이 세 회사 전부 사람들에게 욕을 엄청 먹는다. 그런데 청년들에게는 또한 대표적인 '신의 직장'이라서 들어가고 싶은 직장의 대표격이기도 하다. 공교롭게도, 현대자동차는 민간의 대기업을, 한국전력은 공기업을, 그리고 농협은 협동조합을 대표한다.

국제협동조합연맹International Co-operative Alliance은 가장 권위 있는 협동조합 사이의 국제적 연대 기구다. 모든 협동조합이 이 기구에 가입할 필요도 없고, 또 실제로 그렇지도 않다. 그렇지만 협동조합으로서 사회적 역할 같은 것을 강하게 생각하는 기구들이 많이 가입하는데, 최근 조합원이 가장 많이 늘어난 아이쿱이나 전통적인 생협인 두레생협 그리고 한국대학생생협도 여기에 가입되어 있다. 그리고 농협도 국제노동조합연맹에 가입되어 있는 회원 기관이다. 우리와 유사한 농협 조직을 가지고 있는 일본 농협도 마찬가지로 회원이다. 사람들이 좋아하든 싫어하든, 국민들이 인정하든 인정하지 않든, 한국 농협과 일본 농협 모두 오래된 협동조합 중 하나이며, 국제적으로도 덩치 큰 협동조합 중 하나다.

한국의 농협중앙회도 협동조합이냐, 그냥 군사정권 시절에 강해진 권익 집단에 불과한 것 아니냐, 이렇게 반론을 할 수는 있다. 그렇지만 흔히 농협법이라고 불리는 법의 원명 자체가 '농업협동조합법'이고, 법 자체가 농협을 협동조합으로 규정하면서 시작한다. 그리고 법 10조에서는 '다른 협동조합 등과의 협력'을 규정하고 있다.

10조(다른 협동조합 등과의 협력) 조합 등과 중앙회는 (⋯) 다른 법률에 따른 협동조합 및 외국의 협동조합과의 상호협력, 이해증진 및 공동사업 개발 등을 위하여 노력하여야 한다.

농협은 국내는 물론이고 다른 나라의 협동조합하고도 협력을 하라고 법에 규정되어 있다. 상법에는 주식회사나 유한회사 등 상업

행위를 하는 회사에 대해 규정되어 있는데, 여기에서 다른 회사와 협력하라고 규정되어 있는 경우는 없다. 그 대신 망하면 청산을 어떻게 할 것인가, 그만두고 싶은 사람은 어떻게 퇴사할 것인가, 이렇게 경쟁과 관련된 것들이 규정되어 있다. 서로 경쟁 중인 회사들끼리 '상호 협력하라'라고 상법에 씌어 있으면 얼마나 우습겠는가. 은행도 운영하고, 보험 상품도 파는 농협은 그냥 보면 일반 회사와 다를 바가 없다. 그러나 이 아주 특별한 기관을 탄생시킨 바로 그 법에는 국내는 물론이고, 외국의 협동조합과도 서로 협력해야 한다고 이야기하고 있다. 사람들은 그렇게 평가하지 않을 가능성이 높지만, 한국의 농협은 스스로도 협동조합이라고 이야기하고, 국제적으로도 협동조합이라는 위상을 가지고 있다. 농협이 사회적 경제에 해당되지 않을 이유가 없다.

물론 그렇다고 해서 우리가 농협을 존경해야 한다는 것도 아니고, 농협이 정의롭다는 것도 아니다. 역대 농협 이사장 중에서 감옥에 가지 않은 사람이 없다. 그만큼 부패가 만연할 수밖에 없는 구조를 가지고 있다. MB 시절에는 대통령의 고등학교 친구가 농협중앙회 이사장을 맡으면서, 누구나 그렇다고 생각하는 친정부 역할을 했다. 우리가 일반적으로 의미하는 사회적 경제라고 이야기할 구석은 거의 없다. 그러나 다른 한편으로는, 그런 것이 바로 사회적 경제라는 생각을 할 수 있게 해주기도 한다.

협동조합의 역사는 자본주의의 역사만큼 오래되었다. 협동조합이든 공동체든, 그 자체로 옳거나 성스럽거나 한 것은 아니다. 그리고 이것이 전적으로 좌파의 영역이거나, 진보의 영역인 것도 아니다. 협동조합을 포함하여 새롭게 정의된 사회적 경제 역시 마찬가지다. 용어가 일부 새로울 수 있고, 법이나 제도와 상관없이 움직이던 영역을 새롭게 정의하는 경향이 있기도 하다. 그렇지만 이것이 반드시 정치적인 것만은 아니고, 특정 정치집단에게 일방적으로 유리한 것도 결코 아니다. 보수든 진보든, 자신들의 경제를 보완하는 장치로 협동조합을 활용해 왔고, 사회적 경제도 마찬가지다. 세계적으로도 그렇고, 우리나라에서도 그렇다.

이런 점에서, 독재자였던 무솔리니가 사회적 경제에 대해서는 정말로 맞게 본 것인지도 모른다. 사회적 경제 그 자체로는 대기업의 편도 아니고, 노동자의 편도 아니다. 어떤 상황에 놓여 있느냐, 어떻게 운용하느냐가 더 중요한 문제일 수 있다. 이념적으로 본다면, 특별히 누구의 편이거나 누구에게 특별히 더 이로운 것은 아니다. 무솔리니도 썼고, 박정희도 썼다. 농협에서 축산 부문이 따로 떨어져나와서 독립한 것이 1981년 1월의 일이다. 전두환이 대통령에 취임한 것은 그해 3월의 일이다. 그도 사회적 경제를 통치 기반으로 일정 부분 활용했다. 보수, 아니 독재자들도 사회적 경제의 요소를 나름대로는 전부 활용했다. 원래 그런 성격을 가지고 있다고 봐도 아주 이상하게 보는 것은 아니다.

10. 잃어버린 금화를 찾아서

이솝 우화에 나오는 토끼와 거북이의 경주는 전 세계적으로 가장 잘 알려진 동화 가운데 하나다. 부지런한 거북이가 낮잠을 즐기는 게으른 토끼를 이긴다는 교훈적 내용이다.

이 이야기에는 당연하겠지만 기하학의 원리가 숨어 있다. 경주가 가능하려면 잘 정의된 평면이 필요하고, 경주를 하는 거리가 필요하다. 그리고 또한 시간이 필요하다. '잘 정의된 평면'이라는 말은, 우리가 아는 반듯반듯하고 뒤틀리거나 왜곡된 것이 없는 세상이다. 일반적으로는 그리스의 수학자 유클리드의 이름을 따서 '유클리드 평면'이라고 부른다. 유클리드는 기원전 3세기 사람이다. 이솝 이야기의 바로 그 이솝의 출생 연대는 정확하지 않다. 대체적으로 기원전 6세기 정도에 활동한 것으로 알려져 있다. 이솝의 이야기를 이해하기 위해 반드시 유클리드 기하학을 알 필요는 없다. 그렇지만 우리가 상식적이고 직관적으로 알고 있는 경주가 수학적으로 성립하려면 유클리드 평면이 필요하다.

평행하지 않은 두 직선은 반드시 만난다. 이것을 공준으로 표현하면 '직선 밖의 한 점을 지나 그 직선과 만나지 않는 점은 하나밖에 없다'가 된다. 유클리드 기하학의 제5공준이다. 이것은 지구에 사는 우리의 직관하고만 일치한다. 종이 위와 같은 2차원 평면에서 평행하지 않는 직선은 어디에선가 만난다. 그런데 이것을 의심하는 사람들이 19세기에 등장하기 시작했다. 직선 밖의 한 점을 지나서 평행한 선이 딱 하나가 아니라 두 개가 있을 수 있다고 하면 '쌍곡 기하학'이 된다. 그리고 그것이 하나도 없다고 하면 바로 그 유명한 '리먼 기하학'이 된다.

영화 〈뷰티풀 마인드A Beautiful Mind〉(2001)는 게임이론을 만들어서 노벨 경제학상을 받은 천재적인 수학자 존 내시John Nash의 삶을 그렸다. 게임에서 일반 균형이 아닌 '내시 균형'이라는 말이 바로 이 내시에서 나왔다. 영화에서 내시가 강의실 유리창에 분필로 풀었던 방정식이 바로 리먼 기하학이다.

유클리드 평면에서 리먼 평면 등의 비유클리드 사유로 넘어오면서 아인슈타인Albert Einstein의 상대성 원리가 등장하는 데 결정적 배경을 제공했다. 천문학 등 20세기 이후의 물리학에서는 더 이상 유클리드 평면으로 우주를 생각하지 않는다. 영화 〈인터스텔라Interstellar〉(2014)에서 아빠 쿠퍼와 딸 머피 사이에 정보를 전달하게 되는 결정적 매체인 '중력' 개념이 바로 상대성 원리에서 나온다. 시간과 공간이 왜곡되고, 그 사이를 중력이 관통한다는 생각은 기존의 유클리드 평면에서는 도출하기 어려운 생각이다. 블랙홀도 마찬가지다.

21세기에도 여전히 리먼 기아학 등의 비유클리드 기하학은 보통 사람들에게는 어려운 수식이다. 그러나 이제는 우리도 상대성 원리에 나오는 많은 개념을 일상적으로 사용하게 되었다. 우주는 이솝 우화에서 토끼와 거북이가 경주하던 공간과는 많이 다르다. 그냥 자연과학의 일부에서 연구하는 정도가 아니다. 이 새로운 공간 인식은 실험실 밖으로 나왔고, 할리우드 영화에서도 자연스럽게 소화하는 상태가 되었다. 거의 비슷한 시기에 등장한 〈마션The Martian〉(2015), 〈그래비티Gravity〉(2013) 등의 영화는 스템Science, Technology, Engineering, Mathematics, STEM 영화로 따로 분류된다.

스템에서 여전히 최고의 히트 상품은 MIT 대학에서 제시한 '풀뿌리 발명가grass-root inventor' 개념이다. 풀뿌리는 한국에서는 별로 인기 없는 개념이기는 한데, 이 고도로 발달한 과학기술의 세계에서도 MIT는 지역에 기반을 둔 활동의 중요성을 강조한다. 그래서 나온 것이 팹랩fab-lab이다. 지역경제와 스템이 만나는 공간적 개념인데, 혁신 경제에서 최근 가장 앞선 개념이라고 할 수 있다. 과학기술이 지역에서 사회적 경제와 만나면 팹랩이 된다, 이 정도로 이해해도 무방하다. 일반적으로 사회적 경제에 대해 대중이 갖는 이미지는 특별한 기술과 과학이 필요하지 않은 분야로 한정된다는 것이다. 그러나 MIT에서 풀뿌리 발명가 개념을 제시한 이후로, 최첨단의 과학기술은 반드시 대규모 글로벌 기업에서만 나올 수 있다는 환상이 깨지기 시작했다. 사회적 기업과 연관된 분야가 반드시 지식이 덜 필요하고 전문성이 중요하지 않은 분야일 필요는 없다.

토끼와 거북이의 경주가 진행되는 들판은 일종의 3차원 평면이다. 전후좌우, 두 개의 거리가 있고 높이가 있다. 물론 3차원이라고 해도 점으로부터 시작해서 잘 정의되어 있는 유클리드 평면이다. 우리가 대학에서 배우는 경제학은 이 유클리드 평면 위에서 정의된다. 그렇다면 사회적 경제는? 이것이 정의하기가 쉽지 않다. 말 그대로 '사회적 성격을 가진 경제'라고 정의할 수도 있지만, 이것은 그냥 동어반복이다. 누군가 이성계는 누구인가라고 물었을 때 성은 이, 이름은 성계라고 대답하는 것과 같다. 그렇게 해서는 아무 설명도 안 되고, 아무런 정의도 아니다. 그렇다면 조금 자세하게 풀어서, 사회적 가치를 의미 있게 실현하는 경제적 활동이라고 한다면? 크게 다르지 않다. 이성계는 전주 이씨의 후손으로, 이름은 성계이고, 휘호는 태조강헌지인계운성문신무대왕이다, 이렇게 설명하는 것과 비슷하다.

사회적 경제를 규정할 수는 있다. 그리고 사회적 경제에 해당하는 범주들을 열거할 수도 있다. 그렇지만 정의하기는 아주 어렵다. 일반적으로 경제학에서 사용되는 용어는 잘 정의되어 있다고 생각하는 경향이 있다. 주식회사는 잘 정의되어 있다. 다국적기업도 정의하기가 쉽다. 그런 방식으로 사회적 경제를 정의하려는 시도는 동어반복의 함정에 빠지게 된다.

제도라는 눈으로 사회적 경제에 대해 생각해 보자. 법은 제도를 규정하는 도구다.

> 3조 1항. "사회적 경제"란 양극화 해소, 양질의 일자리 창출과 사회 서비스 제공, 지역공동체 재생과 지역순환경제, 국민의 삶의 질 향상과 사회통합 등 공동체 구성원의 공동 이익과 사회적 가치의 실현을 위하여 사회적 경제조직이 호혜협력과 사회연대를 바탕으로 사업체를 통해 수행하는 모든 경제적 활동을 말한다.
>
> (사회적 경제 기본법안, 윤호중 안)

아마 적당한 상식을 가진 사람이 위의 문장을 읽어 보면 단 한마디도 못 알아들을 것이다. 이게 무슨 말이지? 뭐라 뭐라 하는데, 이 문장은 그 자체로 의미 있는 구조로 성립되지 않는 것이, '사회적 가치'라는 단어 하나에 너무 많은 것을 담아 놓았기 때문이다. 사회적 가치는 무엇인가? 그것은 3조 2항에 나오는 정말 긴 개념들의 리스트를 읽어야 해독된다.

2항. '사회적 가치'란 사회적 경제활동을 통하여 사회적·경제적·환경적·문화적 영역에서 공공의 이익과 공동체 발전에 기여하는 사회 공익적 성과로서 다음 각 목의 내용을 포괄하는 가치를 말한다.

가. 인간의 존엄성을 유지하는 기본 권리로서의 인권의 신장

나. 재난과 사고 등 위험으로부터 안전한 근로·생활환경 유지와 국민 안전 확보

다. 사회적 배제 및 취약 계층에 대한 노동 통합과 평등한 고용 기회의 확대

라. 건강한 생활이 가능한 보건복지의 제공과 국민 건강의 증진

마. 지역사회와 공동체에서 충족되지 못하는 다양한 사회 서비스 제공

바. 지역공동체 재생과 지역순환경제 활성화

사. 사회적 약자에 대한 기회 제공과 불평등 해소를 통한 사회 통합

아. 양질의 일자리 창출과 차별 없는 노동권의 보장

자. 윤리적 생산과 유통을 포함한 기업의 자발적인 사회적 책임 이행

차. 자원의 재활용과 환경의 지속 가능성 보전

카. 시민적 권리로서 민주적 의사 결정과 참여의 실현

타. 그 밖에 공동체의 이익 실현과 공익성 강화

(사회적 경제 기본법안, 윤호중 안)

진짜 길다. 항목 '가'에서 시작해 항목 '타'까지 간다. 두 개만 더 있었으면 '파', '하'까지 가서 전혀 새로운 분류 항목을 추가해야 할 정도다. 자, 이 시점에서 우리가 사용하는 한글 체계에서 약간의 궁금증이 생긴다. 진짜로 '하'까지 다 가면 어떻게 하지? 바로 다음 항에 나오는 사회적 경제의 분류에서 이 고민을 해결해 준다.

3항. '사회적 경제 기업'이란 제3조 제2호의 사회적 가치를 추구하면서 재화 및 용역의 구매·생산·판매·소비 등 영업 활동을 하는 사업조직으로 다음 각 목의 어느 하나에 해당하는 조직을 말한다.

가. 「사회적 기업 육성법」 제2조 제1호에 따른 사회적 기업

나. 「협동조합 기본법」 제2조에 따른 협동조합, 협동조합연합회, 사회적협동조합 및 사회적협동조합연합회

다. 「도시재생 활성화 및 지원에 관한 특별법」 제2조 제1항 제9호에 따른 마을기업

라. 「국민기초생활 보장법」 제18조에 따른 자활 기업

마. 「농어업인의 삶의 질 향상 및 농어촌 지역 개발 촉진에 관한 특별법」 제19조의 3에 따라 재정 지원 등을 받는 법인·조합·회사·농어업 법인·단체

바. 「소비자생활협동조합법」에 따른 조합과 연합회 및 전국연합회

사. 「농업협동조합법」에 따른 지역농업협동조합과 지역축산업협동조합 및 품목별·업종별 협동조합과 농업협동조합중앙회. 다만, 「농업협동조합법」 제134조의 2(농협경제지주회사) 및 제134조의 3(농협금융지주회사)에 따른 사업조직은 제외한다.

아. 「수산업협동조합법」에 따른 지구별 수산업협동조합, 업종별 수산업협동조합 및 수산물가공 수산업협동조합과 수산업협동조합중앙회. 다만, 「수산업협동조합법」 제138조 제1항 제2호 다목(중앙회 출자회사) 및 제141

조의 9 제1항 제5호(은행법에 따른 은행 업무)는 제외한다.

자. 「산림조합법」에 따른 지역산림조합, 품목별·업종별 산림조합, 조합공동 사업법인 및 산림조합중앙회

차. 「엽연초생산협동조합법」에 따른 엽연초생산협동조합과 엽연초생산협동 조합중앙회

카. 「신용협동조합법」에 따른 신용협동조합 및 신용협동조합중앙회

타. 「새마을금고법」에 따른 새마을금고 및 새마을금고중앙회

파. 「중소기업협동조합법」에 따른 협동조합, 사업협동조합, 협동조합연합 회, 중소기업중앙회

하. 「고용정책 기본법」 제28조 또는 「사회적 기업 육성법」 제5조의 2에 따라 지방자치단체장이나 중앙행정부처의 장에 의해 지정되는 예비 사회 적 기업

거. 그 밖에 기업·법인·단체 중 관계 법령과 대통령령이 정하는 바에 따라 사회적 경제 기업으로 등록된 사업조직

(사회적 경제 기본법안, 윤호중 안)

자, 드디어 항목 '하'를 넘어 이제는 '거'가 나온다. 쉽다. 한글은 생각보다 엄청나게 긴 항목이라도 대처할 준비가 되어 있다. 몰랐 었는가? 사회적 경제의 정의는 법을 보면 되고, 사회적 경제의 분류 역시 기본법과 연관된 법의 항목들을 보면 된다. 설명이 되었는가? 이것만 읽고 이제 사회적 경제가 무엇인지 알겠다는 사람은 없을 것이다. 이것이 단박에 이해된다면, 행정고시를 너무 오랫동안 준비 하다가 행정법이 자신의 뇌를 지배하게 된 '수동형 인간'일 것이다. 법은 행정을 명령하고 지시하는 것이지, 이해시키는 것은 아니다. 이렇게 읽어서 사회적 경제가 무엇인지 이해할 사람은 아무도 없다.

농업의 경우는, 농협중앙회에 소속된 지역의 협동조합들은 사회적 경제다. 그러나 농협금융지주회사와 농협경제지주회사는 여기서 또 뺀다. 왜? 복잡한 설명이 있지만, 실제로 법안을 추진한 사람들이 이것이 뭔지 잘 모르겠으니까 뺀 것이다. 그것이 가장 타당한 설명에 가깝다. 그럼 농협은행은 빼는 거야, 마는 거야? 법안에는 설명이 없다.

다른 나라의 경우도 크게 다르지 않다. 사회적 경제에 관한 행정 체계를 가지고 있는 나라들이 행정적으로 사회적 경제를 규정하는 방식도 크게 다르지 않다. 큰 흐름을 규정하고, 관련된 활동을 나열한다. 자, 그럼? 전 세계의 수많은 사람들이 자신들의 규정을 보면서, 도대체 뭐가 뭔지 잘 모르겠다는 느낌을 받았을 것이다. 사실은 그것이 당연하다. 이 규정의 문제점은, 여기에 나오는 것이 사회적 경제의 정의도 아닐뿐더러 사회적 경제 전체를 의미하는 것도 아니라는 점이다.

소셜 벤처라고 불리는 회사들이 있다. 소셜 이노베이터라는 말도 쓴다. 정부에서 사회적 기업에 주는 약간의 보조금을 받기 위해 정부가 정한 요건을 만족시켜야 한다. 그것이 귀찮거나, 아니면 정부 지원 같은 것은 필요 없다고 스스로 움직이는 사회적 기업들이 이런 이름을 많이 쓴다. 다음의 창업자인 이재웅이 사회적 기업에 지원을 주기 위한 활동을 많이 한다. 정부와는 상관없이 움직이는데, 이 회사들도 소셜 벤처라는 이름을 주로 쓴다. 법률적 규정에 따르면 이들은 사회적 기업이 아니지만, 본래의 의미에서는 이들도 사회적 경제인 것은 맞는다. 이재웅이 직접 대표를 맡고 있는 자동차 공유 기업인 '쏘카'가 사회적 경제가 아니라고 보기도 어렵다. 정부 지원 구조에서는 분명히 사회적 기업이 아니지만, 원래의 흐름 속에서 공유 경제를 구현하려는 스타트업 기업을 의도적으로 사회적 경제에서 배제할 이유는 없다.

미국에서 많이 사용하는 개념인 NPONon Profit Organization도 사회적 경제와 사회 기구의 중간에 걸쳐져 있다. 이윤을 추구하지는 않지만, 그들 중 상당수는 경제적 활동을 한다. 그리고 정부 지원을 받지 않는 경우도 많다. 이런 것을 법률에서는 어떻게 설정해야 하는가? 아무도 모른다. 나라별 역사와 행정적 구조에 따라서 처리하는 수밖에 없다.

이쯤에서 많은 사람들이 불만을 갖기 시작할 것이다. 주식회사가 뭔지도 알겠고, 공기업이 뭔지도 알겠다. 시장이 뭔지도 알겠고, 국가도 뭔지도 알겠다. 그런데 '제3섹터'라는 것이 도대체 뭐냐? 이것은 왜 이렇게 체계도 복잡하고, 국가별로 심지어는 지역별로 상황이 이렇게 다르냐? 캐나다의 퀘벡 주에서는 사회적 경제가 경제의 가장 중요한 분야다. 그렇지만 약간만 이동해서 캐나다의 다른 영어권 지역으로 옮기면 사정이 확 달라진다. 그러니 많은 사람들이 시작도 하기 전에 사회적 경제를 어렵게 생각할 수밖에 없다. 시장, 국가, 사회, 이렇게 세 가지 영역이라고 그냥 간단하게 생각하면 되나?

사실 토끼와 거북이가 경주하는 장소처럼 잘 정의된 유클리드 평면 위에 우리가 생각하는 경제가 있다는 것도 일종의 착각이다. 우리가 안다고 간주하고 잘 정의되어 있다고 간주하는 것이지, 실제 경제가 그렇게 간단하고도 도식적이지는 않다. 일상을 살면서 우리가 늘 상대성 이론을 생각할 필요는 없다. 그렇다고 우리가 살아가는 세상과 우주를 이해할 때 상대성 이론을 떠나서 이해할 수는 없다는 것과 비슷하다. 비유클리드 평면이 직관적이지는 않지만, 우주라는 공간에서 벌어지는 현상을 더 잘 설명해 주는 것과 같다.

'시장경제'라는 표현을 쓸 때는 그것이 무엇인지 우리에게 직관적으로 익숙하다. 그리고 이미 뭔가 굉장히 잘 정리되어 있다는 생각을 하게 된다. 그런데 진짜로 어떤 전문가가 정색을 하고 질문을 한다면? 선생님은, 시장을 무엇이라고 정의하십니까?

이 질문에 대한 이론적 답변은, '경제학 내에 시장에 대한 공식적 정의는 없다'는 것이다. 있는 것 같지만 없고, 잘 모르지만 대충 안다고 생각하는 것이 대표적 사례다. 가장 익숙한 것은 '상품 교환이 이루어지는 장소'라고 정의하는 것이다. 뭔가 주고, 뭔가 받고, 그렇게 서로의 행위가 이루어지는 것. 그러나 이렇게만 정의하면, 시장에 대한 정의가 아니다. 교환과 거래에 대한 정의다. 우리가 시장이라고 부르는 것에는 장소 개념이 포함된다. 동네 시장, 골목 시장에서 국내 시장, 해외 시장, 북한 시장까지, 이렇게 지역을 전제로 한 시장이라는 단어를 사용한다. 그런데 일반적으로 '시장경제'라고 표현할 때의 시장이 장소만을 의미하지는 않는다. 단어는 같은 시장이지만, 주고받는 거래 행위라는 개념과 함께 이 행위가 발생하는 공간 개념이 공존한다. 특정 행위가 발생하는 장소, 예를 들면 청와대, 국회, 법원, 경찰서, 학교, 이런 것과 마찬가지 개념이 시장이다. 장소이면서도 동시에 행위이기도 하다. 청와대라는 단어에는 아주 구체적인 상황과 함께 통치 행위라는 추상적인 의미가 동시에 담겨 있다. 은유로 사용되는 개념어들이 대개 이런 특징을 갖는다.

경제학에서 이야기하는 시장, 아주 잘 정의되어 있을 것 같지만 사실은 학문적으로 정의되어 있지 않다. '제약 조건하에서 최적의 행위를 추구하는 학문', 이것은 1920년대부터 사용된 경제학의 정의다. 예산 제약하에서 최적의 거래를 하는 것을 시장이라고 하고 싶지만, 그것은 시장에서 발생하는 또는 발생한다고 전제하는 행위이지 시장 그 자체는 아니다. 좁게 보면, 시장은 합리적이라고 이야기하는 거래 행위가 이루어지게 하는 장소다. 넓게 보면, 경제적으로 합리적인 것이 사회적으로도 합리적이라는 시장에 우호적인 사회적 문화와 이를 뒷받침하는 제도 그 자체를 의미하기도 한다. 행위, 장소, 이런 좁은 의미 외에 시장도 제도 중의 하나라는 제도적 의미도 가지고 있다. 이렇게 시장이 가지고 있는 여러 의미와 서로 다른 위상을 동시에 만족시키는 정의는 존재하기 어렵다. 그리고 실제로 그렇게 정의하지도 않는다. 그러면 어떻게 할까? 경제학 교과서에서는 이 질문을 살짝 피해 나간다.

공식적인 경제학 교과서는 개인을 먼저 정의한다. 그리고 그 연장선에서 소비자를 정의한다. 여기까지는 쉽다. 개인보다는 훨씬 복잡하지만 개인을 정의하는 방식과 마찬가지로 생산자 즉 기업을 정의한다. 그리고 '소비자와 생산자가 시장에서 만난다', 이렇게 시장을 소개한다. 이것은 정의가 아니라 일종의 소개다. '소비자와 생산자가 만나는 장소'라고 시장을 정의하면 장소 개념이 너무 강하게 들어가 버리기 때문이다. 교과서에서 시장을 소개하기는 하지만, 정의하지는 않는다. 그래서 시장에 대한 공식적이며 교과서적인 정의는 존재하지 않는다. 정의하지 않는 것이 아니라 정의할 수가 없는 것이다. 경제학을 잘 정의되어 있는 유클리드 평면 같은 것으로 생각하는 사람이 많겠지만, 기하학만큼 잘 정의되어 있는 것은 아니다. 모호하기는 한데, 다른 방법이 없으니까 그냥 그걸 쓰는 것이다.

개념이 가지고 있는 모호함이 가장 우스꽝스럽게 터져 나온 사건이 MB 대통령 후보 시절에 있었다. '임금님 귀는 당나귀 귀' 같은 사건이다. 재래 시장을 방문한 MB를 지지하겠다는 할아버지에게 기자가 물었더니, 시장경제를 잘할 것 같다는 답변이 나왔다. 우리는 모두 웃었다. MB가 이야기하는 시장경제의 그 '시장'과 사람들이 장사하는 재래 시장의 그 '시장'이 같은 뜻이 아니라는 것은 명확하다. MB식으로 시장경제를 강화하면 대형 마트가 더 활성화되고, 재벌들이 골목 상권까지 밀고 들어오게 된다. 이런 과정을 통해서 오랫동안 그 자리에서 장사하던 재래 시장이 어려워졌다. 같은 경제라는 단어를 가지고 MB와 시장 상인은 전혀 다른 이해를 하고 있었고, 불행히도 그 이해는 상충되고 모순된 것이었다. 우리는 많은 경우 하고 싶은 말만 하고 듣고 싶은 것만 듣는다. 재래 시장 상인의 에피소드가 딱 그렇다.

사회적 경제가 뭔지 모르겠다고 말하는 사람이 많다. 이것은 반드시 경제에 대해서 잘 모르는 사람들만 하는 이야기는 아니다. 경제를 아주 잘 아는 전문가들도 때때로 사회적 경제라는 단어에 대해 이해하기 어렵다는 불편한 감정을 드러낸다.

"시장이 뭔지 알겠고, 국가가 뭔지도 알겠는데, 사회적 경제는 뭐가 뭔지 도통 모르겠다."

불편한 감정과 어렵다는 얘기가 동시에 섞인 사회적 경제에 대한 거부감을 정리해 보면 '시장이나 국가에 비해 잘 정의되지 않는다'는 이야기로 요약할 수 있다. 그러나 금방 살펴본 것처럼, 시장이라고 해서 잘 정의되어 있는 것은 아니다. 막상 기하학에서 유클리드 평면을 점과 선에 관한 몇 개의 공리로 정의하는 것처럼 시장을 정의하려고 하면 잘 되지 않는다. 국가도 마찬가지다. 우리가 시장이나 국가에 대해 평소에 더 많이 알고 있었던 것이 아니라, 그냥 익숙한 것일 뿐이다. 그런 데 비해서 사회적 경제에 속한 여러 요소가 익숙하지 않은 것은 사실이다. 그렇지만 개념 자체가 어렵거나 덜 정의되어서 어려운 것은 아니다. 그런 식으로 따지면, 시장도 정확하게 정의되어 있지 않은 것은 마찬가지다.

사회적 경제를 다루는 순간, 역사가 등장하고 기원이 등장한다. 그뿐 아니라 정신이 등장하고, 가치가 등장한다. 편안하게 시장을 다룰 때, 이런 요소들은 그렇게 강조되지 않았다. 무엇이 바뀐 것일까? 협동조합, 사회적 기업, 이런 것들은 기본적으로 제도에 관한 이야기다. 제도가 등장할 때 당연히 그 기원이 등장하고, 운용된 역사 그리고 그 제도를 둘러싼 사회적 관계가 나오게 된다. 시장도 일종의 제도다. 그러나 많은 경우, 단 하나밖에 없는 보편적인 제도라고 간주하기 때문에 그 제도적 속성을 무시하고 분석하는 것이다. 그러나 주식회사가 경제 조직의 유일한 유형도 아니고, 시장만이 경제에 관여하는 것이 아니라는 점을 생각하는 순간, 시장도 일종의 제도로서 이해하는 수밖에 없다. 물론 귀찮다. 사회적 경제 같은 부차적 요소를 다루기 위해서 이렇게 많은 어려운 얘기들을 감당해야 하나, 하는 생각이 들 것이다. 유클리드 평면에서 비유클리드 평면으로 넘어올 때, 분석이 어려워지고 복잡해진다. 겨우 지구 안에서 벌어지는 일들을 분석하기 위해 이렇게 어렵고 복잡한 것을 봐야 하나 싶을 것이다. 그러나 그 복잡한 것을 이론의 핵심에 포함하면서 아인슈타인의 상대성 이론도 나오고, 20세기 물리학이 등장하지 않았던가. 21세기에는 경제가 더 복잡하고 어려워진 것이다. 다른 방법이 없다. 있는 그대로를 들여다보는 수밖에……

경제학자들 사이에서 한때 유명했던 농담이 하나 있다. 어두운 밤, 가로등 밑에서 떨어뜨린 금화를 찾고 있던 한 신사를 보고 지나가던 소년이 같이 길바닥을 손으로 더듬었다. 한참을 찾았지만 금화는 나오지 않았다. 슬슬 짜증이 나기 시작한 소년이 신사에게 물었다.

"아저씨, 금화를 이 근처에서 잃어버리신 게 분명히 맞나요?"

신사가 답했다.

"물론 여기서 잃은 것은 아니란다. 저 옆에 보이는 길가에서 금화를 잃었지."

소년은 신사의 대답을 듣고는 어이가 없었다.

"그런데 도대체 왜 여기서 금화를 찾고 계신 거죠?"

신사가 차분한 목소리로 답했다.

"그래도 여기는 가로등 밑이라서 밝잖아. 어두운 데서는 아예 찾을 수가 없으니까, 여기서라도 찾아봐야지."

다른 데서 잃어버린 금화를 가로등 밑에서 찾고 있는 신사는 경제학자다. 20세기 중후반에 잘 발달된 경제학의 분석 방법론의 매력에 너무 깊이 빠져 버린 경제학에 대한 은유이기도 하다. 상식적으로, 꼴사나운 모습을 보이며 더듬더라도 금화를 잃어버린 곳 근처에서 찾아야 찾을 확률이 있다. 그렇지만 너무 정형화된 형식논리에 빠진 경제학은 그렇게 하지 않았다는 자성이 금화를 잃어버린 신사의 이야기에 담겨 있다.

2008년 이후 우리가 잃어버린 금화는 고용, 경제의 활력, 사람들이 떠나가는 지역경제, 이런 것들이 아닐까? 최근의 사회적 경제는 어려운 것이 아니라 익숙하지 않은 것이다. 대기업 경영이나 중앙정부의 재정정책, 이런 것도 그냥 쉬운 것은 아니지만 어쨌든 익숙한 것이다. 뭔가 정의를 내리고, 거기서부터 연역적으로 다음 법칙을 이끌어 내는 것, 사회적 경제에서는 잘 맞지 않는다. 넉넉할 때는 길에서 잃어버린 금화를 그냥 좀 찾는 척하다가 포기해도 그만이다. 그렇지만 불황의 시대에는 넉넉하지가 않다. 한 푼이라도 찾아다 살림에 보태야 하는 상황이다. 그 익숙하지 않은 곳으로 떠나는 것, 그것이 사회적 경제 앞에 놓인 길이라고 할 수 있다.

제 2 장

인물로 보는
사회적 경제

1. 프랑스적인 삶? 한국적인 삶?

　장폴 뒤부아Jean-paul Dubois의 《프랑스적인 삶Une vie française》은 21세기의 시작이 어떤 느낌이었을지를 뒤돌아볼 때 종종 다시 보는 소설이다. 소설책을 여러 권 사는 일은 거의 없는데, 이 책은 벌써 세 번이나 샀다. 이사 다닐 때 잘 정리해 두지 않아서 결국 새로 사게 되었다. 그만큼 자주 본 책이다. 나무에 관한 사진책을 내 세계적으로 유명해진 사진작가가 부유한 아내가 바람을 피우면서 불행해진다. 아내와 정부가 헬기 추락 사고로 사망하는 장면이 클라이맥스다. 이 급작스러운 사건을 기쁘게 받아들이면 안 되겠지만, 실제로 책을 읽다 보면 박수를 치게 된다. 그리고 다시 가난해진 사진작가에게, 당신이 왜 새로운 직업을 찾을 자격이 안 되는지 야박하게 설명하는 공공 구직사무소 실무자의 설명이 백미다. 프랑스가 걸어온 시간을 이 소설만큼 짧고도 경쾌하게 이해할 수 있게 해주는 책은 없다.

한국과 프랑스는 다르면서도 같다. 원래는 아무 상관도 없는 나라였다. 일본의 개화는 네덜란드가 이끌었고, 그래서 서양의 학문을 네덜란드 학문, 난학이라고 할 정도였다. 그렇지만 일본이 기본 시스템을 만들어 나갈 때 손을 잡았던 것은 독일이다. 법체계를 비롯해 알게 모르게 일본은 독일 시스템을 많이 받아들였다. 그래서 일제의 총독부 시절에 한국에도 독일식 시스템이 꽤 많이 들어왔다. 미국과는 다르고 영국과도 또 다른 우리 법체계의 상당 부분이 일본을 거쳐 들어온 독일 시스템이다. 그래서 원래 프랑스와 한국은 별 상관이 없었다. 그런데 박정희 시절, 한국과 프랑스는 많이 가까워졌다.

지금은 국철이라고 부르는 지하철이 프랑스에서 가져온 것이다. 원자력발전소의 기술과 운용 방식도 프랑스 것을 많이 참고했다. 원천 기술을 프랑스에서 많이 가지고 오다 보니까 박정희 시절에 공무원들의 해외 연수를 많이 받아 준 곳도 프랑스였다. 그런 이유로, 박근혜가 대학을 졸업하고 유학 갔던 곳도 프랑스의 그르노블 대학이었다. 고속철도 프랑스의 TGV에서 가지고 오게 되지만, 그것은 아주 나중의 일이다. 산업과 기술도 프랑스에서 많이 왔지만 무엇보다 정부가 경제를 운용하는 방식 자체가 프랑스에서 왔다. 드골 시절의 일이다.

전쟁이 끝나고 경제 재건이 시작된다. 프랑스에서는 군인이었던 샤를 드골Charles de Gaulle이 대통령이 되어 이 과정을 진두지휘했다. 그때 '시그널 경제'라고 불리는, 일종의 경제계획을 제시했다. 정부가 자신의 목표를 발표하면, 그것을 보고 경제 주체들이 자신들의 투자 계획 등 미래 계획을 만들어 나가는 방식이다. 본토에서 전쟁을 겪지 않은 미국과는 전혀 다른 방식으로 전후 경제가 형성되었다. 박정희가 시작한 경제발전 5개년 계획의 원형이 여기에서 나왔다. 물론 우리는 정부가 많은 것을 직접 결정하고 민간에 지시하는 방식으로 했기 때문에 드골이 했던 시그널 방식과는 좀 다르다. 그래도 영국이나 미국과는 전혀 다른 이질적 방식인 건 사실이다.

우리가 흔히 익숙하게 생각하는 경제는, 대통령이 많은 것을 결정하는 방식이다. 중앙 공무원들이 경제 관료를 형성하고, 여기에서 뭔가 결정해서 전국을 움직이는 방식, 우리는 이것이 익숙하다. 그렇지만 연방제를 중심으로 움직이는 미국은 중앙정부의 결정에 아주 민감하게 지역 즉 연방들이 반응하지 않는다. 영국도 그렇지 않고, 일본도 실제로 지방이 작동하는 방식은 전혀 다르다. 오사카에는 오사카의 경제가 있고, 규슈에는 규슈의 경제가 있고, 하다못해 원폭의 피해자였던 히로시마 경제가 움직이는 방식이 좀 다르다. 일방적으로 도쿄가 어떻게 결정하는지만 지역들이 쳐다보고 있지는 않는다. 그렇지만 우리는 이런 나라들과 경제의 작동 방식이 다르다. 경제기획원에서 경제계획을 만들고, 그것을 대통령이 직접 진두지휘하면서 끌고 나가는 것, 이런 경제의 원형은 드골 시절의 프랑스에서 왔다. 드골은 군인이고, 보수 인사이기도 했다. 박정희가 참고하기에 여러모로 좋은 조건이었다.

파리가 많은 것을 결정하는 프랑스도 유럽에서 보기 힘들 정도의 중앙형 시스템으로 분류된다. 우리의 중앙형 경제가 여기에서 왔지만, 우리는 그와는 비교도 되지 않을 정도의 중앙형이다. 전국이 청와대 눈치만 보고, 거기에서 결정되는 방식이 우리 삶의 많은 것을 결정한다. 잠시 소설 《프랑스적인 삶》의 목차를 살펴보자.

1. 샤를 드골
2. 알랭 포에르(Ⅰ)
3. 조르주 퐁피두
4. 알랭 포에르(Ⅱ)
5. 발레리 지스카르 데스탱
6. 프랑수아 미테랑(Ⅰ)
7. 프랑수아 미테랑(Ⅱ)
8. 자크 시라크(Ⅰ)
9. 자크 시라크(Ⅱ)

지금은 이 뒤에 사르코지가 한 번, 올랑드가 한 번 대통령을 지냈다. 알랭 포에르는 오랫동안 상원의장이었는데, 드골이 68혁명 이후 사임했을 때, 퐁피두가 암으로 사망했을 때, 두 번 대통령 권한대행을 했다. 문학상도 받고 상업적으로도 성공한 대중소설에서 이렇게 정치인, 특히 대통령의 이름으로 목차가 구성된 적은 없다. 그만큼 '대통령의 시대'로 설명하는 것이 프랑스에서는 설명력이 높고, 이해하기도 간결하다. 어느 미국인의 삶을 설명하면서 이렇게 대통령의 이름으로 목차를 구성하면 과연 잘 설명될까? 연방정부의 결정이 제한적인 미국에서 이렇게 간결하게 설명되지는 않을 것이다. 영국도 마찬가지다. 처칠의 시대, 대처의 시대, 약간 설명력이 높은 기간이 없지는 않지만, 제2차 세계대전 이후의 현대사를 살아가는 한 개인을 이렇게 총리의 이름만으로 설명하기는 어렵다. 일본은 더 어렵다. 어차피 대부분의 시대가 자민당의 시절이라 그 사람이 그 사람이고, 수상이 바뀐다고 엄청나게 많은 변화가 오지는 않는다.

우리나라는 어떨까? '프랑스적인 삶'보다 '한국적인 삶'을 대통령으로 설명하는 것이 더 설명력이 높을 것이다. 높아도 너무 높을지도 모른다. 게다가 대통령 임기가 5년씩이라, 10년 단위로 뭔가 딱딱 설명이 된다.

내 경우만 해도 그렇다. 마흔이 되었을 때 MB가 대통령이 되었다. 그리고 박근혜의 임기가 끝날 때, 나는 50대가 된다. 나의 40대 10년은 그렇게 이상한 사람들의 시대와 함께 보내게 되었다. 재수 없게 그때 20대가 된 청년이 있다면, 그의 20대 10년은 이렇게 이상한 사람들과 함께 지나가게 된다. 나에게 그 얘기를 들은 많은 20대들이 절망했다. 극단적으로 중앙형 시스템인 한국에서 대통령이 누구인가는 시스템만이 아니라 개개인의 삶에 대한 설명력이 높아도 너무 높다.

누가 대통령인가, 어떤 정치인이 '맹활약'을 했는가, 이런 것으로 많은 것이 설명되는 나라가 그렇게 좋은 나라는 아니라고 생각한다. 제도가 설명을 하고, 역사가 설명을 하고, 문화가 설명을 하는 나라가 더 좋은 나라다. '시스템이 작동'하고 그렇게 작동하는 시스템이 내부적으로 새로운 시스템을 만드는 상황, 그런 것이 대통령이나 정치인 같은 영웅에 의해 많은 것이 설명되는 나라보다 더 좋다. 당연한 이야기다. 그러나 한국적인 삶, 한국적인 제도는 아직까지는 프랑스 이상으로 사람에 의해서 설명하는 것이 더 편하고, 설명력도 높다. 인물로 설명하는 것, 영웅으로 설명하는 것이 좋은 설명 방식이 아니라는 것은 잘 안다. 그렇지만 때때로 지나온 현실을 설명하는 데 유용하기는 하다.

한국의 경우, 사회적 경제도 인물을 통해 이해하는 것이 편법이기는 하지만 조금 더 명확하기는 하다. 그편이 복잡하게 연관된 법과 제도 그리고 현실을 연결하는 것보다는 좀 더 명확하다. 그리고 역사적으로, 제도적으로 다른 길을 걸어온 협동조합과 사회적 기업 등 약간은 다르면서도 구분되는 조직 형태를 이해하는 데에도 도움이 된다.

2. DJ의 시간

1) 자활

1998년 1월과 2월, 한국은 거대한 진공청소기로 안에 있는 것을 빨아들이는 듯한 혼돈의 시간이었다. 1997년 12월, IMF 외환위기와 함께 국가 부도 직전까지 갔다. 임기 말의 대통령 YS는 지지율 6퍼센트를 겨우 유지하고 있었다. 절체절명의 경제위기와 정치적 변화의 인과관계를 따지기는 쉽지 않다. 어쨌든 오랜 군부 통치와 보수 정권이 그렇게 경제위기와 함께 영화 〈캐스트 어웨이Cast Away〉, 그 제목 그대로 난파하여 표류하게 되었다. 12월 대선에서 DJ가 당선되었다. 그렇지만 대통령 임기가 3월에 시작할 때까지, 실제로 누가 한국 아니 한국 경제를 대표해야 하는지 불투명한 순간이 되었다. 현직 대통령의 임기가 아직 남아 있지만, 너무 인기가 없었다. 그리고 그는 경제위기를 불러온 장본인이기도 했다.

요즘 식으로 비유를 해보자. 대통령인 박근혜의 임기는 아직 남아 있다. 그런데 급작스럽게 국민경제 자체가 난파할지도 모르는 위기가 닥쳐왔다. 대통령은 하야를 하지 않고, 그렇다고 빠른 시간에 국회에서 탄핵을 처리할 수 있는 것도 아니다. 그렇다면 IMF 등 한국 경제를 지원할 국제기구나 외국과 누가 협상을 해야 하는가? 총리? 검사 출신인 황교안은 다른 건 좀 알아도 경제는 진짜 모른다. 그렇다고 아직 결정되지 않은 다음 대통령이 권한을 행사할 수도 없다. 진짜 딜레마에 빠지게 된다. 1998년 1월과 2월이 이 상황과 아주 유사했다. 차이가 있다면, 정식 권한은 없지만 3월이면 대통령에 취임하여 행정을 총괄하는 권한을 가지게 될 '당선자'가 있었다는 점이다. 당선자는 다음 행정을 위하여 인수위원회의 도움을 받는다. 당연히 법을 바꾸거나 제도를 고치는 것과 같은 행정은 할 수 없다. 그렇지만 사람들과 의논을 할 수 있고, 약속을 할 수 있다.

그래도 아무것도 안 하는 것보다는 낫지만, 대통령이나 총리가 움직이는 것에 비하면 진짜로 제한적인 일밖에는 할 수 없다. 동과 서로 나뉘어 마주 보고 달리던 YS와 DJ, 그들의 운명이 교차하는 순간이었다. 아직 집권 중이었지만 YS의 이야기를 들으려는 경제인은 아무도 없었고, 이제 곧 대통령이 될 DJ의 평소 소신이던 '대중 경제'가 무엇인지, 앞으로 어떻게 할 것인지에 더 관심이 많았다.

그해 1월이었다. 나는 현대에서 일하고 있었다. 국가가 돈을 지불할 수 없는 '디폴트'는 브라질 등 중남미 경제의 위기를 다루면서 개념적으로 보기는 했지만, 내가 사는 곳에서 현실로 본 것은 처음이었다. 그것이 어떻게 될지, 어떻게 수습을 해야 할지 진짜로 아무도 몰랐다. 그때 내 주변의 많은 경제학자들이 가장 걱정했던 것은 폭동이었다. 대기업들이 망하는 문제도 중요하기는 하지만, 동시다발적으로 생겨나는 실업자들이 대책을 요구하면서 한꺼번에 거리로 밀려나오는 것을 가장 두려운 상황으로 생각했다. 이것은 민주주의를 위해 싸우던 집회와는 또 다른 양상이 될 가능성이 높았다. 지도부도 없고, 지휘하는 사람도 없는 상황에서 우발적으로 발생하는 폭동은 IMF 외환위기 중에서 가장 대처하기 어려운 경제적 상황이라고 생각했다. 당선인 주변에서 여러 경로로 의견을 물어봤을 때, 나는 실업과 생활난으로 사람들이 길거리로 몰려나오는 상황만큼은 피해야 한다고 적어서 보냈다. 많은 사람들이 비슷한 의견이었다. 그 후에도 여러 정부를 겪고, 다양한 스타일의 청와대를 보게 되었다. 그러나 IMF 외환위기를 겪던 초기 김대중 청와대만큼 사람들의 의견을 많이 듣는 청와대를 보지는 못한 것 같다. 노무현 때에는 좀 더 직접적으로 의견을 물어보았지만, 다른 사람들 의견을 많이 듣는 것 같지는 않았다. 이명박 때에도 건너건너 간접적인 방식으로 의견을 물어 오기는 했다. 박근혜의 경우는? 누군가에게 뭘 물어보는 것 같지는 않다.

그때 나는 김대중에게 보낸 짧은 보고서에서 경제위기 상황에서 혹시라도 발생할 폭동의 위기를 줄이기 위해 돈을 많이 풀어야 한다고 썼다. 케인스의 시대, 경제위기를 맞아 정부가 돈을 대규모로 푸는 일은 익숙했다. 그때 나는 대규모 설비나 인프라로 돈을 쓰면 실제 인건비 비중이 적기 때문에, 그보다는 규모는 작아도 공적으로 꼭 필요한 일들에 쓰는 게 낫다고 적었다. 그리고 환경 관리나 조림 등에는 설비보다 인건비 비중이 더 높은 공공사업이 많이 있다고 했고, 그중 일부에는 1인당 임금과 투자 비용 같은 것도 달아 놓았다.

그 후에 그런 일이 진짜로 벌어졌다. 꼭 내가 보고서를 썼기 때문이라고 생각하지는 않는다. 아마 나 말고도 많은 사람이 그런 지적을 했을 것이고, 또 그런 일들을 해야 한다는 분위기가 현장의 경제학자들 사이에 퍼져 있었다. IMF 외환위기 극복 차원에서, 엄청나게 큰 돈이 들어가지는 않지만 긴급하게 일자리가 제공될 수 있는 정책을 펴야 한다는 인식이 강했다.

1998년, 특별 취로 사업이라는 이름을 가진 아주 독특한 일이 시작되었다. 공공 영역에서 가능한 한 많은 고용을 한시적으로 늘리기 위한 방법이다. 그리고 이 사업들이 커져 가면서 자활센터와 같은 민간 기관에 이 일을 위탁하기 시작했다. 마침 당시에 호적을 전산화하는 일이 진행되고 있었다. 간단한 입력 작업에 저숙련 노동자들이 고용되었다. 음식물 재활용, 숲 가꾸기, 저소득층 집 고치기 같은 일이 공공 위탁이라는 방식으로 진행되었다. 제대로 자리를 잡지 못하고 있던 자활 사업이 IMF 경제위기와 함께 다음 단계로 도약하는 결정적 계기가 된 것이다. 시범 사업에서 본사업으로 넘어간 것은 물론, 법률의 뒷받침도 받게 되었다.

1998년 9월, 국민기초생활보장법이라는 법이 새로 만들어졌다. 원래 있던 생활보호법 대신 새로 만들어진 법인데, 한국의 복지 정책에 관한 기본법 역할을 하게 된다. 한국 복지에 기본적인 틀을 만들게 되는 아주 중요한 법이다. 가족들의 소득 합계가 최저생계비 이하인 사람들이 대상이 된다. 이 법이 만들어지면서 자활이 법률적 실체를 가지게 되었다.

빌 클린턴Bill Clinton 시절, 생산적 복지workfare라는 개념이 유행했다. 리처드 닉슨Richard Nixon이 먼저 사용하기는 했는데, 대중적으로 많이 사용된 것은 클린턴 시절이다. 복지를 주기는 줄 텐데, 그냥 주기보다는 되도록이면 노동을 하는 사람에게 돈을 주는 게 더 낫다는 걸 전제하고 있다. 이 말의 사용을 놓고 격론이 있었다. 겉으로는 그럴듯하지만 결국에는 복지를 후퇴시키게 될 것이라는 강력한 반론이 있었다. 어쨌든 영국과 미국에서 한창 유행하던 이 생산적 복지와 자활 개념이 결합되면서, 큰 반론 없이 한국에서 자리를 잡게 되었다.

20년 가까이 지난 지금, 국민기초생활보장법이 사회적 경제에서 가지게 된 진짜 큰 의미는 자활 자체보다는 자활을 추진하는 기구가 법적 근거를 가지게 되었다는 점이라고 할 수 있다. 법은 중앙, 광역, 그리고 지역 자활센터를 규정하고 있다. 현행 규정에서는 지역 자활센터로 지역의 사회복지 법인과 사회적 협동조합이 지정될 수 있다.

일자리가 없는 사람들이 자활을 통해 사회적 활동을 할 수 있게 된 것도 의미 있지만, 지역별로 복지를 담당하는 현장 조직이 생긴 것이 진짜로 큰 사건이다. 한국에서 지역 조직이라는 것은 사실 별게 없다. 지역자치의 역사 자체가 워낙 짧다 보니까, 유럽이나 일본에서 경제의 기초 단위를 만들어 내는 지역경제라는 것 자체가 아예 없다. 새마을운동 이후로 만들어진 많은 관변 단체들은 경제적 기능보다는 정치적 기능이 더 강하다.

1. 마음보다는 행동으로 봉사한다.
2. 나보다는 남을 위해 봉사한다.
3. 지역과 나라를 위해 봉사한다.

밀양 지역에 기반을 둔 어느 봉사 단체가 표방하는 세 가지 강령은 아름답고 멋지다. 이름은 무궁화회다. 이 단체의 정관에 의하면 밀양시에 거주하는 시민만이 가입할 수 있다. 전형적인 지역 봉사 단체이고, 경제의 세포와 같은 역할을 하는 기구라고 할 수 있다.

밀양 경제를 연구하면서 몇 년 전에 이 단체를 알게 되었다. 그렇지만 대부분의 사람들은 촛불집회 때, 박근혜 탄핵을 반대하는 친박 집회 때, 이 단체의 이름을 처음 보았을 것이다. 한국의 지역 단체들이 실제로 친정부, 아니면 친지역단체장 기관인 경우가 많다. 그러다 보니 한국에서 유일하게 자치 기구 비슷하게 지역에서 작동하는 기구는 아파트 부녀회밖에 없다는 농담이 나올 정도다. 그리고 2005~2006년의 부동산 폭등을 거치면서, 아파트 부녀회가 이른바 '짬짜미'의 진원지라는 비난이 크게 일었다. 2014년 배우 김부선의 '난방비 열사' 사건으로 아파트를 운영하는 조직이 가지고 있는 폐쇄성이 크게 문제가 되었다. 우리나라의 지역을 대표하는 조직들은 지나치게 보수적이거나 폐쇄적인 경우가 많다. 이런 조직들이 주민자치를 대표한다고 말하기는 좀 그렇다. 도로를 유치하거나 개발 사업을 유치하는 토건과 결합하면서 적당한 부패, 적당한 정치성 그리고 지역 토호를 만들어 내는 구조를 가진 지역이 많다.

자활이 본격적으로 시작되면서, 지역별로 자활센터를 만들게 된다. 원래 지역자치에 관한 시민들의 자발적 모임 같은 것이 촘촘히 구성된 유럽이나 일본에서는 자활센터 정도 생긴다고 해서 크게 사회가 변화거나 하지는 않는다. 그러나 한국은 자본주의를 만들면서 지역민을 동원의 대상 정도로 생각했고, 정치적으로도 그냥 '굳은 표'로 이용할 생각만 했다. 이런 상황에서 지역에 거주하는 저소득층 노동을 중심으로 고민하는 새로운 조직이 생겨난 것은 중요한 사건이다. 경제적 의미에서 주민자치의 경제적 기반이 바로 여기에서 출발했다고 볼 수 있다.

지난 20년을 돌아보면, 국민기초생활보장법에 '자활급여'라는 항목이 포함된 시점을 한국에 사회적 경제의 토양이 만들어진 시점으로 보아도 좋을 것 같다. 밭이 있어야 씨를 뿌릴 수 있는데, 그 밭을 본격적으로 만들게 된 순간이 바로 이때다. 정치인 DJ에 대한 평가는 일반적으로는 정치적인 것에 집중된다. 민주화와 남북 화해는 정치적 의미를 많이 가진 사건이다. 그리고 역시 정치적 이유로 반대하는 사람들이 아주 많다. 그러나 경제의 눈으로 본다면, 기초생활보장법과 함께 제도적 실체를 가지게 된 자활급여가 가장 길게, 그리고 가장 실질적으로 영향을 미치게 되었다고 할 수 있다.

새마을운동 단체 등 이전의 지역 조직들은 일시적이고 정치적이었고 비경제적이었다. 그래서 지역에 뭔가 있는 것 같지만, 실제로 지속적인 활동이 보장되지는 않았다. 그렇지만 지역에 생겨난 자활조직 즉 자활센터는 이전의 조직들과 달랐다. 지역의 저소득층을 노동의 현장으로 끌고 나오는 것은, 돈이나 권유만 가지고 되는 것은 아니다. 그들이 믿을 수 있어야 하고, 끊임없이 대화를 해야 하고, 이미 자활을 경험한 사람들의 힘으로 다음 사람들을 끌어들여야 한다. 일본 청년 문제에서 가장 힘든 것이 은둔형 외톨이, 이른바 '히키코모리' 문제다. 한국에서 자활은 저소득층에 관한 복지이면서 동시에 히키코모리에 대한 나름의 접근이기도 하다. 자활은 그렇게 소문난 사업은 아니다. 많은 사람들은 이런 게 있는지도 잘 모른다. 그렇지만 사회적 기업이나 지역 협동조합 등 지역에서 출발하는 많은 사회적 경제에 대한 논의에 빠질 수 없는 기본축이 지역 자활센터였다. 진짜로, 동네에서 사회적 경제의 밭 역할을 했다. 겉보기에 흙이 화려하지는 않다. 그렇지만 흙이 없으면 씨앗을 뿌릴 수 없다.

두 번의 민주당 정권, 그리고 다시 두 번의 보수 정권이 지나면서 20년 가까운 시간이 흘렀다. 그동안 엄청나게 빠른 속도로 사회적 경제가 커지거나, 놀라운 기적 같은 일이 벌어지지는 않았다. 그래도 계속해서 새로운 제도들이 등장하면서 "한국에 사회적 경제는 없다"라고 말하기는 어려운 상황이 되었다. 그 20년의 출발점이 바로 지역 자활센터가 만들어진 일이라고 할 수 있다. IMF 외환위기를 극복하는 과정에서, 한국 경제의 새로운 흐름이 될 씨앗 하나가 뿌려졌다. 많은 사람들이 이것을 그냥 '생산적 복지'라는 당시의 세계적 유행을 IMF 외환위기를 극복하는 과정에서 일부 받아들인 것으로 해석한다. 그렇지만 지역자치가 아주 약했던 한국에서, 지역에 근거를 둔 새로운 조직이 바로 이때 태어났다.

2) 생활협동조합

한국에서 가난한 사람들이 스스로 일할 수 있게 하는 운동이나 활동이 IMF 외환위기 이전에 없었던 것은 아니다. 그러나 외환위기 이후 법적 근거를 가지면서 한국 사회에 깊숙이 뿌리를 내렸다. 소비자들이 자신의 생활을 위해 만드는 생활협동조합도 비슷한 경로를 거친다. 한국 생협의 출발을 1970년대 후반으로 보기도 하고, 90년대 중반으로 보기도 한다. 19세기 후반에 이미 출발한 일본 생협의 영향을 많이 받았고, 사회운동으로서 생협은 IMF 외환위기 이전에 이미 존재했다. 그렇지만 제도적 정비는 역시 외환위기 극복 방안의 일환으로 진행되었다. 그리고 가장 중요하고도 결정적인 상황은 1998년 3월 5일, DJ의 국민의 정부가 출범하고 열린 첫 국무회의에서 벌어진다. 김성훈이라는 결정적 인물이 이 사건에 등장한다. 김성훈?

한국 사회에서 주류로 살아가고, 주류가 하는 말만 들으려고 한 사람은 김성훈을 모른다. 알 수도 없다. 한국 사회에서 비주류로 살아가거나 비주류의 영역에 있는 사람들은 김성훈을 알 가능성이 높다. 농업이나 식품과 관련된 일을 했거나 아니면 사회적 경제와 관련된 일을 한 사람들에게 김성훈은 아주 중요한 인물이다.

김성훈은 농업경제학을 전공한 대학 교수다. 그리고 좌파와 우파가 같이 만나서 구성했던 경실련에서 활동했다. 경실련에는 진보 쪽 사람도 있지만, 그렇지 않은 사람도 많다. 대선 때 이회창 특보나 MB 특보로 활동한 사람도 많이 배출했다. DJ 정부 이전까지 김성훈은 사회 활동을 좀 더 많이 하는 수많은 교수들 중 한 명이었다. 그리고 그런 사람은 많았다. 전두환, 노태우, 김영삼으로 이어지는 오랜 보수 정권이 끝나고 많은 사람들이 새로운 정부에 참가했다. 청와대 경제수석으로 들어간 성균관대학교의 김태동 교수 등 기대를 한 몸에 모았던 스타들이 있었다. 농림부 장관이 된 김성훈도 그런 사람 중 한 명이었다. 그는 '친환경 농산물'이라는 새로운 패러다임을 도입했고, 한국 농업과 식품의 중요한 기준 하나를 제시했다. 한국 농림부의 역사를 간단히 요약하면, 김성훈이 친환경 농산물을 도입했고 그 후의 장관은 그것을 폐지하거나 약화하려고 노력했다, 이렇게 이야기할 수 있다. 농림부는 친환경보다는 과학적 관리를 더 강조하고, 궁극적으로는 유전자 조작 식품Genetically Modified Organism, GMO 쪽으로 더 가고 싶어 한다. 이 긴장 관계는 지금도 진행 중이다. 하던 거 잘하자는 소농 중심의 생각과, 기업들을 대거 농업으로 끌어들여 유전자 조작하는 것이 국제적으로 경쟁력 있다는 생각, 이 두 힘이 팽팽하게 맞서는 중이다. 그리고 언제나 내부적으로는 GMO 쪽이 강했다. 기재부 같은 경제 쪽 관료들은, 과학의 이름으로 GMO에 더 신경 쓰고 싶어 했다. 그래서 김성훈같이 진짜로 농업에 신경을 쓰고 싶은 사람들은 그 이후로는 거의 농림부 장관을 하지 못했다. 노무현 정부 때 농업인 출신으로 장관이 된 박홍수 장관은 미국산 쇠고기 수입을 반대했다. 결국 과로로 사망했다.

> "오늘은 안건을 준비하지 못했고, 여러분도 업무 파악을 못했을 테니, 자유로운 의견을 개진해 주세요. IMF 외환위기를 빨리 극복하고 물가를 안정시킬 방안이 있으면, 소관 부처 책임과 관계없이 이야기해 주세요."
>
> (김성훈, 프레시안 조합원 강의 중, 2012년 2월 6일)

IMF 외환위기의 한가운데에서 열린 첫 국무회의는 장관들 사이의 주제가 정해지지 않은 프리 토크처럼 진행되었다. 대통령은 외환위기 극복 방안을 자유롭게 이야기해 보라고 주문했다. 아마도 새로운 정부에서 새롭게 구성된 내각의 장관들끼리, 어색한 시간이 흘렀을 것이라고 생각한다. 전대미문의 경제위기와 함께 출범한 신정부, 이 어색한 공간에서 처음으로 공직자로 회의에 참석한 김성훈이 갑자기 하프라인을 넘어 옆줄을 따라 드리블을 시작한다.

> "선진국, 중진국, 개발도상국에도 생산자 협동조합뿐 아니라 소비자 협동조합이 있는데, 대한민국은 건국 60년이 넘어도 아직도 소비자 협동조합, 생협이 없는 유일한 중진국입니다."
>
> (김성훈, 프레시안 조합원 강의 중, 2012년 2월 6일)

이 이야기를 들은 DJ는 생협이 생기면 뭐가 좋아지는지 물어본다. 대중경제를 이야기하던 DJ가 과연 생협에 대해 몰랐던 것인지, 아니면 알고도 그렇게 물어본 것인지 이제 와서 확인하기는 쉽지 않다. 한때 대중경제의 멘토로 알려져 있던 박현채의 수제자 중 한 명인 정태인(《정태인의 협동의 경제학》, 레디앙, 2013)이 한국에서 사회적 경제에 관해 가장 적극적으로 주장하는 경제학자라는 사실은 우리가 알고 있다. 대통령의 이 질문을 받아, 결정적인 센터링이 김성훈에 의해 골대 정면으로 올라간다.

> "지난 20여 년간 각종 생협이 존재했습니다만, 법률적 뒷받침을 받지 못하는 임의 조직이다 보니 일반 구멍가게보다 차별받고 대우를 못 받아서 자생력을 잃고 있습니다. 생협이 법적으로 뒷받침되면, 전국의 소비자들이 안전한

농산물을 합리적인 가격으로 직접 조달할 수 있고, 생산자 농민에게도 판로
가 확보됩니다. 물자가 부족할 때 가격이 폭등하지 않고 가격이 폭락했을 때
농민들이 피해를 안 보니, 물가 안정에 크게 기여할 것을 확신합니다"

(김성훈, 프레시안 조합원 강의 중, 2012년 2월 6일)

그로부터 한 달 뒤 국무회의에서 강경하게 반대하던 재경부 장관
이 생협법 통과를 대통령에게 약속하면서 우리나라에 생협법이 생
겨났다. 1년 후 만들어진 법은 비조합원의 이용을 제약하고, 정부
지원을 없애고, 공산품 판매에 제약을 거는 등 여러모로 원래의 안
에서 후퇴한 상황이 되었다. 많은 사람들은 이렇게 약화된 법률에
대해 아쉬워한다. 그래도 있는 것과 없는 것은 많은 차이가 있다. 우
리가 주변에서 익숙하게 보고 있는 많은 생협의 활동이 이때부터
자리를 잡고 체계화되면서 규모화의 길을 걸었다.

지난 20년을 돌아보면 사회적 경제의 여러 범주 중에서 가장 튼
튼하고 규모 있게 성장한 것은 소비자들의 생필품 거래를 주도하
는 생협이라고 할 수 있다. 농업 생산자, 즉 농민과 조금 더 밀접하
게 결합한 것으로 우리 주변에서 흔히 보는 한살림을 생각할 수 있
다. YMCA의 등대생협이나 불교생협처럼 종교적 영향력이 좀 더
강한 곳들도 있다. 조금씩 특색이 다르고, 운영 원칙도 단체별로 차
이가 난다. 그리고 지금 우리가 '사회적 경제의 전면화'를 생각해 볼
수 있는 것도 이미 생활협동조합이 어느 정도 자리를 잡았기 때문
이다.

한국 생협 조직의 변천

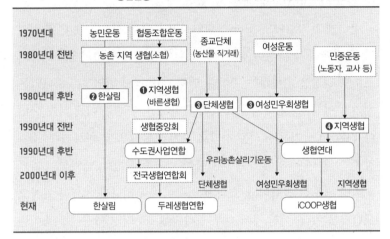

주: 1) 그림의 설명 ☐ : 연합조직, ── : 단위생협, → : 영향
　　2) 우리농촌살리기운동은 '한국가톨릭농민회'와 도시 지역 교회가 생협 등 정형의 조직을
　　　 구성하지 않고 종교단체 내부에서 벌이는 유기농산물 직거래 운동이다.
자료 출처 : 정은미, 〈한국 생활협동조합의 특성〉, 《농업경제》 29(3), 한국농촌경제연구원 (아이쿱협동조
　　　　　 합연구소 엮음, 《한국 생활협동조합운동의 기원과 전개》, 푸른나무, 2012에서 재인용.)

　　그 출발점이 되는 생협법 논의는 굉장히 우연한 사건으로 시작되
었다. 당시 재경부와 국회의원을 통해 가장 강하게 반대했던 곳은
유통 체인 분야라고 김성훈은 회고한다. 쉽게 얘기하면, 동네의 구
멍가게들이 동네에서 생협들과 경쟁 관계에 놓이는 것을 우려했다
고 할 수 있다. 그래서 따로 가입한 조합원들이 아닌 일반인들은 생
협 매장을 이용하기 어렵게 하거나, 농산물이 아닌 공산물을 판매
하기 어렵게 하는 등 법률상 많은 제약을 두었다. 구멍가게와 생협

매장, 충분히 논쟁해 볼 만한 주제이고 기술적으로 어느 것이 맞는지 판단하기도 쉽지 않다. 그렇지만 이미 시간이 어느 정도 흘러 좀 더 쉽고 편안하게 논의해 볼 수 있다.

한국에 대기업이 주도하는 편의점이 등장한 것은 1989년의 일이다. 최근에 경제 불황이 깊어지면서 편의점 업계는 30퍼센트 이상의 초고도 성장을 기록하는 중이다. 인구 1800명당 편의점이 하나라는 얘기가 있다. 한창 때의 중국집에 육박하는 수치다. 이게 다가 아니다. OECD 국가 중에서는 정말로 보기 드물게 도심 한복판에, 주차장 등의 별 제약 없이 대형 마트들이 밀고 들어왔다. 대자본이 자기들끼리 경부선 전략이니, 호남선 전략이니 우리나라 지도를 가지고 생난리를 쳤다. 이런 것이 전부 밑바닥에서부터 지역경제를 죽이는 것인지도 모르고 적극적으로 유치에 나선 단체장들도 있다. 여기에 '슈퍼슈퍼마켓ssm'이라고 쓰고 '기업형 슈퍼마켓'이라고 읽는 좀 더 소규모인 매장들이 골목으로 치고 들어왔다. 이 기간에 '전통 시장'이라는 개념과 '골목 상권'이라는 개념이 사회적으로 중요하게 떠올랐다. 뭔가 중요해졌다는 것은, 그만큼 어려워졌다는 의미이기도 하다. 실제로 한국에서 생활협동조합과 동네 슈퍼가 절박하게 충돌하는 일은 벌어지지 않았다. 그리고 현실적으로 그런 일은 벌어지지도 않는다.

스위스의 수도는 독일어권인 베른이다. 그렇지만 경제적으로 중요한 도시는 취리히다. 아인슈타인의 도시이기도 하지만, 국제금융의 중심지이기도 하다. 유럽에서 두 번째로 큰 은행인 UBS 본사도 이곳에 있다. 로잔이나 제네바 같은 프랑스어권 도시에 비해 정치적으로는 보수와 극우 쪽이 좀 더 강세를 보인다. 쉽게 이해하자면, 경제적으로는 풍요하고 정치적으로 보수적인 도시가 바로 취리히라고 할 수 있다. 대구나 부산의 엘리트들이 가장 같은 곳이 되고 싶은 도시일 것이다. 미국의 월마트, 프랑스의 까르푸 같은 유통 대기업들이 세계적으로 대형 할인 매장 유행을 만들어 냈다. 스위스도 예외는 아니었다. 한국은 이러한 흐름이 오고 있을 때, 유통 체인들이 생협법이 만들어지는 것을 막았다. 취리히의 소매 자영업자들은 그들 스스로 거대한 협동조합을 만들었고, 쿱coop이라는 브랜드로 뭉쳤다. 길목이 좋은 데 현대식 시설로 입주했다. 코너별로 독립된 가게인데, COOP이라는 공동의 울타리를 가지게 되었다. 내부 사정을 잘 모르는 사람이 방문하면, 큰 백화점이나 시설 좋은 할인마트에 방문했다고 느껴질 정도다. 그리고 우리가 익숙한 할인마트들은 COOP이 활동하는 지역에서 조금 더 외곽으로 나가는 것으로 사회적 타협을 보았다. 1990년대 중후반, 모두가 우리와 같은 방식으로 지역경제와 골목 상권이 붕괴하도록 그냥 손놓고 있었던 것은 아니다. 그리고 사회적 경제가 이 과정에서 나름 중요한 역할을 한 곳도 존재한다. 모든 나라가 우리가 그랬던 것처럼, 대도시에 본사를 둔 대형 유통 자본에 지역의 상권을 그냥 내준 것은 아니다. 우리는 이것을 현대화, 체계화, 심지어는 선진화라고 불렀다. 선진국 중에서 우리나라처럼 황당하게 대형 마트에 그냥 마구 내준 경우는 없다.

DJ의 집권과 함께 만들어진 생협법에도 불구하고, 그 시절 우리 나라의 사회적 경제에 대한 이해도에는 여러 가지로 아쉬움이 남는다. 그 시절에 불거진 전통 시장 보존과 골목 상권 보호 문제에서, 좀 더 적극적으로 사회적 경제를 접목하거나 활용했다면 21세기의 한국 경제는 지금과는 좀 다른 양상으로 전개되었을 것이다. 동네에서 구멍가게라고 불렀던 작은 가게들과 소상인, 소공인들을 COOP이라는 이름의 지역 협동조합으로 전환하는 방식이 있다는 것을 우리는 전혀 몰랐다. 그렇게 생각한 관료도, 그런 것이 한국에서 가능하리라고 상상한 학자도 없었다. 우리가 무지했던 것만은 아니다. 우리는 교과서에서 기계적으로 배운 것과 미국 월가에서 경제라고 이야기하는 것 외에는 무시했다. 그렇게 무시하는 것이 옳아 보였고, 똑똑해 보였고, 또 멋져 보였다. 한마디로, '폼' 나는 일이었다.

DJ 시절, 집권 초반기에 우여곡절 끝에 자리를 잡은 자활과 생협법, 이 두 가지는 지난 20년 동안 누가 크게 돌보지 않아도 잘 자랐다. 그리고 한국 사회에 깊이 뿌리를 내렸다. 모든 사람이 이 활동을 좋게 평가한 것은 아니었다. 보편적 복지를 강조하는 사람들은, 일해야 돈을 지급한다는 자활이 복지를 후퇴시키는 독소라고 욕했다. 생협은 '프티부르주아 여성'들의 취미 활동이라고 엄청 욕먹었다. 중산층 여성들의 유기농 타령하는 '돈지랄'이라고 빈민운동가들을 비롯한 구운동권 인사들이 많은 반감을 토로하기도 했다. 이것이 운동인지 아닌지에 대해서는 각자 서 있는 처지에 따라 다양한 견해가 있을 수 있다. 그렇지만 경제인 것은 확실하다. 사회적 경제의 가장 핵심적인 요소로, 경제의 한 부분을 구성한다.

국민의 정부는 초반기를 지나면서 경제 기조도 많이 바뀌었다. 지금의 시각으로 보면 '완화된 신자유주의' 정도로 평가할 수 있다. 그다음 정권에 비해 아주 강력한 신자유주의가 전개되지는 않았지만, 그래도 '대중경제'와는 내용이 좀 달랐다. 그렇지만 DJ의 시대, 20년도 더 지나 아주 먼 미래에 꽃을 피우게 될 사회적 경제가 그 시절에 뿌리를 내리고 형태를 갖추기 시작했던 것만은 확실하다. 요즘 기술로 50층 이상의 초고층 빌딩을 짓는 데 들어가는 시간이 대략 36개월 정도 걸린다. 인허가와 준비 기간까지 포함하면 60개월이다. 정권이 시작하자마자 짓기 시작하면 정권이 끝날 때까지 100층 정도 되는 빌딩 하나를 지을 수 있다. 그렇게 생각하면, IMF 외환위기 이후로 지금까지 네 번의 정권이 지났으니, 100층짜리 초고층 빌딩 네 개를 지을 시간이 흘렀다고 할 수 있다. 사회적 경제는 초고층 건물보다 더디게 자란다. 뿌리만 내리는 게 아니라, 뿌리가 내려갈 토양인 흙 자체를 만들면서 자라는 것과 같다. 속도, 더디다. 아주 더디다. 그렇지만 뒤로 가지는 않는다.

3. 노무현의 시간

참여정부 집권기는 많은 사람들에게 희망과 절망이 엇갈리는 시간이었을 것 같다. 그리고 '진정성'이라는 단어가 전면에 나섰던 시기다. 진정성은 우리말 사전에도 안 나오는 단어였다. 미학에서 진정성authenticity이라는 단어를 사용하기는 했는데, 이는 인간으로서 주체가 가지고 있는 본질적 특징이 그의 형식보다 더 중요하다는 의미로 사용된다. 루소의 인간에 대한 성찰을 분석할 때 주로 나온다. 노무현 시대에 유행한 진정성이라는 단어는, '속마음은 그렇지 않다'라는 의미를 가지고 있다. 눈에 보이는 결과와 진짜로 의도한 것 혹은 속마음은 다르다, 이런 것을 좋게 이해해 주려고 사용된 단어다. 노무현에게는 "진정성이 있었다", 많은 사람들은 그렇게 이야기하고 싶어 했다. 노무현 시대를 가장 특징적으로 보여주는 단어가 아마도 이 '진정성'이 아닐까 싶다. 그의 시대 이전에는 이런 말을 쓴 적이 없었다. 그리고 '진정'에 추상적인 단어를 의미하는 '성(性)'을 붙였으니까 철학적 개념이며 추상적 개념의 형태를 가지고 있다. 그러나 여전히, 외국어로 제대로 번역할 수 없는 개념이다. 노무현에게는 오랫동안 '진정성'이라는 단어가 따라다닐 것이다. 이 말은 그 시대의 용어이고, 이 용어만으로 그 시대의 이율배반적인 기대와 시대의 희망 그리고 절망이 한꺼번에 섞여 끓어오르던 시대는 또 없을 것이다.

사람들은 '왼쪽 깜빡이 켜고 우회전했다'고 이 시대를 많이 기억한다. 한미 FTA로 상징되는 일련의 정책이 어쨌든 그 시대의 특징 가운데 하나다. 오랫동안 표류하던 새만금 방조제가 이 시기에 물막이 공사를 끝냈고, 한국형 뉴딜이라는 이름으로 강하게 토건 경제를 끌고 나갔다. 그전에는 제대로 된 절차도 없이 개발을 했다면,

노무현 시절에는 사회적 절차를 지키는 것 같아도 결국에는 개발 위주의 정책으로 흘렀다고 해서 '신개발주의'라는 표현도 등장했다. 그리고 2005~2006년의 기록적인 부동산 폭등을 맞게 되었다. 급하게 도입한 종합부동산세는 많은 오해와 함께, 보수주의 정권으로 복귀하게 되는 신호탄이 되었다. 신자유주의라는 관점에서 본다면, DJ는 '완화된 신자유주의', 노무현은 '강화된 신자유주의'라고 볼 수 있다.

이 모든 것들을 '진정성'이라는 표현이 대변한다. 그럼에도 불구하고 '그는 진정성이 있었다!' 그리고 사회적 대화는 이렇게 단절되었다. 후고구려를 세운 궁예는 스스로 미륵을 자처하며, 관심법으로 여러 사람을 곤경에 빠뜨렸다. 그저 하루하루 세상을 살아갈 뿐인 생활인이 어찌 관심법이 있을 수 있을까. 일면식도 없고, 개인적으로 알기도 어려운 대통령의 '진정성'을 우리가 알 방법은 없다. '진정성을 이해해야 한다', 알지도 못하는 그 마음을 어떻게 이해할 수 있겠는가? 그렇게 한 시대가 지나갔다. 우리가 볼 수 있는 것은 정책과 그 정책이 만들어 내는 성과의 결과들뿐이다.

"(박 대통령을) 존경한다. 수석이 된 이후 직접 통화해서 나한테 하신 말씀이 '국가와 국민을 위해야 한다'고 했는데, 그 진정성을 믿었기 때문이다."

최순실 게이트 국회 청문회에서 우병우가 '박근혜 대통령을 존경하느냐'는 질문에 했던 답변이다. 우리가 최근 사용하는 의미의 진정성이라는 단어는 '믿음'과 연결되지, 입증이나 증명과 연결되지는 않는다. 동기는 심리학에서 과학적으로 추론할 수 있는 영역이다. 그러나 선의는 '알고도 그랬느냐 모르고 그랬느냐', 법률적으로 사용되는 용어다. 미학에서 사용되는 진정성이 정치의 영역으로 왔을 때, 우리 편이냐 남의 편이냐에 따라 선별적 의미만을 가질 뿐이다. 우리의 진정성은 아름답고 위대한 것이고, 남의 진정성은 치사하고 더럽고 교만한 것이다. 진정성의 시대, 대화가 아주 어려워진다.

진정성이 정책의 실효성을 앞서던 노무현의 시대, 정책 대신 정책을 만들겠다는 수많은 로드맵이 만들어졌다. '농정 로드맵 10개년 계획' 같은 것들이 대표적이고, 정권의 마지막까지 붙잡고 있던 '비전 2030'은 정권 교체와 함께 쓰레기통으로 들어갔다. 로드맵을 만들면서 시작한 정권은 마지막까지 로드맵만 만들다가 끝났다. 그 시절에 사람들의 반대에도 불구하고 도입했던 '자원외교' 개념은 결국 다음 정권에서 대참사로 끝났다.

그렇다면 노무현 시대에 사회적 경제는 어떻게 진행되었을까? 진정성을 과학적으로 알기 어렵듯 그 시기의 정책 담당자들 속내까지 일일이 알기는 어렵다. 과연 노무현은 사회적 경제를 어떻게 이해하고 있었는가? 이 질문에 대한 답변이야말로 '진정성'이라는 말로 갈음해도 좋을 것 같다. 노무현 정부에서 사회적 경제에 대한 가장 큰 변화는 사회적 기업에 관한 법률('사회적 기업 육성 법안')이 2006년 12월 7일에 만들어졌다는 사실을 통해 볼 수 있다.

이에 빈곤·소외 계층이 자립할 수 있는 제도적 여건 조성과 사회적 기업의 수익의 사회 환원, 경제적 격차로 인한 계층 간 갈등 극복 등 사회 전반의 구조화된 모순 해결에 기여할 수 있는 사회적 기업의 법적·제도적 근거를 마련하고자 이 법을 제정하려고 함.

('사회적 기업의 설립 및 육성에 관한 법률안', 진영 의원 대표발의, 2005년 12월 9일)

위의 입법 취지문은 당시 새누리당 진영에서 작성한 것이고, 날짜는 2005년 12월이다. 그리고 넉 달 뒤에 우원식의 발의로 열린우리당 안이 마련되었다. 기분상으로는 열린우리당이 먼저 법안을 내고, 새누리당이 나중에 합의하는 형태로 갔을 것 같은데, 순서가 역순이다. 사회적으로 꼭 필요하다고 합의할 수 있는 법안은 그렇게도 많이 한다. 나중에 박근혜 시대에 사회적 경제 기본법이 제출될 때에도 이런 순서로 진행되었다. 반대편에서 먼저 제안을 하면, 실제로 합의에 도달할 가능성이 훨씬 높아진다. 물론 박근혜 때에는 이렇게 해도 결국 통과되지 않았다. 청년발전기본법의 경우도 유사한 순서로 제안되었는데, 역시 통과되지 않았다.

2005년 12월이면 사회적 기업이라는 개념 자체도 아직 우리나라에서 생소하던 시점이다. 사회적으로 어수선하고, 이념적으로도 불투명하던 시절이다. 대기업의 수출이 늘어나더라도 고용이 늘어나지는 않는다는 '고용 없는 성장'이라는 개념이 유행했던 순간, 중장기적으로 고용에 대한 다른 대안이 필요하다는 사회적 합의가 암묵적으로 생겨났다. 사회적 기업법이 국회를 통과할 수 있던 시대적 배경이 존재한다.

사회적 기업과 관련된 법이 국회에서 만들어진 것이 노무현의 공인지 아닌지는 논란이 있을 수 있다. 어쨌든 그 시기에 국회에서 먼저 논의해서 법이 만들어진 것은 사실이다. 사회적 기업을 포함한 전체적인 사회적 경제의 틀을 만드는 사회적 경제 기본법도 비슷한 과정을 통해 주요 정당이 발의했다. 새누리당은 물론이고 민주당, 정의당이 모두 참여하고 정부도 참여해서 합의안이 만들어졌다. 여기까지는 두 법률의 흐름이 똑같다. 박근혜 시대에도 사회적 경제 기본법에 대해 반대하던 정부와의 조율까지 마쳤다. 그야말로 국회 본회의에서 방망이만 두드리면 되는 상태까지 내용 조율이 끝났다. 박근혜의 청와대는 이해할 수 없는 이유로 강력하게 반대했다. 결국 국회를 통과하지 못했다.

노무현 시대에 사회적 기업이 법률적으로 규정되면서 다음 단계로 넘어갈 준비가 되었다. 물론 이미 그때는 정권 말이었다. 강력한 행정이 뒷받침되었다고 보기는 어렵다. IMF 외환위기의 한가운데에서 실업극복국민운동이라는 데가 만들어졌다. 이것이 노무현 시대로 넘어오면서 함께일하는재단이라는 이름으로 정식 재단이 되었다. 이런 데가 사회적 기업의 제도를 만드는 초기 인큐베이팅 역할을 많이 했다. 물론 엄청나게 큰 규모로 일을 시작한 것은 아니지만, 노무현 정부 후반기에 사회적 기업에 관한 논의가 나름대로는 진도를 나가고 있었다. 2006년 7월경, 함께일하는재단 사업의 일환으로 청년 실업 문제를 고민하는 '희망청'이 생겨났다. 규모가 크지는 않았지만, 청년들의 문제와 사회적 기업이 접목되기 시작했다.

한국에서 사회적 기업의 흐름을 정부가 주도한 것은 아니다. 오히려 '2만 달러 경제'나 '한국형 뉴딜' 등 정부는 덩치 큰 기업과 전통적 인프라 사업 같은 것을 더 중요하게 생각하는 경향이 있다. 나중에 한꺼번에 큰돈을 벌 가능성이 있는 벤처도 아닌 사회적 기업에 정부는 큰 관심이 없었다. 그렇지만 대학교 동아리, 시민사회의 고용에 대한 대안 담론, 자활의 연장선에서의 지역경제 논의 그리고 청년 경제에 대한 기초적 시도들이 한국의 사회적 기업 논의를 이끌고 있었다. 한 대학 연합 동아리에서 아마도 한국의 사회적 기업 중에서 가장 성공한 모델로 논의할 수 있는 보청기 회사 딜라이트가 나왔다. 34만 원짜리 맞춤형 보청기는 노인들을 중심으로 대성공을 거두었다. 청각장애인 판정을 받으면 소득과 상관없이 누구나 27만 2000원의 보청기 구입비 지원을 받을 수 있다. 실제로 보청기가 필요한 사람은 6만 8000원에 구매할 수 있다. 그리고 지금은 대학생과 청년들의 셰어 하우스로 나름대로 자리를 잡은 사회적 기업 우주woozoo도 같은 논의 그룹에서 출발했다. 나중에 그 자체로 레퍼런스가 될 흐름들이 대체적으로 이 시기에 원형적 논의와 시도를 한다. 사회적 흐름이 먼저 생겨나고, 국회가 이런 요구들을 받아서 법으로 만들고, 나중에 정부가 '나도 생색 좀 내자'고 숟가락을 얹은 것이 노무현 시대의 사회적 경제의 개괄적 흐름이라고 할 수 있다.

사회에서 경제적 주체가 먼저 움직이고, 국회가 그것을 뒷받침해 제도화하고, 정부가 나중에 예산과 행정으로 지원하는 것은 사실 나쁜 일이 아니다. 될 일은, 그렇게 하는 것이 순리적일 수도 있다.

그러나 한국에서 흔한 일은 아니다. 박정희 시대 이후로 우리는 정부가 뭘 시작하면 회사들이 그것을 따라 하고, 맨 마지막에 대중들이 열광하고 박수 치고 따라오는 패턴에 익숙해졌다. 그리고 그래야 제대로 된 정책이고, 정상적인 세상이라고 생각한다. 이것이 기본이다. 기업이 먼저 하고 정부가 따라 하면? 그건 세련된 것이라고 생각한다. 전통적인 것과 세련된 것, 그 두 가지가 한국에서는 옳은 것이고, 본진에서 벌어지는 것이다. 개인들이 먼저 하거나 대중들이 먼저 하면? 비주류적인 것이고, 변방의 것이고, 결국에는 실패할 것이라고 직감적으로 느끼게 된다. 그리고 국회는 비생산적인 곳이고, 놀기만 하는 곳이고, 아까운 국민들의 세금으로 호의호식하는 곳이다, 이것이 수능에도 나오는 표준적 답변이라고 우리는 생각한다. 정부가 결정하고, 기업이 따라 하고, 국민이 호응하는 것이 우리가 알고 배운 세상이다. 그리고 이 와중에 자기들끼리 싸우느라고 정부가 하는 일에 '딴지' 걸고, 훼방 놓고, 정치적 이권에 따라 도저히 이해되지 않는 이야기를 하는 것이 국회다. 많은 경우, 현실이 이랬는지도 모른다. 그렇지만 이것도 많은 경우, 조작된 인식일 가능성이 높고 강요된 현실일 수도 있다. 삼권분립에 의해 정부를 견제하는 것이 국회의 일이다. 국회를 아예 바보이거나 나쁜 사람으로 취급하는 것이, 정부가 뭔가 주도하고 이끌어 나가는 데 훨씬 편하다. 정부가 하는 일에 열심히 거수기 노릇하는 국회가 정상적인 것이고, 정부가 뭔가 할 때 견제하거나 반대하는 국회는 나쁜 국회인가? 그렇지는 않다.

노무현 시대 후반기에 시민들 사이에서 발생한 사회적 기업에 대한 다양한 시도가 국회를 통해서 제도화되었다. 그렇게 사회적 기업의 제도화가 역사적 한 발을 떼었다. 그러면 정부는 도대체 뭘 했는가, 이런 질문이 따라 나온다. 정부는 훼방을 놓거나 억지로 방해하지 않는 일을 했다. 이번에는, 그게 정부냐는 질문을 할 수도 있다. 그러나 정상적이고 좋은 정부는 원래 그렇게 사회에서 벌어지는 일의 후견인 역할을 하는 것이다. 그리고 이렇게 움직이는 사회가 좋은 사회다. 국민들이 직접 국민투표를 발의하는 것은 물론, 국가의 행정에도 직접 의견을 제안할 수 있는 직접민주주의 요소가 가장 많은 국가가 스위스다. 연방의회에서 1년에 한 번씩 각료 중에서 대통령을 선출하는 이 나라의 연방정부가 엄청나게 강력한 힘을 가지고 있지도 않다. 미국도 중앙에 해당하는 연방정부의 힘이 약한 나라인데, 스위스는 이보다도 더 약하다. 그렇다고 국민경제에 큰 문제가 생기거나 사회적으로 큰 재앙이 벌어지지는 않는다. 정부가 반드시 강할 필요는 없고, 정부가 모든 분야를 '선도적'으로 주도해서 이끌고 나갈 필요도 없다.

참여정부 말에 '모든 것이 노무현 때문이다'라는 말이 나올 정도로 정부에 대한 대중의 반감은 강했다. 한미 FTA 등 이른바 강화된 신자유주의 정책들로 민주당 지지자들은 극도로 분열되어 있었다. '북한 퍼주기'와 종부세에 대한 반감으로 상대편의 참여정부에 대한 반감 역시 극도로 고조되어 있었다. 겉으로만 보면 정부가 아무것도 할 수 없고, 아무 일도 진행되지 않을 것 같았다. 그렇지만 그 시기에 한국의 사회적 기업과 관련된 제도들은 약진을 하고 있었다. 아무 일도 벌어지지 않았나? 수십 년이 지난 후, 노무현 정부의 경제적 성과로 누구도 부인할 수 없는 일들이 조용히 그리고 고요 속에서 진행되고 있었다. 최소한 노무현 정부에서 아무 일도 벌어지지 않았고, 아무 일도 한 것이 없다고 말하기는 어렵다. 사회적 기업이 자리 잡게 하는 일은 쉬운 일도 아니고, 간단한 일도 아니다. 노무현을 죽어라고 욕하거나 노무현을 죽어라고 방어하거나, 이 힘들이 팽팽하게 대결하는 동안, 경제 안의 조그만 한 켠에서 전혀 새로운 내용의 실험들이 진행되고 있었다. 그리고 그렇게 출발한 한국의 사회적 경제 체계는 성공적이었다.

물론 소소한 문제점이 없었던 것은 아니다. 사회적 기업 육성법은 이윤이 발생하면 3분의 2 이상을 사회적 목적으로 사용하는 회사를 사회적 기업으로 규정한다. 이렇게 일정 조건에 따라 인증을 받은 회사가 사회적 기업으로서 정부 '육성'의 대상이 된다. 어떤 기업이 사회적 기업이고 어떤 기업이 그렇지 않은가를 법이 규정한다.

제19조(유사 명칭의 사용 금지) 사회적 기업이 아닌 자는 사회적 기업 또는 이와 유사한 명칭을 사용하여서는 아니 된다.

(사회적 기업 육성법)

사회적 기업의 취지상, 정부의 도움을 받지 않고 스스로 활동하고 성장하는 것이 더 바람직하다. 정부의 지원은 보조적이고 예외적인 경우다. 그런데 아직 제대로 존재하지 않는 사회적 기업을 지원하는 근거를 법률에 두다 보니까, 정부가 뭐가 사회적 기업이고 뭐가 사회적 기업이 아닌지를 가리는 일종의 심판관 역할을 하게 되었다. 아직 초기 단계이거나, 사업 자체가 충분히 이윤을 낳지 못하는 사회적 기업은 사회적 기업 중에서 약한 존재다. 정부의 지원을 받을 필요가 없는 사회적 기업은 정부의 인증을 굳이 받을 필요가 없다. 그리고 그 상태가 더 좋은 것이고, 더 이상적이다. 정부의 도움이 필요 없는 사회적 기업이 더 '우수한' 사회적 기업이다. 그리고 그렇게 자리 잡은 사회적 기업이 굳이 정부의 인증을 받을 필요는 없다. 또는 민간 내에서 자생적으로 자금과 판매 등의 네트워크를 갖춘 회사들도 정부 인증이 필요 없다. 그리고 사회적 경제의 정신상, 정부의 인증을 안 받는 것이 더 옳다고 생각하는 사람들도 많다. 정부 지원이라는 제도가 등장하면서, 인증받지 않은 사회적 기업들에게 유사 명칭의 사용을 금지했다. 약한 사회적 기업이 공식적으로 사회적 기업이라는 이름을 사용할 수 있고, 튼튼하고 강한 사회적 기업은 이 이름을 쓸 수 없게 되었다. 어쩔 수 없이 소셜 벤처, 임팩트 투자, 임팩트 기업, 소셜 임팩트처럼 '사회적 기업'이라는 용어를 사용하지 않는 다른 이름들이 유행을 하게 되었다. 다음 창업자인 이재웅 등이 소셜 벤처에 투자하기 위해서 만든 소풍sopoong은 사회적 기업이라는 용어를 사용하지 않는다. 소셜 벤처와 '스타트업'의 중간 어디엔가 애매하게 자리 잡고 있는 것처럼 보이지만, 전형적인 사회적 기업에 대한 인큐베이팅과 펀딩을 담당하는 기구다.

카 셰어링 회사 쏘카나 슬로 푸드 사회운동을 진행하는 슬로비들이 이렇게 자리를 잡았다. 소셜 벤처, 소셜 임팩트라고 자신을 소개하는 이들은 사회적 기업이 아닌가? 아닐 리가 있나. 그러나 법에서 유사 명칭을 금지하고 있으니, 전혀 다른 뉘앙스의 용어를 사용할 수밖에 없다.

정부가 사회적 기업이라는 용어의 사용을 독점하면서 사회적 기업의 이미지에도 소소한 변화가 생겨났다. 시민들 속에서 자생적으로 변화를 이끌어 나가는 경제적 주체라는 이미지보다는, 정부의 인건비 지원금이나 사업 보조금을 받기 위해 급조해서 만들어진 유사 경제 주체라는 이미지가 한국 사회적 기업의 대중적 이미지다. 필요하면 정부 지원을 받을 수는 있지만, 그것이 사회적 기업이라는 독특한 범주가 만들어진 이유는 아니다.

4. 이명박의 시간

MB는 530만 표 이상의 차이로 대선에서 승리했다. 역시 보수 쪽 후보인 이회창의 15.1퍼센트와 득표율을 더하면 65퍼센트 가깝게 된다. 투표율이 63퍼센트로 상대적으로 낮았던 것을 감안하더라도 압승이었다. 이렇게 우월적으로, 그리고 이렇게 압도적으로 대선이 끝난 적은 없었다. 그 정도 지지율이면 아주 이상하게 사람들 마음을 후벼 파는 황당한 일만 안 하면, 정권 차원에서 하고 싶은 걸 마음대로 추진하는 데 아무 문제가 없을 정도다. '왼쪽 깜박이 켜고 우회전', 이렇게 평가받는 직전 정부와 비교하여, '오른쪽 깜박이 켜고 좌회전'한다는 얘기들이 유행할 정도였다. 스스로 제시한 공약도 제대로 평가받기 어려운 한국에서, 하지도 않은 얘기를 사람들이 미루어 짐작하면서 희망을 투사하는 일이 벌어졌다. 집 있는 사람들은 자신들의 집값이 올라가기를 바랐고, 집 없는 사람들도 자신이 집을 사는 희망을 가졌던 것 같다. 이렇게 각각의 희망과 소망, 때로는 욕망이 투영된 거대한 합집합이 MB정권을 만들었다.

DJ의 시대를 완화된 신자유주의로 이해하고 노무현의 시대를 강화된 신자유주의로 표현한다면, MB의 시대는 어떤 시대로 요약할 수 있을까? 원래의 신자유주의는 정부 개입을 최소화하면서 시장의 자유롭게 움직이는 영역을 최대로 넓히는 것을 의미한다. 한반도 대운하가 둔갑한 4대강 사업은 무슨무슨 '주의'로 설명하기에는 규모가 너무 크고, 근거도 너무 빈약하다. 그냥 하고 싶은 거 했고, 주고 싶은 '놈'한테 정부 돈 준 거라고 이해하는 게 훨씬 설명이 잘 된다. '-ism'이라는 접미사로 표현되는 '~주의'로 MB의 시대를 설명하거나 분석하기에는 일관성이 너무 없다. 국방을 신처럼 모시는 보수의 관점으로 봐도 이상하다. 제2롯데월드에 특혜를 주면서 국방부 장관을 정점으로 하는 군인들의 목소리도 완전히 무시했다. 국방부에서 차관과 장관 사이에 별도의 예산안을 만드는 하극상 현상이 벌어질 정도로, 한국의 전통적 보수와는 완전히 결이 달랐다. '차관 정치'라는 말이 나올 정도로, 자신이 임명한 장관은 밀어놓고 말 잘 듣는 차관을 통해서 청와대가 직접 통치했다. 나중에는 '왕차관'이라는 말이 튀어나올 정도가 되었다. 그리고 이 왕차관은 결국 감옥에 가게 되었다. 그렇다고 그냥 아파트만 지어서 팔았나? MB 시절 내내 경기는 침체되었고, 부동산 경기도 같이 침체되었다. 그렇다고 그 이후에 그랬던 것처럼 '빚내서 집 사라'고 엄청나게 부동산 경기 부양을 하지도 않았다. 일관성이라는 관점에서 보면, MB 정부는 분석하기가 어렵거나 곤란하다. 그냥 그는 자기 하고 싶은 것만 했고, 자신과는 별 상관 없는 것은 이러거나 저러거나 방치했다. 실용적이지는 않았지만, 그렇다고 지나칠 정도로 이념적이지도 않았다. 국방에만 관심이 없던 게 아니라, 역사 교과서 같은 보수적 해석에도 관심이 없었다.

MB의 시대는 그 자체로는 이름을 붙이거나 해석하기가 아주 어렵다. 그러나 이어진 박근혜의 시기와 대비해 보면, 조금은 더 명확해질 것 같다. 박근혜는 자신이 뭘 하고 싶고, 뭘 하는지 전혀 몰랐다. 무슨 일이 주변에서 돌아가고 있고, 나라는 어떻게 움직이는지 전혀 알지 못했던 것 같다. 최순실 사태 이후의 박근혜 정부와 비교하면 MB는 자신을 잘 알고 있던 사람이라고 할 수 있다. 자신이 뭘 좋아하는지, 무엇에 관심이 없는지, 뭐는 꼭 해야 하는 것인지, 뭐는 되거나 말거나 별 상관이 없는지, 자신에 대한 이해에 충실한 사람이었다고 할 수 있다. 이 정의에 딱 들어맞는 것이 사기꾼이다. 황당한 일을 벌이고 이해할 수 없는 행동을 하지만, 다른 사람들이 거기에 맞게 움직일 수 있게 하는 것, 그것이 바로 사기꾼이다. 조희팔은 자신이 무엇을 하는지 잘 알고 있었다. 물론 가끔 다단계업체의 주

수도처럼, 자신이 무엇을 하는지 잘 모르는 경우가 아주 없지는 않았다. 그래서 주수도의 사기는 분석하기가 아주 어렵다. 그렇지만 일상적이고 보편적인 사기꾼의 정의에 따르면, MB는 전형적인 사기꾼이다. 그리고 그 사기의 클라이맥스가 4대강과 자원외교다. 그렇게 보면, MB의 시대는 많은 사람들이 기대했던 것과 같은 '경제의 시대'는 아니었다. 그의 집권기 내내 노동 분배와 같은 거의 대부분의 지표가 나빠졌고, 경기 변동에 관한 지표들이 안 좋았다. 경제와는 거리가 멀었던 시기다. 그의 시대를 분석하기 위해 작업 가설을 세워야 한다면 '사기의 시대'라고 하는 게 맞을 것 같다. 박근혜의 측근들은 소소하게 '삥 뜯기', 이런 짓을 했다. MB는 '삥' 뜯는 일은 안 했다. 오히려 4대강으로 큰돈을 만들어서, 나중에 박근혜 정부에서 삥 뜯기게 되는 일부 대기업들에게 돈을 몰아주었다. '어쨌든 경제는 좋아질 것이다'라고 많은 사람이 단꿈을 꾸는 동안, 현실은 그와 정반대로 흘러갔다. 사기는 사기꾼 혼자 치는 것이 아니다. 사기를 칠 수 있는 조건이 형성되어야 최상의 사기극이 벌어진다. 그것이 MB의 시대였다. 사기 당할 사람들이 사기 당할 충분한 준비가 되어 있고 자기가 뭘 원하고 있는지 정확히 알고 있는 지도자가 있는데, 그 상황에서 그가 '사기꾼의 시대'를 열지 않았다면 그게 바로 이순신일 것이다. 그러나 MB는 이순신이 아니었다. 우리는 기꺼이 속고 싶어 했고, MB는 보란 듯이 속였다.

사기꾼의 시대는 처음부터 사회적 경제와는 어울리지 않는 조합이다. MB는 주식회사, 그것도 재벌이라고 부르는 대기업에 속한 사람이다. 한국의 기업도 그렇고, 한국의 정부도 소수가 결정하는 데 익숙해져 있다. 전형적으로 밀실에서 결정하는 것이 오랫동안 한국에서 큰 조직을 움직이는 방식이다. 게다가 MB가 사회적 경제라면 아예 원수처럼 생각하는 결정적인 장면이 몇 있다.

MB가 집권하자 몇 달 지나지 않아 미국산 쇠고기 협상과 관련해서 촛불집회가 열리기 시작했다. 개인적으로는 '와싸다닷컴'의 깃발을 현장에서 보았을 때 가장 놀랐다. 직장인 시절 가장 많은 글을 읽었던 게시판이었고, 가장 많은 글을 썼던 곳이기도 하다. 주로 직장 남성들이 스피커나 앰프 사용기 같은 것을 올리고, 중고 거래를 많이 하는 곳이었다. 실용오디오와 함께 당시 오디오계의 실용성을 주도하던 사이트였다. 운동? 사회적 고민? 개인적으로는 그런 사람들이 있을 수 있어도, 전체적으로는 전혀 사회성과는 상관 없는 오디오 얘기를 주로 하는 곳이었다. 문화적으로는 진짜로 충격이었다. 너무 잘 아는 곳이라고 생각했는데, MB에 맞선 촛불집회에서 그 깃발을 볼 거라고는 한 번도 생각해 보지 못했다.

나와는 달리, MB에게 충격을 준 깃발 중 하나가 한살림 깃발이었다. 농민과 소비자를 연결하는 생활협동조합으로 이해할 수 있는 한살림이 집회에 공개적이고 공식적으로 깃발을 들고 나간 것은 그때가 처음이었다. 한살림만 촛불집회에 나간 것은 아니다. 농업과 식품 사이에 걸쳐진 활동을 하는 대부분의 소비자생활협동조합 즉 생협이 집회에 나갔다. 미국산 쇠고기 문제는 좁게는 국내 축산에서 농업에 이르는 패러다임 문제이고, 좀 더 넓게는 식품 안전에 관한 문제다. 정치적 견해를 밝히는 데 소극적이었던 생협들이 이 문제에 대해서만큼은 그냥 있기가 어려웠다.

원래도 시민단체나 운동단체에 대해 부정적 시각을 가지고 있던 MB가 촛불집회에 나온 단체에 반감을 가진 것은 당연한 일이다. 그냥 감정적으로 싫어하는 데에서 끝나지 않고 촛불집회에 나온 시민단체에 정부가 지원하던 것은 모두 끊기 위해서 난리를 쳤다. 끊을 수 있는 것은 진짜로 다 끊었다. 그리고 마침 서울시장은 오세훈이었다. 서울에서 사회적 기업 인큐베이팅의 핵심 역할 중 하나를 하던 영등포에 있는 하자센터에 대한 예산 지원은 오세훈의 권한이었다. 원래도 사회적 경제에 대해 별 생각이 없었는데, 촛불집회 이후로 가뜩이나 빈약한 사회적 경제를 지원하는 역할을 하던 기구들이 문을 닫게 생겼다. 촛불집회의 역풍이 강하게 불면서, 사회적 기업들이 절체절명의 위기 앞에 놓였다.

MB 집권 첫해, 봄과 여름에 걸쳐 촛불집회가 강타했다. 그리고 가을이 되자마자 전 세계적 변화를 가지고 온 리먼 브러더스의 파산 사태가 벌어진다. '글로벌 금융위기'로 확산된 미국 부동산의 서브 프라임 모기지 사태는 그해 가을 전 세계를 덮친 경제 토네이도와 같았다. 성장률, 수출, 고용 등의 모든 경제 지표가 심각하게 나빠졌다. 우리나라만 어려웠던 것은 아니다. 미국을 비롯한 대부분의 국가가 그때 경제적으로 어려웠다.

MB 시대에 글로벌 금융위기는 한국에서 사회적 기업의 위상을 극적으로 바꾸었다. 당시 공무원들은 외환위기 때의 자활과 글로벌 금융위기의 사회적 기업을 비슷한 것으로 이해했던 것 같다. 자활과 사회적 기업이 사회적 경제의 범주에서 유사한 점이 존재하는 것은 사실이지만, 꼭 같은 것은 아니다. 자활은 말 그대로 빈곤 계층의 고용을 확보하는 것이 최우선인 사업이다. 사회적 기업은 비록 형태는 주식회사와 달라도 사업이 목적이다. 고용은 그 과정에서 수반되는 부수적 효과다. 기업을 운영하다 보면 고용을 늘리는 데 기여하게 된다. 그렇지만 고용을 늘린다는 목적만으로 기업을 창업하는 경우는 없다. 당신이 창업을 고민하는 사장이라고 생각해 보라. 아무리 규모가 작더라도 엄청난 심적·경제적 부담을 안고 창업을 하는 건데, '고용을 늘리기 위해서 창업했어요'라고 생각을 하겠는가? 공무원의 눈으로 보면 어차피 정부 보조금을 받으면서 사업하는 것이라, 그게 그거라고 보일지도 모른다. 사업을 성공시킬 것이냐, 고용을 성공시킬 것이냐? 자활과 사회적 기업은 선후 관계와 목적이 분명히 다르다. 어쨌든 자칫하면 예산이 아예 털털 털리고, 법적으로만 규정된 존재가 될 수도 있었던 사회적 기업은 글로벌 금융위기와 함께 경제위기에 대한 고용 대책으로 전면 포장된다. 그리고 새로운 단계로 넘어간다. MB가 가지고 있는 평소의 소신과 철학과는 달리, 사회적 기업에 대한 정부 지원은 좀 더 규모가 커진다. 그리고 사회 전면에 나서게 된다.

사업의 내용과 지속성보다는 사회적 기업의 고용 규모가 정책 목표가 되다 보니 숫자 늘리기, 실적 챙기기, 그러고는 '뒤돌아 보지 않기', 이런 일들이 공존하게 된다. 예산 지원이 최저임금을 약간 넘는 수준의 인건비 위주로 나오기 때문에 실제로 사업을 하는 자금을 마련하기가 쉽지 않다. 성격에 따라 2~3년의 지원을 받는데, 그 안에 제대로 된 사업을 개척해서 정착하기는 쉽지 않다. 그래도 안 하는 것보다는 낫지 않나? 물론 그렇기는 한데, 정부의 지원을 받는 사회적 기업에 대해 '정부 인건비 따먹기'라는 부정적 시각이 생겨 났다. 그리고 그 사이에서 소소한 부정도 생겨났다. 당연한 일이다. 생협은 월급을 사회적 기업처럼 낮게 주지는 않는다. 사회적 기업 은 공무원들이 자활의 연장선으로 이해했기 때문에 정말 월급이 낮 게 책정된다. 시민단체의 활동가들보다 약간 더 받는 정도다. 이렇 게는 생활을 할 수가 없기 때문에 '투잡'을 하거나, 알바를 하는 경 우가 많다. 기업 쪽에서도 워낙 적은 돈이니, 이 돈만 받고 하루 종 일 일하라고 하기가 좀 미안하다. 그래서 현장에서 요령껏 출근 시 간을 조정하거나 출퇴근 횟수를 조정하게 된다. 현실이 그렇기는 하지만, 원칙을 따지면 보조금 부정 수급이다. 일하기로 한 시간만 큼 일하지 않은 것, 누군가 뒤져 보면서 따지겠다고 하면 문제가 된 다. 자활에서는 저소득층 대상이라서 적은 월급이 큰 문제가 되지 는 않는다. 그렇지만 사회적 기업은 비록 사업 규모가 적더라도 엄 연한 직장이고, 일정 수준의 월급을 기대하는 사람들이 일하게 된 다. 그 사이의 간극을 메우기가 쉽지 않다. 정부에서 인건비를 지원 받는 경우가 아니라면 '적게 받고 적게 일하기'가 그 자체로는 아무 문제도 되지 않는다. 그렇지만 사회적 기업이든 아니면 예비 사회적 기업이든, 정부의 예산을 받아서 인건비를 지출하면 그렇게 맘대로

할 수 없다. 지원하는 기업의 개수와 범위를 줄이더라도 인건비를 자활 수준보다는 좀 더 높게 했으면 이런 일이 덜 벌어졌을 것이다. 예를 들면 어차피 공공 부문의 범위에 있으니까 월급을 9급 공무원에 맞추고, 공적 기구에서 갖춘 복지 기준을 준용하는 정도로 사회적 기업을 맞추었으면 훨씬 선호하는 직업이 되었을 것이다. 그리고 그렇게 정부가 사회적 기업의 인건비를 정하면 다른 사회적 기업도 그 기준을 따라가게 된다. 사회적 기업은 자활과는 다르다는 것을 공무원들이 잘 몰랐던 것 같다.

이런 과정을 통해 사회적 기업은 '월급은 적게 주고, 정부 지원 기간이 끝나면 문 닫을' 거라는 일련의 이미지를 뒤집어쓰게 되었다. 아주 매력적이지는 않지만, 일단은 그거라도 받을 수 있는 임시 일자리로 여겨졌다. 결국 기업이라는 이미지보다는 자활의 이미지가 더 강해졌다. 그래도 사기가 난무하던 MB 시절에 사회적 기업이 제도로서 전격적으로 폐지되거나 사상되지는 않고 오히려 규모를 늘려 나가게 되기는 했다.

이명박의 시간이 거의 끝나 갈 때쯤, 아마도 한국 사회적 경제의 역사에서 가장 중요한 사건으로 기록될 것 같은 일이 벌어졌다. 대선을 1년 정도 남긴 2011년 12월 말, 협동조합기본법이 전격적으로 국회를 통과했다. 사회적 경제와 관련된 많은 법률은 여당과 야당이 동시에 법률안을 제출하고, 그것을 통합하면서 사회적 합의가 이루어진다. 협동조합의 경우도 그렇다. 당시 새누리당에서 그것을 주도한 사람은 김성식과 김무성이었다. 김무성? 물론 바로 그

'쫄보' 김무성이다. 보수 중의 보수라고 평가받을지도 모르는 김무성이지만, 협동조합기본법에서는 중요한 역할을 했다. 그리고 이 전체를 이끌어 나간 '그랜드 디자이너'가 바로 손학규다. 2011년 10월, 손학규 주도로 야당안이 제출되었다. 그리고 다음 달 여당안이 제출되었다. 그 두 안을 합쳐서 통합안을 만드는 데 한 달밖에 걸리지 않았다. 야당 안, 여당 안이 한 달 사이에 제출되고, 그것이 합쳐지는 데 다시 한 달, 그리고 국회 통과, 이 정도면 거의 빛의 속도다. 4년 내내 국회 캐비닛에서 잠자다가 제대로 여야 테이블 위에 올라가 보지도 못하는 법안이 거의 대부분이다. 이 시대적 배경은, 약간 특수한 상황이다.

대선은 2012년 12월이었고, 19대 국회가 시작하는 총선은 2012년 4월이었다. 18대 국회가 거의 종료하는 시점, 정치적으로 MB의 시간은 끝나 가고 있었다. 새누리당은 총선 패배에 대비해 야당을 준비하고 있었다. 과반수가 날치기하는 것을 방어하기 위한 국회선진화법이 바로 이때 만들어진 법이다. 날치기를 위해서는 국회의원 정족수의 60퍼센트가 필요하도록 상향 조정했는데, 의원 수 40퍼센트만 확보하면 다수당의 전횡을 막을 수 있다. 물론 이듬해 총선에서 새누리당은 진짜로 선방해서 국회선진화법이 필요 없는 상황을 정치적으로 만들어 냈다. 이미 하기로 한 것, 그냥 총선 직후 5월에 이 법을 통과시켰다. 그러고는 두고두고 이 결정을 후회한다. 19대 총선에서 패배하고 야당으로 몰락할지도 모른다는 염려를 하지 않았으면 만들지 않았을 법이다.

이렇게 여당과 야당이 각각 지지부진하게 MB 정권의 마지막 시간을 보내고 있을 때, 비록 짧지만 '손학규의 시간'이 펼쳐진다. 박근혜는 대선 치르느라 정신이 없고, 유력 대선 주자인 문재인은 아직 국회의원이 아니었다. 손학규와 문재인, 야당 대선 주자 사이의 경선에서 누가 이길지는 사실 아무도 몰랐다. 그렇게 긴 기간도 아니고, 모든 권한을 가진 것도 아니었다. 그렇지만 짧지만 한국이 손학규를 중심으로 움직인 적이 분명히 존재한다. 그 시작이 바로 협동조합기본법이고, 그 마지막이 '저녁이 있는 삶'이다. 한국이 아직 갖추지 못한 것, 그리고 가야 할 미래의 단면을 그때 손학규가 분명히 보여주었다. 금융과 보험을 제외한 모든 경제 분야에서 5인 이상이면 협동조합을 만들 수 있도록 법적 근거를 분명하게 한 협동조합기본법은 분명히 손학규의 작품이다. 그리고 정치인으로서 손학규의 힘이 그때 클라이맥스에 이른다. 만약 그때 민주당 경선에서 손학규가 이겼다면 어떻게 되었을까? 그가 나섰다면 박근혜의 시간은 오지 않았을까? 다른 대선 주자로서 돌풍의 안철수가 있었기 때문에 최종 결과는 아무도 모른다. 그렇지만 짧지만 굵은 손학규의 흔적이 한국 사회적 경제의 역사에 분명하게 남게 된다. 어쨌든 야당의 원안 발의에서 최종 본회의 통과까지 단 두 달, 그것이 손학규의 솜씨였음을 누구도 부정할 수는 없다. 두둥, 그렇게 전격적으로 한국에서 대중들의 협동조합 붐이 시작되었다.

법률로서의 협동조합, 그리고 개념으로서의 '저녁이 있는 삶'을 뒤로 하고, 대선이 끝난 직후 손학규는 베를린으로 떠났다. 만약 그가 한국에 남아서 협동조합과 관련된 제도 정비나 '저녁이 있는 삶'의 정책 작업을 계속 했다면 우리의 역사가 어떻게 되었을까? 혹은 정치인으로서의 손학규의 삶은 어떻게 되었을까? 나는 그가 베를린으로 떠나는 것을 반대했다. 그리고 아쉬웠다. 손학규의 시간은 다시 올까? 모른다.

MB의 시간과 손학규의 시간이 교차하는 그 시점, 협동조합기본법이 태어났다. 많은 경우, 사회적 경제는 이미 사회에서 뭔가의 흐름이 생기고 법적 제도화는 그 뒤를 따라가면서 생겨난다. 그렇지만 협동조합의 경우는 설립을 가능하게 한 법이 생기면서 현실이 그 뒤를 따라가게 되었다. 그렇게 새로운 흐름이 생겨났다.

5. 순실의 시대, 손실의 시대

2012년 대선은 간발의 차이지만 박근혜의 승리로 끝났다. 그 이후 펼쳐질 한국의 미래에 대해서 아무도 제대로 예상하지 못했다. 사실 박근혜에 대해 알고 있는 사람은 한국에 거의 없었다고 해도 과언이 아닐 것이다. 그 최측근에 있던 몇 사람 말고는 정말로 몰랐던 것 같다. 너무 궁금해서 대통령 인수위 근처에 있던 사람들에게 물어보았다.

"그냥 할머니라고 생각하면 될 것 같은데……."

보통 할머니한테 경제를 설명하기가 어려운 것처럼, 그렇게 잘 알아듣지 못한다는 것이 내가 들은 이야기의 거의 전부다. 그것이 무슨 말인지, 잘 알아듣지 못했다. 나중에 생각해 보니, 아마 그 사람들도 잘 몰랐던 것 같다. 그 시절에 같이 들은 얘기가, '십상시'니 문고리니 하는 이야기와 진돗개 이야기였다. 어느 유력 정치인이나 참모진과 측근 그룹이 있다. 그리고 누구와 처음 연락하는지에 따라서 결과가 다르다. 야당 쪽에서는 그때 '문고리'라는 얘기가 같이 유행을 했다. 그러나 박근혜의 문고리가 얼마나 특수한 것인지, 그때는 정말 아무도 몰랐던 것 같다. 흔히 있는 보좌진이나 '선거 캠프'와는 완전히 성격을 달리하는 특수한 것이었다. 최순실 사건이 터지기 전까지, 정권 내부에서 벌어지는 희한한 일에 대해서는 정말로 아무도 몰랐던 것 같다. 뭔가 좀 이상하다는 생각 정도는 했겠지만 어느 정치인이나, 어느 정권에나 있는 소소하지만 불미스러운 일 정도로 생각했던 것 같다. 그러나 박근혜의 경우는, 기존의 정치 스캔들과는 질과 차원이 다르다. 국가를 움직이는 수많은 정책 중에서 도대체 어느 것을 이해하고 어느 것을 이해하지 못했는지 구분할 수가 없다. '사기꾼'이라는 개념을 계속해서 사용한다면, 박근혜는 자기가 뭘 하는지 전혀 몰랐다. MB의 시대를 사기꾼의 시기라고 하면, 박근혜는 사기꾼 축에도 못 들어갈 정도다. 그냥 이 시기는, '순실의 시대'로 이해하는 게 더 편하고 정확할 것 같다.

박근혜 정부를 하나의 정부로 본다면, 그들이 실제로 한 것은 부동산 경기 부양 외에는 없다. 이것만큼은 MB 시절보다 더 했다.

MB도 부채를 통한 부동산 경기 부양이 위험하고 무서운 일이라는 것은 알았다. 2000년대 이후로 수치만 보면, MB 시절에는 부동산 조정기였다. 그것을 다시 하얗게 불태운 사람이 최경환과 안종범이다. 청와대 경제수석으로 안종범이 임명된 것은 2014년 6월이고, 최경환이 기획재정부 장관이 된 것은 2014년 7월이다. 총선에 출마하기 위해 최경환이 장관 자리에서 물러난 것은 2016년 1월, 안종범이 정책조정수석으로 보직을 변경한 것은 그해 5월이다. 부처와 청와대의 경제 사령탑 듀오로 안종범, 최경환이 박근혜 경제 중반부를 맡는다. 그들 전에 이 일을 했던 사람은 조원동과 현오석인데, 공무원들이다. 경제 공무원들도 '모피아'라는 비판을 받는 경우가 많다. 그렇지만 안종범, 최경환, 이 두 위스콘신 출신 경제학자는 모피아보다 더했고, 더 신념에 가득 찼다. 오죽하면 '위스콘신 마피아'라는 말이 다 떠돌았겠는가. 이 시기에 실물경제를 책임진 윤상직 산업자원부 장관까지 더해, 이 세 명을 '위스콘신 마피아 3인방'이라고 부르기도 했다. 한국에서는 정치 실패에 대해 책임을 묻지만, 정책 실패에 대해서는 책임을 묻지 않는다. 감히 MB도 하지 않았던 '빚내서 집 사기'에 풀 악셀을 밟았던 경제 라인이 최경환-안종범 아니던가? 가계부채에서 부동산 버블로 이어지는 중산층 몰락과 결과적 저결혼-저출산의 정책 책임을 물으면 안종범이나 최경환은 종신형감이다. 공무원들이 가진 최소한의 균형 감각도 무시했던 확신범들이다. 그냥 기업들 '삥'이나 뜯는 심부름꾼 정도는 아닌 것 같다. 한국 경제가 출발한 이후, 가장 강도 높은 집값 올리기

정책이 이 기간에 시행되었다. 실질 성장에 대한 기여가 대부분 건설 부문에서 나왔다. 내수는 엉망이고, 수출도 기진맥진했다. 그 상황에서 억지로 밀어낸 건설만이 외형적 플러스 성장을 만들고 있었다. 한국은 예전부터 토건 경제를 했던 것 아닌가? 이렇게 질문할 수 있다. 물론 그렇기는 하지만, 토건이라는 말 자체가 토목과 건축이라는 두 분야를 합친 말이다. 사회 인프라 성격을 지닌 토건은 별 거 없는데, 민간 주택시장을 통한 집값 부양만 이렇게 도드라지게 키운 정권은 역대로 없었다. 현대건설 사장 출신, '토건의 괴수'라고 보아도 좋았을 법한 MB도 이렇게는 안 했다. 위스콘신 마피아들이 무서웠던 건, 실물경제를 직접 운용해 본 사람들이 일반적으로 가지고 있는 최소한의 절제도 가지고 있지 않았기 때문이다. 그리고 그 고통은 결혼 적령기의 청년, 한창 육아 중인 부부, 그리고 미래 세대가 고르게 나눠 받게 되었다. 역대급을 갱신하는 가계부채의 고통은 오래갈 것이다.

집값 올리기를 제외하면 순실의 시대에는 별 다른 경제정책이 없었다. 비정규직 확대와 파견직 전면화라는 노동개혁을 통해서 청년 고용을 개선한다고 했다. 청년들을 1회용 포장지로 사용하는 황당한 정책이기는 한데, 국회선진화법 때문에 국회 문턱을 넘지 못했다. 말만 시끄러웠지 거의 아무 일도 벌어지지 않았다. 큰일 날 뻔한 순간이었다. 자신들이 야당 되는 줄 알고 만들어 놓은 버티기용 안전장치가 그들에게 부메랑이 되었다. 말도 많았던 청년희망재단이라는 이름의 재단 하나만 만들어졌는데, 순실의 시대에 여기저기 만들었던 불순한 재단 리스트에 이름을 하나 더 올렸을 뿐이다. 사람들은 국회가 놀아서 큰일이라고 하지만, 국회가 놀아 준 덕분에 큰일 날 뻔한 것을 막았다. '용궁 갔다 왔다'는 이럴 때 쓰는 표현이다.

그리고 창조경제는? MB 시절에 공대 교수 한 명이 청와대에서 과학기술비서관으로 근무한 적이 있었다. 이름이 김창경이었는데, 한국의 행정에서 창조경제라는 표현은 그가 처음 쓴 것으로 알려져 있다. '김창경의 창조경제', 우연치고는 기막힌 우연이다. 시원으로 치면 그가 이 단어의 권리를 가지고 있는 셈인데, MB 시절 사람이라 특별히 중용되지는 않았다. 창조경제가 방향이 틀리거나 개념이 잘못된 것은 아니다. 그냥, 순실의 시대가 만개하는 데 발판으로 사용되면서 모든 것이 틀어졌다고 보는 편이 맞는 것 같다. 창조는 사라지고 '장악'만이 남았다. 처음에는 체육계에서 시작된 것이지만, 시간이 좀 더 있었으면 대한민국 공기업을 모두 장악했을 것이다. 사람들이 영화 볼 때 3퍼센트씩 영화진흥기금을 떼어 간다. 그것으로 영화진흥위원회라는 곳을 운영한다. 이것은 진작에 장악했고, 영화인들이 공동 자산으로 생각하던 남양주종합촬영소는 결국 이렇게 팔아먹었다. 시간만 좀 더 있었으면 상업영화로도 들어왔을 것이다. 들어오려고 했던 흔적만 남아 있다. 국민연금공단 같은 경제 기구들도 상당 부분 장악되었고, 심지어는 에너지 분야도 장악하려고 시도했다. 지금은 흔적만 남아 있지만, 시간이 부족했을 뿐이다. 그리고 그렇게 순실이 꽂아 넣은 기관장이나 간부들은 여전히 남아 있다. 근혜 사람은 거의 없고, 순실 사람들로 한국의 공기업과 공공

기관이 넘쳐난다. 그러니까 '순실의 시대'로 이 시기를 평가하는 것이 맞는다.

경제성장은 3퍼센트도 어렵고, 그나마 건설 부문을 빼고 집계하면 0퍼센트대, 소수점 숫자로 나온다. 경제가 진짜로 어렵다고 누구나 느꼈다. 지역은 더 했고, 지방의 중소도시로 가면 헤어날 길이 없는 수렁 같은 상황이 되었다. 한국은 전통적으로 중앙에서 지방으로 뭔가 쏴주면, 그것을 가지고 이리 돌리고 저리 돌리고 하면서 겨우겨우 연명하는 경제구조를 가지고 있었다. 그것이 토건과 중앙형이 결합된 한국 경제의 가장 큰 약점 중 하나다. '국책 사업'이라는 기기묘묘한 단어가 이 구조에서 나왔다. 물론 외국에도 중앙정부가 직접 하는 대형 사업이 있기는 한데, 우리처럼 국가가 한다는 의미의 '국'을 붙이지는 않는다. 일반적으로는 공공public이라는 말을 사용한다. 우리는 공공성과 국가 독점이라는 두 개념 중간의 어중간한 위상을 국책 사업이 가지고 있다. 공적인 것 같기는 한데, 실제 사업으로 돈이 들어가는 것은 그렇게 공적이지도 않다. 지방 건설사, 중앙 건설사, 이런 데에서 돈은 다 가지고 간다. 그리고 이것을 지역 간 경쟁이라는 눈으로 보면, 특정 지역에 주요 효과가 집중되기 때문에 그렇게 공적인 것도 아니다. 어쨌든 이렇게 움직여 나가는 특수 구조에서, 중앙에서 필요한 돈을 순실과 그 친구들이 다 빼가고 팔아먹고 있으니까 지방에서는 뭔가를 해볼 도리가 없다. 그래서 정치적으로는 '순실의 시대', 경제적으로는 '손실의 시대'로 박근혜 통치기를 이해할 수 있다.

140

이 상황에서 사회적 경제에 대한 틀을 먼저 움직인 것은 이번에는 중앙정부가 아니라 지방정부였다. 서울, 경기도는 물론이고 많은 지자체에서 사회적 경제와 관련된 조례를 만들기 시작했다. 된 지역도 있고, 새누리당 쪽 광역의원이나 기초의원들이 죽어라고 반대해서 안 된 곳도 있다. 급하게 사회적 경제와 관련된 조례가 지자체에서 진행된 것은 지역경제의 피폐와 관련되어 있다. 그리고 반대하는 사람들의 이유는 대체로 두 가지로 이해할 수 있다. 자신이 지방 토호와 관련되어 있어서 사회적 경제가 자신의 이익을 해칠 수 있다. 그리고 어차피 자신은 먹고살 만하기 때문에 순수하게 이념적인 이유로 사회적 경제를 반대하는 경우도 있다. 어쨌든 이미 조례가 제정된 곳도 있고, 갈등을 겪으면서 통과를 기다리고 있는 곳도 있다.

"구리시가, 사회적 경제 아니면 장기적으로 버틸 방법이 없어요."

지난 5년간 내가 우리나라에서 들은 얘기 중에서 가장 강렬하고 기억에 남는 문장이 이 한마디다. '구리시 사회적 경제 육성 및 지원에 관한 조례'가 통과된 것은 2015년 9월이다. 구리시는 경기도에 속하고, 수도권으로 분류된다. 전형적인 서울의 베드타운 중 하나인데, 진짜로 자치 단위로서 특기할 만한 경제적 활동을 만들기가 어렵다. 내가 알았던 것은 그 정도였다. 구리시 이야기를 내게 해준 사람은 국회의원 윤호중이다. 그는 야당인 민주당에서 사회적 경제

기본법에 관한 일을 실질적으로 끌고 나갔던 사람이다. 너무 이 일을 열심히 해서, 다른 일도 많은데 왜 사회적 경제에 대해 이 정도로 목숨 걸고 하는지, 진짜 궁금해서 물어보았다. 청년과 관련된 정책 프로그램을 디자인하는 일을 한 적이 있는데, 그가 찾아와서 사회적 경제에 대한 언급이 없다고 엄청 섭섭해했다. 내가 사회적 경제를 반대하는 것도 아니고 모르는 것도 아닌데, 그 많은 정책 쟁점 중에서 '청년과 사회적 경제'라는 항목 하나가 빠졌다고 나한테 항의했다. 그래서 청년 경제의 많은 쟁점 중에서 하필이면 사회적 경제를 왜 그렇게 강조하는지 물어본 것이다. 그가 했던 대답은, 지역구 국회의원으로서 어쩌면 당연한 얘기인지도 모른다. 서울 근교이고 집값도 높지만, 그것 가지고 구리시가 사람들이 살기에 편한 지역이 되기는 어렵다는 것이 윤호중의 생각이었다. 나는 그의 고민이 옳다고 생각했다. 사회적 경제와 관련된 일을 하는 많은 국회의원 중에서, 이것이 자기 동네 일이기도 하다고 나한테 설명한 사람은 없었다. 이념적이거나 도덕적인 이유, 아니면 실용적인 이유로 사회적 경제를 강조하는 국회의원이 대부분이었다. 지역의 현실적인 경제적 이유로 사회적 경제가 중요하다고 말한 것은 윤호중이 처음이었고, 그 뒤에도 없었다. 여당 쪽에서 윤호중이 했던 역할을 맡은 사람은 유승민이었다. 그도 사회적 경제에 대해 설명을 하기는 하는데, 지역구 국회의원으로서 지역경제와 연결하여 이해하거나 설명하는 것 같지는 않았다. 유승민은 경제학자다. 그가 사회적 경제를 이해하는 방식은 좀 더 도식적이다.

정치적으로는 순실의 시대, 경제적으로는 손실의 시대가 펼쳐지는 동안, 각 지역에서는 그야말로 각자도생으로 사회적 경제에 관한 씨앗을 뿌리느라고 난리였다. 서울은 시장이 워낙 오랫동안 사회적 경제에 관심이 많았으니까, 좀 더 포괄적이면서도 세밀한 방식을 썼다. 마을기업이라는 범주를 조례로 규정하고, 좀 더 작은 단위에서 사회적 경제가 움직일 수 있게 신경을 썼다. 경기도는 협치라는 틀에서 연정 구조를 짰다. 도지사인 남경필은 실제로 부도지사를 야당에 양보했고, 그 연정의 매개체가 사회적 경제가 되었다. 정치적 이해와 경제적 필요 사이에서 필요한 결정을 내렸다. 그렇지만 조례만으로 지역에서 사회적 경제를 강화하는 데는 한계가 있다. 공공의 기금이 본격적으로 움직이기 위해서는 조례를 뒷받침하는 모법이 필요하다. 법률이 규정을 한 사업이라야 중앙의 예산은 물론이고 지역 예산도 좀 더 안정적이고 큰 규모로 움직일 수 있다. 순실의 시대에 진행된 사회적 경제 관련 기본법 제정 흐름의 원동력은 이제 조례를 만들어서 뭔가를 하고 싶어 하는 지역에서부터 나왔다. 그 앞에 있던 사회적 경제와 관련된 법들은 중앙에서, 국회에서 먼저 만들고 현장이 움직인 것은 그 뒤였다. 그렇지만 기본법은 흐름이 좀 다르다고 보는 편이 맞을 것 같다. 지역이 먼저 움직였고, 그 움직임을 법률적으로 뒷받침해 달라는 것이 사회적 경제 기본법의 흐름이다. 순실의 시대, 토건과는 좀 방향이 다른 지역의 움직임이 생겨났다.

새누리당의 사회적 경제 기본법안은 2014년 4월에 유승민을 대표로 발의되었다. 국회의원 신계륜을 대표로 하는 민주당 안은 그해 10월에 발의되었다. 그리고 정의당 법안은 11월에 발의되었다. 그 시절에 세 개의 당이 있었고, 각 당이 전부 자기 안을 국회에 꺼내 놓았다. 이런 법안은 백 퍼센트 통과된다. 그만큼 여야의 입장 차이가 크지 않은 공동의 사안이었다. 이런 법률이 바로 통과되지 못한 것은 정부, 정확히 말하면 기획재정부의 반대가 있었기 때문이다. 워낙 시장 근본주의자들이 많이 있던 부처이다 보니까, 사회적 경제에 대해서 그렇게 찬성하는 분위기는 아니었다. 소소한 기술적 문제를 들어서 반대하고 있었다. 물론 그 내부를 들여다보면 기술적인 문제라기보다는, 노동부 등의 관련 부처 중에서 누가 이 일의 주인이 될 것이냐는 공무원들 사이의 세력 다툼에 더 가까웠다. 자기가 좋아하는 일이든 싫어하는 일이든, 주무 부처가 되면 기구도 늘어나고 자리도 더 생긴다. 사회적 경제, 지역 금융과 관련해서 마지막까지 기재부의 반대가 있었다. 결국 주무 부처를 경제 쪽 부처로 정하면서 정부 이견도 해소되었다. 최초 발의부터 1년여에 걸친 조정 과정 끝에 완전 '늘리어', 다소간의 아쉬움은 있어도 법은 통과할 준비가 되었다. 진짜로, 본회의에서 국회의장이 의사봉만 두드리면 문제없이 통과될 정도로 모든 준비가 되어 있었다. 19대 국회가 끝나기 전, 한국 경제에 새로운 흐름을 만들 수 있는 제도가 마련될 상황이었다.

미스터리는 여기서부터 시작된다. 법안 통과 직전, 청와대 쪽의 강력한 거부가 발생한다. 외부에는 정치적으로 정적 관계가 형성된 유승민을 견제하기 위한 것 정도로 알려져 있다. 그렇지만 실제로는 이 정도가 아니었다. 국회에서 사회적 경제 기본법을 통과시키면 결국 대통령이 거부권을 행사할 것이라는 이야기가 흘러나오기 시작했다. 물론 사회적 경제가 큰 의미를 가지고 있기는 하지만, 거부권을 행사할 정도로 강력하게 반대할 만한 사안은 아니었다. 이미 살펴보았듯이 사회적 경제가 반드시 좌파들만 주장하는 것도 아니고, 세계적으로도 그렇게 일방적으로 전개된 것은 아니다. 보수 쪽에서도 사회적 경제를 중요한 경제 수단으로 사용했다. 외국도 그랬고, 우리나라에서도 그랬다. 심지어 MB도 결국에는 고용 유지의 주요 정책 수단으로 사회적 기업을 받아들였고, 그것을 자신의 주요 치적으로 설명하기도 했다. 청와대에서 처음부터 반대했던 것도 아니고, 그냥 지켜보다가 마지막 순간에 갑자기 입장이 돌변하면서 아주 강력하게 반대에 나섰다. 왜 이런 변화가 생겼는지는 여전히 미스터리이고, 아마 영원히 미스터리로 남을 것이다. 보통은 이럴 때 '대통령의 의지'라는 표현으로 많이 설명한다. 그렇지만 이것이 미스터리일 수밖에 없는 것은, 박근혜가 사회적 경제의 뜻이라도 아는지가 의문이기 때문이다. 과연 그는 이것이 뭔지 알까? 사회적 기업, 협동조합, 생협, 마을기업 혹은 신협에서 의료생협까지, 최근 한국에서 사용되기 시작한 사회적 경제의 여러 범주들도 다양해지고 복잡해졌다. 과연 박근혜는 이것이 뭔지나 알고 반대한 것일까? 그리고 실제로 반대를 하기는 한 것일까? '유승민이 하려고 하는 것', 이것 외에 아는 내용이 있었을까?

상식적으로는 청와대의 경제수석 라인에서 이 모든 것을 주관했어야 하지만, 별로 그런 흔적이 보이지도 않는다. 지금에야 최순실이 기업들 '삥' 뜯을 때 나섰던 심부름꾼 정도로 이해되는 안종범이지만, 학계에 있던 시절에는 그도 명목적으로는 복지 전문가였다. 이렇게까지 죽어라고 사회적 경제를 반대할 만한 학자는 아니었다. 그리고 안종범의 뒤를 이어 청와대 경제수석이 된 강석훈 역시 보수 쪽 경제학자로 분류되기는 하지만, 전체적인 경제 논의를 이해하는 사람이다. 일방적으로 대기업 중심의 경제만을 주장하는 사람은 아니다.

지난 20년을 돌아보면, 각 정권마다 사회적 경제와 관련된 중요한 법안이 하나씩 통과되었고, 나름대로 성과가 있었다. IMF 경제위기 직후에 자활과 관련된 법안이 정권 차원에서 추진된 것을 제외하면, 대부분 사회적 논의 혹은 국회 자체적 논의가 성과를 만든 것이다. MB 시절에 손학규가 추진했던 협동조합기본법이 대표적이다. 유사한 흐름으로 박근혜 시절에는 이미 만들어진 성과 혹은 지자체별로 추진하던 조례를 대표하는 기본법이 만들어질 차례다. 지금까지 사회적 경제 관련 법안이 단 한 번도 여나 야, 단독으로 추진된 적이 없다. 늘 외형적이든 내용적이든 여야 단일안이 만들어졌고, 그렇게 사회적 합의가 이루어졌다. 이 흐름에서 아무것도 만들지 않았던 유일한 정부가 박근혜 정부다. 그리고 왜 실패했는지 자체도 여전히 미스터리이고 불투명하다.

2016년 초, 19대 국회에서 통과되지 못한 1만여 개의 법안이 자동 폐기되는 운명을 맞았다. 사회적 경제 기본법도 그렇게 다음 단계를 기다리는 법안 중 하나가 되었다. 20대 총선에서는 여소야대가 만들어졌다. 그리고 국회의장이 야당 몫으로 넘어갔고, 평소에 사회적 경제에 우호적이면서도 적극적인 입장을 가지고 있는 정세균이 국회의장이 되었다. 그리고 8월과 10월, 민주당 윤호중과 새누리당 유승민을 대표로 하는 두 개의 사회적 경제 기본법이 다시 발의되었다. 그리고 앞으로 4년, 다시 지난 회기에 했던 일들을 진행하게 되었다. 좀 더 단축적으로 이루어질 수도 있고, 예상 외로 길어질 수도 있다. 이념적 의미보다는 경제적 의미를 더 많이 가지고 있는 사회적 경제가 다시 이념 테이블 위에 올라오면 절차가 길어질 수 있다. 실용적인 것과 이념적인 것이 다시 한 번 충돌할까? 어쨌든 새누리당에서 바른정당이라는 또 다른 보수 집단이 나뉘어 나오면서 사회적 경제 기본법은 언제든지 국회를 통과할 준비가 되어 있는 상태이기는 하다. 정부와의 실무 협의는 이미 19대 때 어느 정도 끝난 상태이기 때문에 다시 할 필요는 없고, 정치적 조정만이 남아 있다.

순실의 시대에 문화와 스포츠를 축으로, 이상하게 된 분야가 한두 군데가 아니다. 영화계에는 이미 개입을 했고, 에너지 분야도 시간만 좀 더 있었으면 장악했을 것이다. 영진위원장을 임명했고, 에너지 쪽의 주요 정부 인사도 어느 정도는 장악되어 있었다. 이런 데는 돈도 있고 자리도 있으니까, 어느 정도 이해는 가는 일이다. 비유를 들자면, 똥에 똥파리가 꼬이는 것은 당연한 일이다. 사회적 경제는 그렇게 돈이 많은 데도 아니고, 엄청나게 위세 있는 자리가 있는 곳도 아니다. 그런데도 순실의 시대에 부침을 많이 겪고, 시달림을 겪은 곳이 되었다. MB 시절에도 협동조합기본법이 통과되었는데, 순실의 시대에는 아무 일도 벌어지지 않았다. 단시간에 많은 일이 벌어지는 것도 아니고, 누군가가 착복할 만한 돈이 모이는 것도 아닌 분야가 바로 사회적 경제다. 누군가 엄청나게 하자고 하는 일도 잘 벌어지지 않지만, 그렇다고 목숨 걸고 막기에도 좀 애매한 분야다. 최저임금 약간 넘는 수준의 인건비 좀 지원하자는 것을 모든 것을 걸고 막기에는 좀 명분이 없다. 그러니까 금방금방 진행되지도 않지만, 누군가 다른 중요한 것을 다 제치고 이것만 막고 있는 일도 벌어지지 않는 분야다. 그런데 국회에서 만약 이 법을 통과시키면 대통령이 거부권을 행사할 수도 있다고 은근히 압박하는 일이 벌어졌다. 이런 일을 대통령은 알고 있었을까? 그리고 순실이는 이 내용을 알고 있었을까? 의료 민영화를 핵심 축으로 하는 서비스 산업 발전 기본법 정도는 알고 있었을지도 모른다. 그리고 그가 단골로 다녔던 몇 개의 병원에 원하는 지원을 해주기 위해서는 일명 서비스법이 필요하다고 생각했을 수도 있다. 의료 민영화와 사회적 경제에 대한 지원 체계가 만약 정면으로 충돌했다면, 이거야말로 아이러니 중의 아니러니이고, 웃음거리 중의 웃음거리일 것이다. 그렇지만 아마 내용도 잘 모르고 특별한 의지도 없는 상태에서 그냥 황당한 일이 벌어진 것이라고 보는 쪽이 더 부드러운 설명이다.

우여곡절 끝에 촛불집회와 함께 순실의 시대가 끝났다. 뭔가 해야 했던 시대였지만 아무것도 하지 않고 한 시대가 마감되었다. 정치적으로는 순실의 시대였지만, 경제적으로는 손실의 시대였다. 통계가 작성된 지난 6년간, 한국 중산층(소득 5분위 기준 중 4분위, 연소득 6000만 원 내외, 통계청 조사)의 부채 증가율이 109.2퍼센트다. 무시무시한 수치다. 후보 시절에 박근혜가 '중산층 복원'을 공약으로 내걸었지만, 그런 희망스러운 일은 벌어지지 않았다. 그리고 MB 후반기를 합쳐, 한국의 중산층들이 평균적으로 두 배 이상 빚을 많이 지게 되는 일은 실제로 벌어졌다. 높은 절벽에서 '번지'라고 외치고 뛰어내릴 일만 남았다. 중산층이 이렇게 많이, 그리고 이렇게 빨리 부채가 늘어나서는 국민경제 운용 자체가 쉽지 않다.

사람들은 잘 모른다. 호기롭게 출발한 거대한 구호가 세상을 바꾸는 일은 별로 없다. 한구석에서 조용히 시작된 많은 일들이 실제 변화를 이끌어 내는 경우가 더 많다. 경제는 특히 그렇다. 대기업의 시작도 한때는 조그만 가게였고, 거대한 흐름의 출발점도 몇 명의 의기투합인 경우가 많다. 순실의 시대라는 격랑 속에서 흘러온 한국의 사회적 경제, 이 기간에 무슨 일이 있었든 사람들이 꼭 알아야 하는 것도 아니다. 그리고 알 필요도 없다. 민주당과 새누리당에서 각각 원안을 냈다는 것이 중요한 것도 아니고, 그동안 사회적 경제를 반대하던 기재부가 반대를 거둬들였다는 것도 핵심적인 일은 아니다. 사실 법이 다는 아니다. 법 있다고 안 되는 일이 갑자기 되고, 법이 없다고 기본적인 일도 안 되고, 그런 건 아니다. 법이 전부라고 말하는 사람도 있지만, 그것은 국회의원 입장에서만 세상을 본 것이다. 경제에는 법도, 법 아닌 제도도, 그리고 경제적 실체와 주체도 모두 중요하다. 순실의 시대를 거치면서 사회적 경제에 관한 법이 꼭 필요하다고 생각하는 사람도, 사회적 경제가 자신의 일이라고 생각하는 사람도 늘었다. 겉으로는 드러나지 않았지만 순실의 시대에 사회적 경제의 절박함이 깊어졌다. 국회에서 너무 쉽게 통과되고, 자신과는 상관없다고 외면받는 그런 법과는 조건이 다르다. 시련을 거치면서 밑바닥이 튼튼해졌다. 물론 순실은 알지도 못하고, 순실과는 상관도 없는 일이다. 경제는 자신의 논리대로 자신의 길을 걸어가는 것인지도 모른다. 선진국 경제에서 사회적 경제가 괜히 유행인 것은 아니다.

제 3 장

정글 자본주의와
경제 휴머니즘

1. 몇 달 사이에 문 닫은 여섯 개의 동네 가게

　내가 사는 동네에서 최근 여섯 개 정도의 가게가 문을 닫았다. 원래 가게 주인들하고 살갑게 얘기하고 안부 물어보고 그런 걸 잘 못한다. 하다못해 재래시장에 가서 물건값 깎는 것도 할 줄 모른다. 특별한 이유가 있어서가 아니라, 먼저 말 거는 걸 잘 못해서 그렇다. 그래도 오랜 시간을 갖고 관찰하는 것 정도는 한다. 9년 가까이 단골로 지냈던 가게들이 최근에 많이 문을 닫았다.

1) 전파상

　70대 노부부가 하는 집이다. 할머니는 훨씬 더 수더분하고, 할아버지는 날카롭다. 키가 작고 머리가 하얗게 세었고, 굵은 뿔테 안경을 끼고 있다. 그 자리에서 평생을 살았다. 할머니는 밥을 하고, 할

아버지는 조그만 전기 제품을 수리한다. 특별히 살 게 없더라도 괜히 수은 건전지 바꾼다고 들르고, 형광등 같은 것도 웬만하면 이 집에서 사주는 편이다. 아주 작은 가게지만, 전기 관련 부품은 어지간한 건 다 가지고 있다. 한번은 할아버지가 안 계셨는데, 할머니가 직접 눈에 렌즈를 끼고 부품을 교체해 준 적이 있다. 할아버지 기술이 정말 좋다고, 할머니는 여전히 할아버지를 존경하면서 산다. 정말 '하꼬방'처럼 작은 가게지만, 노부부의 삶이 깃들어 있는 곳이다. 그리고 현실적으로, 동네의 마지막 전파상이라서 없어지면 내 삶이 불편해진다. 나중에는 전기모기채도 여기에서 샀다.

세월호 사건이 벌어졌을 때의 일이다. 리모컨 하나가 영 맛이 가서, 여기에 고치러 갔다.

"개새끼야, 저게 개새끼야!"

할아버지는 고정식 렌즈를 눈에 끼고, TV를 보면서 그렇게 큰 소리는 아니었지만 정말로 감정이 짙게 배어 나오는 목소리로 욕을 했다. 꼬장꼬장해 보이지만 그렇게 말이 많은 편도 아니라서 약간은 놀랐다. 진심으로 하는 얘기이고, 나 들으라고 하는 얘기이기도 했다. 길거리의 가판대에서 흔히 쓰는 초소형 TV에는 단식 중인 문재인의 얼굴이 비치고 있었다. 할아버지는 화가 많이 났다. 그냥 못들은 척했다. 어색했다. 이것저것 손을 보고 내가 그 가게에서 나올 수 있게 된 것은 20분쯤 뒤의 일이다. 그래도 나는 그 집에 계속 갔다. 그렇다고 그거 하나 사자고 대형 마트에 억지로 갈 수도 없는 일이라 별 다른 대안도 없었다. 그리고 나는 평생을 이 자리에서 전파상 하면서 살아온 이 노부부의 마지막이 행복했으면 좋겠다는 생각을 가지고 있었다.

얼마 전에 갔을 때는 할머니 혼자 가게에 있었다. 할머니는 나를 붙잡고서, 건물 주인의 아들이 가겟세를 너무 많이 올려 달라고 한다는 하소연을 길게 했다. 건물은 아주 낡은 1층짜리다. 이 동네 건물 가격이 엄청나게 비싼 것도 아니고, 그렇다고 회사가 많아서 상권이 제대로 형성된 것도 아니다. 그때는 그냥 그런가 보다 하고 들었다.

결국 전파상은 문을 닫았다. 그리고 그 가게는 그냥 비어 있다. 신년이 되고 안 가본 골목길로 산책을 나섰다가, 혼자 급하게 어디론가 가고 있는 전파상 할아버지를 보았다. 저 삶은 어떻게 마무리될 것인가, 마음이 무거웠다.

2) 건재상

전파상 옆집은 건재상이다. 동네 가까운 데 건재상 두 개가 있고, 좀 더 먼 데 하나가 있다. 원래는 좀 더 먼 집이 단골집이었는데, 이사를 하면서 좀 더 가까운 집으로 단골을 옮겼다. 눈 쓰는 삽도 여기서 샀다. 이것저것 소소하게 집에서 필요한 물건들을 사는 집이다. 이 집의 사연은 결국은 건재상이 문을 닫고 나서야 알게 되었다.

전파상이랑 건재상은 작은 건물에 나란히 붙어 있는 이웃 가게다. 70년대 서울의 작은 동네 어귀에 있었을 법한 전파상과 건재상인데, 그 시절부터 지금까지 계속 장사하는 집이다. 정말 오래된 집이고, 마치 시간이 정지한 듯했다. 차라리 그렇게 오래된 식당이면이미 '원조집' 같은 어마어마한 간판을 붙였을 텐데, 살면서 필요한소소한 물건을 파는 곳이라 그렇게 빽적지근하게 장사하지는 않는다. 그렇지만 필요한 물건을 작은 가게에 알아서 잘 갖다 놓고 있고,동네 장사라서 덤으로 뭘 자꾸 끼워 주는 소소한 재미가 있다. 전파상의 비극은 사실은 건재상에서 먼저 시작된 것이다.

건재상의 할머니가 건물 주인이라는 것은 할머니가 돌아가시고나서 알게 되었다. 약간 넓은 옛날 집의 앞부분을 가게로 만들면서,한 칸 더 만들어 전파상을 하고 있었다. 그리고 오랜 기간을 같이 지내다 보니까, 특별히 가겟세를 올려 달라고 할 일도 없었다. IMF 외환위기가 있었고, 글로벌 금융위기가 있었다. 그리고 그 이후로 한국 경제는 점점 침체해 가고 있었지만, 건재상 할머니가 살아 있는동안 그런 경제위기가 이 두 가게에는 별 상관이 없었다. 그렇게 지냈던 긴 시간은 할머니의 죽음과 함께 막을 내리게 된다.

졸지에 작은 건물을 물려받은 아들은 건재상 문을 닫아 버렸고,옆에 있는 전파상의 가겟세를 무지막지하게 올렸다. 버틸 수 없었던 늙은 전파상 부부는 결국 평생을 살았던 터전을 내려놓을 수밖에 없었다. 그렇게 이미 있던 가게들을 다 치워 버린 아들은 높은 가격에 건물을 내놓았다. 그사이에 실물경제는 더 안 좋아졌고, 부동산 경기도 급냉기에 들어갔다. 건물은 시세에 비하면 터무니없이 높은 가격에 나왔다. 원래 상권이 약한 동네라, 그렇게 높은 가격에 건물을 살 사람이 있을 것 같지는 않다. 이렇게 해서 40년 가까이 동네를 지켜오던 정말 오래된 가게들이 몇 달 사이에 사라지고, 휑하게 주인 없는 간판만 남은 거리가 되었다. 시간이 지나면 다시 건물이 팔리고 새로운 가게가 들어오게 될까? 건물을 물려받은 아들이 뭔가 세상의 흐름을 느끼고 깨닫게 될까? 생각보다 오래 텅 빈 가게의 빈자리만 있게 될 것 같다.

이때쯤, '조물주 위의 건물주'라는 말이 흘러나오고 있었다. 임대차 문제는 예전부터 존재하던 이야기다. 그러나 최근에 그 아픔을 사회적으로 더 많이 느끼기 시작한 것 같다. 동네에서 얘기가 이래저래 많았다. 그렇지만 이런 사적인 거래에서 조언을 해주거나 중재를 해줄 방법이 지금 한국에는 거의 없다. 서로가 동의할 수 있는 원로가 있는 것도 아니고, 그렇다고 구청이나 시에서 적극적으로 중재에 나서기도 쉽지 않다. 사람들은 돈이 자식을 망쳤다고 끌끌 혀를 차지만, 그래 봐야 그저 구설일 뿐이다. 시간이 지나면 잊힌다.

3) 동네 슈퍼

동네 슈퍼가 망하는 이야기는 요즘은 뉴스거리도 되기 어려울 정도로 흔한 일이다. 대기업이 동네로 밀고 들어오면, 작은 슈퍼는 당할 재간이 없다. 집 근처에는 원래 두 개의 슈퍼가 있었다. 몇 년 전에 새로 큰 건물이 들어서면서 지하에 대형 마트가 들어왔다. 그리고 비슷한 시기에 SSM이라고 부르는 바로 그 문제의 대기업 계열인 소형 슈퍼가 들어왔다. 그 정도면 원래 있는 슈퍼들이 바로 망해야 할 것 같은데, 두 곳 다 안 망하고 잘 버텼다. 나름대로 운영 노하우가 있고, 오래된 단골들이 있다. 슈퍼 하나는 아직도 버티고 있다. 매장은 나름 넓지만, 주차장이 변변치 않다. 망하기 딱 좋은 조건이지만, 고기가 좋고 가격이 싸다. 목살, 삼겹살, 이런 게 워낙 맛있고 싸게 팔아서 많은 사람이 찾는다. 그리고 또 다른 슈퍼는 결국 문을 닫았다.

문을 닫은 슈퍼의 사연은 좀 기구하다. 순서대로 하면, 슈퍼가 문을 닫고 바로 옆에 있던 전파상과 건재상이 결국 문을 닫게 되었다. 한때 영광스러운 한 골목을 형성했던 가게들의 시대가 이렇게 막을 내렸다.

슈퍼는 위치도 좋고, 은행이 있는 건물 지하에 상당히 넓은 주차장을 갖춰 놓고 있었다. 지금은 나중에 들어온 기업형 슈퍼들도 배달을 해주기 시작했다. 그렇지만 아주 오래전부터 배달을 하는 영업 방식을 갖추고 있어서, 동네 할머니들과 아줌마들이 아주 좋아했다. 그렇게 대형 슈퍼는 아니지만, 물건을 잘 갖다 놓았다. 동네 슈퍼이기는 하지만, 그냥 작은 자영업자 슈퍼는 아니었다. 인근에 네 개의 슈퍼를 가지고 있었다. 규모는 작지만 자체 유통망도 기본적으로는 갖춰 놓았다. 슈퍼를 운영하는 것만 놓고 보면, 내가 본 전국의 슈퍼 업자 중에서 가장 전문적이다. 이 정도로 소규모이지만 체계적인 네트워크를 갖춘 동네 슈퍼를 또 보기는 어렵다. 그렇지만 결국 밀려났다. 슈퍼 주인은 그냥 밀려나고 싶어 하지는 않았다.

그러나 대기업과 손을 잡고 싶어 하는 건물주를 이겨 낼 방법은 없었다. 임대료 상한제 같은 게 정상적으로 작동하면 이렇게까지 억울한 사연이 줄어들 것이다.

밀려난 슈퍼는 생선 종류가 아주 많았고, 가격도 쌌다. 마포에 있는 수산물 시장하고 생우럭 등 몇 가지 생선 가격을 비교해 봤는데, 전문 수산물 시장보다 더 쌌다. 선도도 훌륭했다. 그리고 집에서 내가 빵 구울 때 자주 쓰는 식빵 믹스를 파는 유일한 동네 슈퍼였다. 동네에 있는 생협에서도 쌀가루를 섞은 식빵 믹스를 팔기는 하는데, 내 실력 탓인지 맛을 제대로 내기가 쉽지 않았다. 거기에만 있는 몇 가지 상품 때문에 매주 한 번씩은 가게 되는 슈퍼였다. 그렇지만 건물주는 슈퍼맨이었다. 네 개의 슈퍼를 가지고 있는, 나름대로는 슈퍼 운영 노하우를 가지고 있는 아저씨를 결국에는 밀어냈다.

그 자리에는 대기업에서 운영하는 슈퍼가 들어왔다. 건물주와 대기업 슈퍼 사이에 어떤 거래가 있었는지 혹은 그렇게 하면 건물주에게 어떤 좋은 점이 있었는지는 알기 힘들다. 대기업과 거래했다는 이유만으로 건물의 가치가 올라간다고 생각하는 사람들도 있지만, 건물의 경제적 가치가 그렇게 간단하게 결정되지는 않는다.

거의 비슷한 시기에 문 닫은 슈퍼에서 도로 거리로 700미터 정도 떨어져 있는, 그러니까 행정적으로는 전혀 다른 법정동法定洞에 속한 또 다른 슈퍼 하나도 문을 닫았다. 주상복합 초창기에 지어진 아파트에 같이 입주해 있던 슈퍼였다. 원래의 주상복합은 상가가 아파트 아래쪽에 있고, 그 위가 주거 공간이다. 아파트와는 별도로 상가동이 있는 곳보다는 주민 밀착성이 높다. 그렇지만 여기도 결국은 문을 닫았고, 그 자리는 편의점이 되었다. 원래 슈퍼였던 자리가 편의점이 되었으니, 정말로 매머드급 편의점이 되었다. 우리나라에서 본 편의점 중에서는 가장 큰 편의점이다.

다른 가게들이 망할 무렵, 동네 슈퍼들도 급격하게 망했다. 슈퍼들이 대기업에 흡수되기 시작한 것은 몇 년 되었지만, 그래도 끈질기게 버티면서 살아남았던 슈퍼들이다. 운영 노하우가 있고, 튼튼한 고객이 있어서 엄연한 자기 영역이 있던 곳들이었다. 대기업 슈퍼든, 대기업 프랜차이즈 편의점이든 중앙의 자본에 속해 있다는 것은 마찬가지다. 대형 유통업 자체가 이제 경쟁이 극심해진 포화 상태이기 때문에, 그들도 어쩔 수 없이 동네로 더 깊숙이 들어온다. 마지막까지 버티던 슈퍼들도 최근에 버티기가 더욱 힘들어졌다. 경제가 어려워질수록, 대기업 간의 경쟁도 더욱 극심해진다. 그 과정에서, 그래도 지역 유지 소리 들으면서 잘 버텼던 사람들도 버티기 어려워졌다.

몇 킬로미터로 거리를 넓혀 보면 몇 개의 동네 슈퍼들이 꽤 있었는데, 이제는 딱 하나 남았다. 그만큼 대기업, 대자본에 속하지 않은 사람들이 살 공간이 줄어들었다고 할 수 있다. SSM 진출로 동네 슈퍼들이 추풍낙엽처럼 쓰러져 나갈 때에도 잘 버텨 냈던 슈퍼 두 개가 최근에 결국 간판을 내렸다.

4) 실내 포장마차

강남에서 강북으로 이사 온 지 9년이 되었다. 그동안에 내내 단골이었던 실내 포장마차가 하나 있다. 그래도 그냥 일반적으로 흔히 보는 실내 포장마차와는 다르게 나름 특색이 있는 곳이었다. 실내 포장마차니까 엄청나게 비싼 음식이 나오지는 않는다. 그렇다고 엄청나게 깔끔하고 정갈한 음식이 나오는 곳도 아니다. 그래도 전어 같은 제철 횟감이 있고, 가격을 생각하면 먹을 만하다. 그리고 보통의 포장마차와는 달리, 점심 때에도 점심 메뉴를 한다. 오후에 뭔가 먹어야 할 때에도 갈 만하고, 가끔은 3~4시에 낮술을 마시게 될 때 결국 여기에 오게 된다.

나도 혼자 해야 하는 일을 할 때에는 거의 외출하지 않는다. 짧으면 몇 주, 길면 몇 달씩 집에 혼자 있기도 한다. 뭔가 상의하고 싶은 동료들이 나를 찾아올 때, 주로 갔던 곳이 이 실내 포장마차다. 아내는 조미료를 너무 많이 쓰고, 인스턴트가 너무 많다고 별로 좋아하지 않는다. 그래도 동네에 별다른 대안이 없어서 자주 갔다. 한 달에 두 번 정도는 갔던 것 같다. 9년을 그렇게 갔으니, 내 입장에서는 어마어마한 단골집이라고 할 수 있다.

주인 아저씨는 칼을 아주 잘 썼다. 두툼하게 회를 자르는데, 나름 솜씨는 있다. 아저씨의 전직에 대해서는 잘 모른다. 뭐 하시던 분이냐고, 물어보기도 좀 겸연쩍다. 어쩌다 대화를 하다 보면 '동네 형님들' 얘기를 가끔 한다. 체격이나 어투나 손 씻은 조폭이 아닐까, 그 정도만 생각을 했다. 그렇지만 정확하게 무엇을 하던 사람인지, 고향이 어디인지는 잘 모른다. 그래도 크게 불편하지는 않았다.

정치인 정세균이 잠시 어려운 시절을 겪을 때가 있었다. 그때 경제정책을 열심히 만들어 보고, 잘 안 되면 나중에 같이 세계 여행이나 다니자고 말했었다. 민주당 대표 경선에서 자진 사퇴하고, 오세훈이라는 강력한 상대를 만나 재선이 불투명하던 시절이었다. 사람들은 그를 죽은 사람 취급했고, 그도 자신이 그렇게 보이고 있다는 것을 알았다. 청년 정책이나 사회적 경제 관련 정책을 정세균과 같이 상의하던 시절이 있었다. 그 시절 진짜 마음에 있는 얘기를 하면서 서로 위로할 때, 바로 이 실내 포장마차를 찾았다. 주인 아저씨도 괜히 마음이 좋아졌는지, 번데기탕과 미역국 한 그릇을 더 가져다 줬다. 9년간, 참 많은 내 주변의 동료들과 함께 찾았던 가게다. 슬플 때나 좋을 때나, 누군가 나를 찾아와서 소주 한잔 기울일 때면 그곳에 많이 갔다. 비싸지 않은 곳이라서, 서로 마음이 편했다.

장사가 딱히 안 되는 것 같지는 않았다. 저녁 7시가 넘으면 자리가 없어서 돌아가야 할 정도로, 평일에도 어지간히 손님들이 왔던 집이다. 내가 이곳에 오기 시작한 것만 9년이고, 이래저래 한자리에서 20년 가까이 장사할 정도로 지역에 뿌리내린 가게다.

얼마 전에 이 실내 포장마차가 문을 닫았다. 그 거리에 있는 많은 집들이 이미 문을 닫았다. 경기가 어렵다 어렵다 해도, 단골들이 많아서 버틸 것 같은 집들이 하나씩 문을 닫았다. 아직은 그 자리에 다른 가게가 들어오지 않았다. 아마, 엄청나게 경기가 호전되기 전에는 들어오지 않을 것 같다. 9년간의 추억을 을씨년스럽게 남겨 놓고, 간판만 그대로 남아 있다. 그 거리에서 역시 20년 가까이 장사했던 손두부 전문점 두 개가 문 닫을 때만 해도 이렇게 감정이 진하게 남지는 않았다. 마치 태어날 때부터 그곳에 있었던 것 같은 호탕한 주인 아저씨의 가게도 버티지 못했다는 것이, 경제학자인 내게 진한 질문을 남겼다.

불황에, 장사 없다.

5) 한정식집

실내 포장마차는 동네 사람들만 알고 가는 곳이었다. 그곳에서 200미터 정도 떨어진 곳에 서울 전체를 상대로 장사하는 한정식집이 있다. 아주 유명한 곳이다. 서울을 대표하는 곳인지는 모르겠지만, 어쨌든 내가 어른이 되었을 때 이미 그곳은 유명한 곳이었다. 마치 내가 태어나기 전부터 그 자리에 있었던 것처럼, 늘 그 자리에 있는 그런 유명한 집이었다. 한정식이라는 음식이 그렇듯이 그렇게 싼 곳은 아니다. 그 동네로 이사 오기 전까지, 내 돈 주고 먹는 것은 상상도 못하던 화려한 곳이었다. 점심 메뉴도 그렇게 많이 비싸지는 않다는 것은 나중에야 알았다.

외가, 친가, 그런 어른들과 같이 식사해야 하는 날이 가끔 온다. 그런 이유로 처음 왔는데, 주말과 저녁을 피하면 그렇게까지 엄청나게 비싼 곳이 아니라는 것을 알게 되었다. 외국인 친구들이 왔을 때 많이 왔고, 외국에 오래 살던 지인이 왔을 때 종종 들렀다. 특히 일본 사람들이 좋아했다. 그러고는 부담스러워했다. 내가 도쿄에 갔을 때 이 급으로 내게 식사를 대접해야 한다고 생각하면, 약간 머리에 휑한 느낌이 들었던 것 같다. 여기가 결코 비싼 데가 아니고, 밥값이 도쿄에서 메밀국수에 약간의 반찬을 추가한 것과 같은 정도 라는 것을 긴 시간을 들여서 설명해야 했다. 내가 만난 일본 사람들 은 받은 만큼 반드시 선물해야 한다는 것이 가장 철저하게 몸에 밴 사람들이었다. 그들이 놀라지 않도록, 도쿄에 비하면 엄청나게 싼 값이라서 내가 치러야 하는 돈을 걱정하지 않아도 좋다고 설명하는 것이 오히려 큰일이었다.

주인에게서 자식에게로 이어지며, 그렇게 나보다도 더 오래 살 것 같은 이 한정식집도 최근에 문을 닫았다. 실내 포장마차보다는 조금 더 먼저 닫았다. 김영란법이 본격화되면서 이 집이 문을 닫은 것은 아니다. 이미 몇 달 전이다. 그리고 베이징에서 나름 유명하다 고 하는 중국 음식점이 그 자리를 인수했다. 한정식에서 중국 정식 으로, 어쨌든 나름 고급 식당으로 변신했다. 바뀐 다음에는 간 적이 없다.

얼마 후 호화롭게 치장하고 문을 연 중국 식당에 플래카드가 걸 렸다.

"점심 때 짜장면, 짬뽕 반값."

베이징에서 나름 힘을 쓴다는 식당이 체인점을 연 것으로 알고 있는데, 어떤 메뉴의 음식을 파는지는 잘 몰랐다. 베이징에서 우리 가 먹는 짜장면이나 짬뽕을 팔지는 않는다는 것 정도를 상식적으로 알고 있을 뿐이다. 베이징에서 맛있게 먹은 음식도 있고, 가격에 비해서는 그렇게까지 맛있다고 생각하지 않은 음식도 있다. 어쨌든, 일부러 비싼 돈을 주면서까지 먹고 싶지는 않았다. 이 플래카드는 내게 두 가지를 알려 주었다. 경제가 어려우니까 한국에 온 베이징 음식점에서도 짜장면과 짬뽕을 팔게 되었고, 워낙 손님이 없으니까 '반값'을 내걸 정도로 사정이 급해졌을 것이다.

가장 윗급에 있는 한정식집에서 가장 아랫급에 있는 실내 포장 마차까지, 몇 십 미터를 사이에 두고 지난 몇 달 사이에 많은 식당이 문을 닫았다. 다른 가게가 다시 들어간 데도 있고, 아예 그냥 간판 도 떼지 못한 채 비어 있는 곳도 있다. 이것이 일시적으로 한 가게가 망하고 또 다른 가게가 문 연 이야기는 아니다. 내가 기억하는 동안, 최소한 9년 동안 그야말로 담벼락에 붙어 있는 담쟁이 덩굴처럼 그 자리에 있던 것이 줄줄이 망하게 된 특수한 상황에 관한 이야기다.

경제학자로 살다 보면 어떤 업종의 가게가 많이 생기고, 어떤 가 게가 사라지는지 유심히 보게 된다. 한때 베트남 식당이 유행했다. 그리고 얼마 후 그 자리가 일본식 생라면 가게로 바뀌었다. 그 유행 도 오래가지 않았다. 다시 중국식 양꼬치집으로 바뀌었다. 그런 흐 름의 일부는 자세하게 분석을 해보기도 하고, 어떤 것은 그냥 그런 가 보다 하고 넘기기도 한다. 경제와 사회의 상황에 따라, 한국에는 전국적으로 열풍이 부는 메가 트렌드 같은 것이 존재한다. 그리고 그 트렌드가 한 번 바뀔 때마다, 가게를 차렸던 사장들의 피눈물이 길거리에 맺힌다.

1997년의 IMF 외환위기, 2008년의 글로벌 금융위기도 골목에서 지켜보았다. 많은 변화가 생겼다. 그때도 적지 않은 가게가 문을 닫았다. 시내 한가운데에 재개발 사업이 추진되면서 오랫동안 장사하던 집들이 사라지는 것도 본 적이 있다. 오세훈 시장 시절, 시장은 죽어라고 오래된 피맛골을 없애고 싶어 했고, 사람들은 어떻게든 그것을 보존하고 싶어 했다. 결국에는 두 힘 사이에서 어정쩡하게 타협하는 과정을 인근 거리에서 지켜보았다. 많은 가게가 문을 닫았다. 오세훈은 서울의 오래된 악기 가게들이 모인 낙원상가도 없애고 싶어 했다. 문화의 힘에서 풍요로운 미래가 나온다는 것을 잘 이해하지 못한 것 같았다. 다행히 여전히 한국 최고의 악기 메카인 낙원상가는 오세훈을 피해 나갈 수 있었다. 어쨌든 이런 대규모 재개발 사업이 진행되면서 수십 년간 장사하던 식당들이 결국 터전을 잃고 떠나는 것을 종종 보게 된다.

　업종이 특수하거나 시기가 특수한 경우, 아니면 지역이 특수한 경우 많은 가게가 문을 닫는다. 그렇지만 별 특별하고 급격한 변화가 있는 것도 아니고, 재개발이 있어서 지역에 뭔가 큰 변화가 있는 것도 아닌데, 동네의 많은 가게가 이렇게 많이 망하거나 어려워지는 것은 본 적이 없는 것 같다. 물론 변화가 없지는 않다. MB 시절 그리고 순실의 시대, 이렇게 보수 정권이 경제 실패를 10년 가까이 거듭하면서 지역경제는 점점 더 어려워졌다. 그렇지만 이런 변화는 일순간에 터져 나오는 것이 아니라서 지금과 같은 급작스러운 변화를 잘 설명해 주지는 못한다. 어렵긴 어려워도 이렇게까지 어렵나, 하는 질문을 하지 않을 수가 없다. 어쩌면 서서히 뜨거워지는 물속에서 조용히 죽어 가는 개구리와 같은 것일 수도 있다. 점점 더 어려워지고 있었고, 일순간에 임계점을 넘은 것인데, 누구도 알아들을 수 있게 경고를 내리지 않은 것이라고 볼 수도 있다. 그렇지만 경제가 어렵다는 것만으로 이 급작스러운 변화가 잘 설명되지는 않는다. IMF 외환위기 때에도 이 정도로 동네에서 많은 가게가 사라지는 것은 본 적이 없다.

6) 가정집 식당

집에서 가장 가까운 데 산골식당이라는, 국밥과 해장국을 주로 파는 식당이 있다. 가정집을 식당으로 개조해서 쓰는 집인데, 아주 오래된 식당이고 나름 유명한 식당이라고 들었다. 한때는 맛도 좋았다고 들었다. 그리고 내가 가본 식당 중에서는 가장 불친절한 식당이다. 욕쟁이 할머니 콘셉트의 식당도 가보았고, 앉자마자 물어보지도 않고 사람 수대로 한가지뿐인 메뉴를 그냥 가져다주는 곳도 가보았다. 그러나 여기는 불친절한 방향이 전혀 다르다. 자리에 앉고 끝없이 끝없이 기다려도 아무도 오지 않는다. 겨우겨우 부탁해야 마지못해 해장국 한 그릇을 얻어 먹는다. 들어갈 때 나올 때, 인사 같은 것은 없다. 누군가 억지로 감정 노동을 해야 하는 식당에서의 친절을 그렇게 좋아하는 편은 아니다. 그렇지만 이건 불친절함의 종류와 결이 전혀 다르다. 음식은 그런대로 먹을 만하다. 그래도 한 번 시켜 먹기가 너무 힘들어서 결국 안 가게 되었다. 왜 이런 일이 벌어졌을까?

산골식당은 부부가 자기들 사는 집에 정성스럽게 만든 식당이었다. 부부의 삶이 담긴 곳이라고 해도 좋을 정도로, 많은 사람이 좋아했던 곳이라고 한다. 가격은 비싸지 않았고, 맛도 괜찮았다. 실제로 맛은 괜찮았다. 해장국을 먹어 봤는데, 원조집을 자처하는 그 수많은 전문집에 비해 맛이 떨어지지 않았고, 내용은 훨씬 좋았다. 그럼 왜 그렇게 불친절할까?

이제는 나이 먹은 노부부가 자식 내외에게 식당을 넘겼다. 노부부는 식당 문을 닫는 것을 원하지 않았다. 자식 내외는 식당을 운영하고 싶지 않았다. 그냥 집을 팔고, 그 재산을 받고 싶었다. 그러나 부모들은 적어도 자신이 살아 있는 동안에는 식당 문을 닫지 않았으면 했다. 식당을 물려받은 자식 내외는 손님들이 오는 게 싫었던 것 같다. 이건 직접 들은 얘기는 아니지만, 아무래도 음식 맛을 유지하고 잘 운영하는 조건으로 물려받은 게 아닌가 싶다. 어차피 부모님이 돌아가시면 자기들 마음대로 해도 되지만, 살아 계시는 동안에 그냥 식당을 닫을 수는 없는 조건이었다고 생각하면 이 얘기들이 잘 풀린다. 손님들에게 불친절하게 하는 욕쟁이 할머니는 콘셉트이지만, 이건 정말로 불친절하게 해서 다시 오고 싶지 않게 만드는 전략이 아니라면 설명이 잘 안 되는 불친절함이다.

얼마 전에 결국 가정집 식당은 문을 닫았다. 그 뒷얘기가 궁금하기는 하지만, 동네에도 그 정도까지 최근 소식을 알고 있는 사람은 없었다. 수십 년 동안 그 자리를 지켜 오는 식당은 결국 문을 닫았고, 그 상태 그대로 몇 달째 휑하게 내버려져 있다. 이 식당이 불친절한 것과 결국 문을 닫은 것은 경제와는 별 상관 없는 일이다. 진짜로 사적인 일이고, 집안에서 벌어지는 일이다. 부모의 뜻과 자녀의 상황이 부딪히는 것은 늘상 벌어지는 일이다. 그렇지만 이런 일이 어쩌다 한 번 벌어지는 아주 드문 일이 아니라 사회 전체적으로 벌어지면 사회현상을 만들어 낸다. 가정집 식당은 자식 내외가 식당 문 닫고 집을 팔아 버리는 결정을 내렸다. 부모야 속상할지도 모르지만 그건 정말 자기 일이다. 그렇지만 가정집이 아니라 4~5층 되는 건물이었다면? 식당 운영을 조금은 더 친절하게 했을 것이고, 손님을 더 부르기 위해서 노력했을 것이다. 그리고 어떻게든지 부모의 마음에 조금이라도 더 들도록 했을 것이고, 무난하게 건물을 상속받았을 것이다. 그다음에는? 식당 문을 빨리 닫기 위해서 손님들에게 불친절했던 것만큼 혹은 그 이상으로 그 건물의 세입자들에게 불친절했을 것 같다. 그나마 상가 건물이 아니라 가정집이라서 다행이었다고 해야 할까? 내가 사는 동네는 젠트리피케이션gentrification이라고 불릴 만큼 급작스럽게 뜨는 동네는 아니다. 오래되었고, 그냥 조용하고, 별일 없는 곳이다. 그렇지만 직간접적으로 부모의 경제 활동이 종료하면서 자식에게 상속하는 과정에서 꽤 많은 가게가 문을 닫게 되었다. 이건 뭘까?

2. 2세들의 시대, 야만적 자본주의

한국 경제를 상징하는 단어는 오랫동안 압축성장condensed economic

growth이었다. 선진국의 제1그룹은 산업혁명부터 시작한 나라들이다. 영국, 프랑스 등 왕국으로부터 근대를 만든 나라들이 여기에 포함된다. 독일이나 일본 등 산업혁명을 직접 만들어 내지는 않았지만 뒤늦게 산업화 대열에 합류한 나라들은 후발 주자로 분류된다. 독일의 경제학자 리스트Georg Friedrich List가 영국과 독일의 산업 단계의 차이를 얘기하면서 정책이 달라야 한다고 했던 것이 약소국 독일의 입장을 대변한 것이다. 독일이나 일본에 비하면 한국 경제는 정말 신생 경제나 다름없다. 그것을 설명하기 위해 '압축'이라는 개념을 한국에 적용했다. 희망적인 소망도 담겨 있고, 군부독재를 정당화하기 위한 변명의 의미도 일부 담겨 있다. 압축적으로 하다 보니까 빨리는 했는데 그 과정에서 부작용이 생길 수밖에 없었다, 이런 이중적 의미를 담고 있는 말이다. 이런 이중적 잣대를 한국에 적용하다 보니 좋다 나쁘다, 판단하기 어려운 경우가 많다. 간단하게 분류해 보면, 한국은 이 압축 현상에 대한 평가에서 경제적으로 좌우가 나뉜다고 할 수 있다. 압축한 건 잘했다, 그러니 그사이에 벌어진 소소한 부작용은 눈감아 주자고 말하면 우파다. 반면 압축되는 과정에서 벌어진 문제점을 이제는 완화하거나 해소하자고 말하는 사람들이 좌파다. 좋다고 말하든 나쁘다고 말하든, 압축 현상이 벌어졌다는 사실만큼은 모두가 동의하는 것 같다. 압축에 대한 평가와 전망과는 달리, 현상만큼은 모두가 동의한다.

토마 피케티 Thomas Piketty가 《21세기 자본 Capital in the Twenty-First Century》에서 노동 소득과 자본 소득 사이의 차이를 분석한 이후, '세

습 자본주의'라는 개념이 유행하게 되었다. 일해서 먹고 사는 사람들과 뭔가를 물려받아서 살아가는 사람들, 그 상관관계에 대한 분석은 많은 사람들을 심정적으로 좌절하게 했다. 많은 국가에서 정부 개입이 적극적이었던 60~70년대를 제외하면 자본 소득이 월등하게 높다. 불평등과 경제적 집중이 세습에서부터 나온다고 할 수 있다. 우리나라도 예외는 아니다. 그런데 이런 세습 자본주의에 대한 일반론은 200년 이상 경제를 운용한 나라들에 대한 이야기다. 그들이 우리나라처럼 일방적이고 무조건적으로 대기업을 자녀에게 세습할까? 그렇지는 않다.

경제학자로 살면서 가장 충격받았고 부끄러웠던 사건은 애플의 스티브 잡스Steve Jobs가 사망한 다음에 겪었다. 잡스는 혁신과 창조의 아이콘으로, 가장 논란이 많았던 CEO 중 한 명이기도 하다.

"아빠, 스티브 잡스는 자식이 없어?"

한국의 많은 초등학생들이 아빠들에게 던진 질문이다. 누구에게 애플사를 승계할 것이냐, 과연 그 선택은 무엇이냐에 대해 많은 논란이 벌어지고 있었다. 자식 가운데 누구에게 갈 것이냐, 지분 구조는 어떻게 처리할 것이냐, 이런 이야기들만 보던 한국의 초등학생들은 자식에게 애플사를 물려주지 않는 상황이 이해되지 않았다.

'아, 저 사람은 자녀가 없구나.'

초등학생들이 그렇게 질문했다는 이야기를 여기저기서 들으면서, 정말로 귀가 빨개질 정도로 창피했다. 우리가 만든 나라가 이상한 나라이고, 우리가 운용하는 경제가 정상적이지 않은 경제다. 어떻게 자식에게 애플사를 물려주지 않을 수 있지? 이것이 초등학생들에게 풀기 어려운 질문이 된 세상이다. 그때그때 외국 자본으로부터의 경영권 방어, 개인의 재산권 행사, 집중을 통한 신속한 경영의 조건, 별의별 이유를 달면서 편법적이고 불법적인 세습을 용인해 왔다. 또 많은 사람들은 그것이 경제적 효율성을 위해서 더 낫다고 생각하기도 했다. 그것이 2세, 어느덧 3세로 넘어가다 보니, 우리는 모든 것을 자식에게 승계하는 것이 당연하다고 생각하는 지경에 이르렀다. 어른들은 나쁜 것이지만 달리 방법이 없다고 관습적으로 그것을 용인했다. '이해 안 되는 것은 일단 외워', 수학 공부할 때 많이 하는 말이다. 경제도 외워서 하는 것인지는 모르겠다. 경제학 공부할 때는 외울 것이 거의 없다. 이해했으면 풀면 되는 것이고, 이해 못했으면 못 푸는 것이다. 우리는 2세 세습도 외웠고, 3세 세습도 외웠다. 그리고 자식에게 세습하는 것이, 우리의 초등학생들에게는 거의 헌법과 같은 것이 되었다. 뉴턴Isaac Newton의 만유인력은 당시의 인문사회학자들에게 큰 충격을 주었다. 자연에 보편적인 법칙이 있는 것처럼 사회에도 법칙이 존재할 것이라는 자연법 사상이 새로운 학문의 시대를 열었다. 자연이자율이나 자연수익율 같은 것이 이러한 생각의 결과다. 한국의 초등학생들은 회사는 자식에게 물려주는 것이라는 점을 헌법보다 상위 개념인 자연법으로 인식하고 이해하고 있었다.

우리에게는 사회적인 것, 공유되는 것을 적극적으로 만들려는 노력이 아주 약했다. 국가는 너무 멀고, 사회적인 것은 아직 별거 없고, '가족의 일'이 경제의 1차 법칙인 것처럼 그렇게 자본주의를 만들어 왔다. 그리고 일정한 덩치가 되면 '가족의 일'이 완화되거나 약화되고 사회적인 것, 공유된 것 그리고 공적인 것이 더 강화될 것이라고 많은 사람들이 생각했다. 그러나 2세, 3세로 내려오면서, 이제는 감히 질문하기도 어려운 한국 자본주의 고유의 법칙처럼 강화되었다. 자본주의의 핵심 중의 핵심인 미국에서 혁신 경영으로 첨단을 달리는 스티브 잡스의 사후 처리에 오히려 한국 자본주의만 보던 많은 사람들이 충격과 의문과 당혹감을 느낀 것은 당연하다. 그만큼 우리가 만들고 있는 자본주의가 이른바 '글로벌 스탠더드'에서 먼 곳에 와 있다. 아프리카의 부족장들이 지방 토호를 형성하면서 자식에게 부족을 승계해 군벌이 되는 것과 우리의 경제구조, 그렇게 많이 다를까?

"자식에게 물려주기 위해서 죽도록 일한다."

이 딱 하나의 명제로 경제적 동기를 설명하는 경제는 정글의 경제이고, 야만 자본주의다. 본인들도 피곤하다. 그리고 이런 세습 과정에서 배제되고 소외된 대부분의 청년들은 절망스러운 고단함 속으로 빠져 들어간다. 국가나 사회가 해야 할 역할이 극단적으로 축소되고, 공적인 일의 거의 대부분을 가족에게 떠넘기고 있으니, 진짜로 스티브 잡스가 되지 못한 아버지를 원망하는 길밖에 없다. 퇴행적이고 과거적이지만, 우리나라 안에서 보면 진짜로 그렇게 보일 수밖에 없다.

이런 세습의 경향은 한국에서 일반적이고 보편적인 법칙이 되어버렸다. 적당히 유산을 남기고, 나머지는 전문 경영인에게 맡기는 미덕 같은 것은 정말로 보기 어렵다.

가장 극단적인 경우는 스위스 취리히에서 발생했다. 1925년에 설립된 미그로Migros는 거대한 소매 기업이었다. 슈퍼마켓 체인점 정도로 보면 된다. 스위스 최대 체인점이며, 스위스 최대 고용 회사다. 그리고 세계적으로 40위권에 들 정도로 규모가 크고, 국제 체인망도 가지고 있다. 1941년 창업자인 고트리브 두트바일러Gottlieb Duttweiler는 미그로를 종업원과 소비자들에게 돌려주면서 협동조합으로 전환했다. 역시 협동조합인 스위스의 코프COOP와 소매 1, 2위를 경쟁 중이다. 두 협동조합의 스위스 국내 시장점유율은 40퍼센트를 조금 밑돈다. 회사 규모가 대형인 것은 우리와 다를 바가 없지만, 주식회사가 아니라 협동조합 형태로 되어 있다. 우리와는 국내 소매시장을 운용하는 방식이 당연히 많이 다르다. 그 출발점이 된 사건이 바로 민간 기업인 미그로의 협동조합 전환이다. 그럼 스위스는 자본주의를 운용하지 않고 전혀 다른 경제 방식을 운용하는가? 그렇지는 않다. 금융자본에도 적극적일 정도로 스위스는 나름대로 첨단 자본주의를 운용하는 국가다. 그리고 정치 성향상 유럽

내에서는 보수적 색채가 강하다. 자기 회사를 자식에게 물려주지 않고 종업원과 소비자들이 참여하는 협동조합으로 전환한 스위스의 사례는 2017년 한국에서 상상하기 어렵다. 자신이 보유한 주식을 협동조합 출자금으로 전환하는 것이 자본주의에서 가능한 일인가? 우리는 그렇게 질문하게 된다. 2010년대에 돌아본 세계 자본주의, 정글과 야만만 있는 것은 아니다.

한국에서 소소한 세습은 일상화되었고, 아주 강력한 기업의 세습과 만나면서 일종의 사회적 법칙이 되었다. 여기까지는 남들도 그래, 다른 나라도 다 그래, 하고 넘어갈 수 있다. 누구에게나 스위스의 특수한 사례를 강요할 수 있는 것은 아니고, 혼자서만 거룩하고 위대한 독지가의 삶을 살라고 할 수도 없다. 이런 기본적인 구조에 겹쳐지는 것이 OECD 국가에서는 거의 한국만이 가지고 있는 압축 성장에서 발생하게 되는 독특한 '패턴'이다. 패턴?

압축 성장의 특징은 속도다. 빠르게 성장하고, 빠르게 축적하고, 빠르게 인프라를 확장한다. 그리고 전체적으로는 빠르게 발전해서, 아주 빠른 시간 안에 전체적인 부를 늘려 나간다. 빠른 속도로 움직이는 시스템은 천천히 움직이는 시스템에 비해 집단 현상이 벌어질 가능성이 아주 높다. $E=MC^2$이라는 에너지와 질량, 속도에 관한 아인슈타인 방정식을 굳이 거론할 필요도 없다. 좀 더 편한 예를 들어보자. 갑자기 살이 찌면 피부 일부가 늘어난 지방의 양을 견디지 못하고 갈라진다. 흔히 살터짐이라고 부르는 현상이다. 피부의 일부가 갈라져서 처음에는 빨간 색깔이다가, 나중에 흰색으로 변한다.

살이 찌면서 생기는 경우가 많고, 키가 크면서 생기기도 한다. 일단 생기면 그냥은 없어지지 않는다. 이 살터짐은 그냥 살이 쪘다고 생기는 것이 아니라 빠른 기간 안에 살이 찌는, 그야말로 속도와 관련되어 있다. 피부가 늘어난 살에 적응하는 기간이 필요한데, 이 적응 속도보다 살찌는 속도가 더 빠르면 결국 몸을 감싸는 외피에 해당하는 살이 갈라지게 된다. 같은 현상이 임산부에게 나타나는 임신선이다. 임신 25주에 750그램이던 태아가 42주에는 3.5킬로그램으로 커진다. 불과 17주, 넉 달 약간 더 되는 시간 동안에 다섯 배 정도 무거워진다. 이 변화를 산모의 신체가 감당하기 어려워지면서 여러 가지 부작용이 생겨나는데, 눈에 보이는 대표적인 현상이 바로 임신선이다. 역시 속도의 문제다. 변화의 속도가 너무 빠르면 예상하지 못했던 특이 현상이 발생한다. 그리고 그 과정에서 독특한 패턴 현상이 발생할 수 있다.

1970년대에는 10퍼센트 가까운 고성장이 진행되었고, 1980년의 이른바 '80년 공황'을 넘어서 80년대에도 고성장이 진행된다. 이시기를 거치면서 한국에도 중산층이 형성되고, 나름대로 부를 이룬 1세대들이 이때 건물주가 되었을 것이다. 유럽과는 조금 다른 패턴이 등장한 것이, 한국은 해방 후에 토지개혁을 했다. 비록 '유상몰수 유상분배'라는 과정을 거치면서 애초의 '무상몰수 무상분배'와 같지는 않았지만, 그래도 전통적인 지주들이 그냥 바로 근대화로 넘어선 것은 아니다. 그리고 한국전쟁을 거치면서 몰락하는 지주도 많이 나왔다. 프랑스혁명이나 영국의 명예혁명은 왕조에서 공화국으로 넘어오는 계기가 되었다. 그러나 전격적으로 귀족들의 재산을 몰수하거나 토지개혁을 하지는 않았다. 이미 땅이나 집을 가진 사람들이 그냥 버티고 있으니까, 누군가 급격하게 새로 땅을 갖거나 집을 갖는 일이 벌어지기는 쉽지 않았을 것이다. 유럽이 가지고 있는 안정성이 어느 정도는 부동산의 소유 전환이 잘 벌어지지 않는 것과도 관련되어 있다. 우리식 부동산 용어로 '손바꿈' 현상이 잘 벌어지지 않는 경제다. 우리처럼 고향을 많이 떠나지 않고, 이사를 그렇게 자주 가는 것도 아니며, 집을 사고파는 일이 흔하지도 않다. 뉴타운을 만드는 경우에도 우리는 3~4년을 사업 기간으로 정하지만, 유럽이나 일본은 15~20년의 긴 기간을 놓고 차분하게 진행한다. 갑자기 많은 건물이 들어서고, 그렇게 새로운 집주인이 대량으로 발생하는 경우가 많지는 않다. 제2차 세계대전 이후는 경제 재건 과정 정도가 급격한 변화가 발생하는 시점이라고 할 수 있다.

　우리나라는 경제 발전과 동시에 토지 소유와 건물 소유가 거의 처음부터 다시 시작된 드문 경우다. 산업화 속도도 가장 빨랐지만, 도시화 속도도 가장 빨랐다. 영국을 제외하면 OECD 국가 중에서는 도시화율도 가장 높다. 공유지라고 할 수 있는 국유지가 아주 빠르게 줄어들었으며, 공적으로 유지하는 주거지인 임대주택의 비율은 가장 낮다. 아주 짧은 시간에 건물을 올리고, 아파트를 짓고, 상가를 만들고 분양을 했다. 1970~80년대의 경제 고도성장기가 1차 충격에 부딪힌 것이 1998년경이다. 이때까지 많은 사람이 새롭게 만들어진 중산층에 편입했다. 그리고 정말로 힘들게 살면서 자신의 건물을 가지게 된 사람들이 대거 등장한다. 유럽에서 공장에 노동자를 대거 공급하는 계기가 된, 새마을운동과 비슷한 작용을 한 인클로저 운동부터 300~400년에 걸쳐서 벌어진 변화가 우리에게는 불과 30~40년에 벌어진 것이다. 이 정도로 집약적으로 짧은 기간에 새롭게 건물을 가지게 된 건물주가 등장한 경우가 아마도 세계경제사에는 없었을 것 같다. 이 사람들을 한국 경제의 1세대 건물주라고 부를 수 있다.

한국 사람의 평균수명은 대략 82세 정도 된다. 1980년대에 50대로 처음 건물주가 되었다고 가정하면, 2010년대에 평균수명 마지막 정도가 된다. 여성은 이보다 약간 높아서 85세 정도 된다(OECD 통계, 2015년). 남편보다 아내가 6~7년 더 오래 산다. 먼저 돌아가신 영감님이 마나님에게 건물을 상속했을 것이고, 7년 후 다시 자식에게 상속했을 것이다. 영감님이 딱히 바람을 피우거나 하지 않았고 어머니와 자식 사이도 원만한 평범한 가정이었다면, 지난 수년 동안 건물주 2세대가 집단으로 등장하게 된다. 한국에서 건물 한두 개 정도 가진 평균적이고 일상적인 건물주가 자신의 건물을 시민사회나 지역공동체에 환원했을 가능성은 거의 없고, 아내를 거쳐 혹은 아내를 거치지 않고 바로 자식에게 상속되었을 것이다. 그렇게 '2세대 건물주'의 시대가 펼쳐진다.

건물주면 건물주지, 1세대와 2세대 사이에 차이가 있을까? 건물을 소유하고, 임대 소득을 올리고, 돈을 벌면 다시 새로운 건물에 재투자하는 평범한 건물주의 삶에서 크게 다를 이유가 있을까? 아무래도 처음 건물을 사게 된 사람과 그것을 그냥 물려받은 사람 사이에는 차이가 생긴다. 우리 동네에 있던 건재상과 전파상이 딱 그 전형적인 경우다. 자기도 장사하면서 건물을 사게 되었고, 같이 장사하던 이웃집 전파상에게 야박하게 하지 않고 몇 십 년을 이웃으로 살았다. 그리고 자식에게 건물이 넘어가는 순간, 두 가게 모두 문을 닫게 되었다.

건물을 가지게 된 1세대 건물주의 상당수는 기존 세입자와 어느 정도는 균형을 맞추게 되고, 지역 상인들과도 나쁘지 않은 관계를 유지하려고 한다. 정보경제학 용어로 하면 '평판reputation' 메커니즘이 작동한다. 동료 그룹이나 이웃들에게 너무 평판이 나빠져서는 장기적으로 불이익이 발생할 수 있다. 딱 한 번만 하는 게임이 아니라 반복적으로 길게 진행되는 게임에서는 평판이 또 하나의 중요 함수로 작용한다. 그리고 그사이에 자신만의 노하우를 비롯한 나름의 운용 기법이 쌓인다. 임대료를 결정하는 법, 건물 가치를 높이는 법, 그냥 교과서대로만 하면 '앞에서 남고 뒤에서 밑지는 일'이 종종 발생한다. 명목 가치가 아니라 실질 가치, 단기적 이익이 아니라 장기적 이익을 놓고 게임을 벌이게 된다. 꼭 1세대 건물주라고 해서 인격적으로 더 고매하고 윤리적으로 성숙해서 이런 일이 벌어지는 것은 아니다.

2세대 건물주는 전 세대에 비해 운용 노하우 등의 특수 지식이 거의 없다. 그러니 거칠 수밖에 없고, 투박하다. 단기적으로는 자본주의의 운용 방식 그대로 하는 거라고 밀어붙이지만, 그것이 부드러운 방식에 비해 장기적 이익이 난다는 보장은 없다. '뜨는 동네'를 전문 용어로는 '젠트리피케이션'이라고 부른다. 특정 지역에 고급 인력이 유입되면서 지역의 가치가 높아지는 대신, 원래 살던 사람들이나 원래 장사하던 사람들이 높아진 임대료나 월세를 감당하지 못해 떠나게 되는 현상을 이렇게 부른다. 겉으로는 화려하지만 진짜로 살던 사람들이 떠날 수밖에 없는 부작용이 심각하다. 홍대 앞, 가로수길, 북촌, 서촌, 최근에 유명해진 상권이 대부분 이런 젠트리피케이션이 일어나는 곳이다. 이런 곳의 2세대 건물주들은 정말로 노력 없이 큰 대가를 받은 대표적인 경우다. 1세대 건물주들이 유지하던 균형에 대한 노하우 같은 것은 없고, 상가 권리금을 포함해서 돈을 긁을 수 있을 만큼 긁으려고 한다. 홍대 앞이 대표적으로 임대료가 싸서 예술가들이 모여들었던 곳인데, 비싸진 임대료를 감당할 수 없으니 다시 예술가들이 떠나게 된다. 예술가들의 풍치가 있던 '걷고 싶은 거리'가 결국에는 고깃집만 남은 '굽고 싶은 거리'가 된다. 여기에 시세 차익을 노린 투기꾼까지 끼어들어서 몇 년 지나면 화려했던 상권이 썰렁해진다. 길게 보면 건물주에게도 이익이 아니다. 그렇지만 이런 장기적 요소까지 고려할 수 있는 2세대 건물주가 그렇게 많지는 않다. 한때 서울의 대표적 패션 상권이었던 이대 앞 상권이 이런 과정을 거쳐 무너지다시피 했다. 민자 역사로 지어진 신촌 기차역의 대형 쇼핑몰은 몇 년째 문을 닫고 그냥 놀고 있다. 임대료가 상권의 모든 것을 결정하는 요소는 아니다. 그렇지만 감당하기 어렵게 임대료가 오르면 물건 가격을 올리기 어려운 가게는 결국 철수할 수밖에 없다. 어느 정도 선에서 '지나치게 높지 않은' 임대료를 결정할 것인가? 자수성가로 스스로 건물을 가지게 된 사람들에게는 그 과정에서 나름대로 노하우가 생긴다. 그러나 그냥 건물만 물려받은 2세대에게 그 노하우까지 전수되지는 않는다. 더 높은 임대료, 더 높은 건물 가격, 그 외에 그들이 고려하는 또 다른 변수는 없다. 그렇지만 상가 전체의 가치, 심지어는 지역경제의 가치는 그보다 훨씬 복합적인 변수들에 의해서 결정된다. 본인들도 힘들고, 지역경제도 힘들다. 그리고 이렇게 2세대 건물주의 집단적 등장이 하나의 패턴이 되면, 개인이나 지역을 뛰어넘어 국민경제 자체가 힘들어진다.

외국에서는 이런 문제를 어떻게 풀까? 딱 떨어지는 답은 없다. 제도에는 명목적 제도와 암묵적 제도가 존재하는데, 이런 것을 모두 활용하면서 나름대로 안전장치를 만든다. 우리는 암묵적으로 권리금이라는 것이 존재하는 비정상적인 경제를 만들었다. 그리고 명목적으로 임대료 상한을 설정하는 속도가 너무 늦었다. 대기업에게 지나치게 유리한 경제를 만들면서 국민경제 차원에서 작은 경제 주체들에게 너무 불리한 구조가 만들어졌다. 그리고 동네 2세대 건물주들의 놀이터가 되어 버렸다. 이들을 제어할 제도도 없고, 같이 논의하고 고민할 수 있는 권위 같은 것도 없다. 이제 막 동네에서 건물 한두 개를 상속받은 2세대 건물주에게 지역사회의 평판은 아무 의미도 없다. 심지어, 자신을 보는 평판이라는 것이 존재하는지도 모른다.

1세대 건물주에서 2세대 건물주로 집단적으로 주인이 바뀌는 동안, 동네는 진짜로 야만스러운 곳이 되었다. 이것을 제어할 공식적 제도나 비공식적 제도가 제대로 만들어지지 않았고, 경제가 뭔지 모르는 2세대 건물주들은 부모들이 지켰던 기존의 불완전한 균형을 일시에 붕괴시켰다. '조물주 위의 건물주'라는 최근의 표현이 그냥 나온 것은 아니다. 건물주는 옛날부터 있었고, 집값 올리고 임대료 올리는 것을 제도적으로 문제 삼지 않는 분위기 역시 요즘 발생한 현상은 아니다. 그래도 최근에 건물주에 대한 사회적 원망이 더 늘어나고 있다. 1세대 건물주가 최소한의 점잖을 떨었다면, 2세대 건물주는 그런 것이 필요하다는 개념 자체가 탑재되지 않았다. 그냥 야만스러움, 태초의 자본의 탐욕스러움 그 자체인 경우가 많다. 지역경제가 어려울 수밖에 없는 여러 가지 이유에 한 가지가 더해진다. 그리고 이 마지막 변수는 치명적이다. '뻔뻔하다'라는 표현을 쓰기도 어려운 것이, 뭘 알고도 무시해야 뻔뻔한 것인데 아무것도 모르니까 이들은 뻔뻔한 것도 아니다. 그래서 순진무구하고, 더 야만스럽다. 이것을 누가 가르칠 수도 없다. 아버지에게 건물을 물려받을 때 어떻게 생각하고 어떻게 판단하라, 하는 건 교과서에도 나오지 않는다. 갑작스럽게 엄청난 능력이 생기게 된 스파이더맨에게 그의 삼촌이 볼테르를 인용하면서 해준 말이 있다.

"큰 힘에는 큰 책임이 따른다."

하다못해 운전을 하기 위해서도 운전면허를 딴다. 법률, 회계, 언론, 이 모든 전문적인 분야에도 자격증이 필요하고, 나름대로 그 일을 하기 위해 필요한 교육을 받게 한다. 오죽하면 누구나 할 수 있는 대표적인 분야인 복덕방을 하기 위해서도 공인중개사 시험을 보고, 관련 교육을 받겠는가? 국가나 지역에서 새로 건물주가 된 사람에게 하다못해 1주일짜리 소양교육이라도 시키면 지금보다 문제가 조금 완화되기는 할 것이다. 윤리나 전문성, 이런 고상한 용어가 아니라 최소한의 기본 소양과 양식도 갖추지 못한 2세대 건물주들의 순진한 폭주 속에서 지금 지역경제, 아니 동네가 빠른 속도로 붕괴하고 있다. 류승완 감독의 영화 〈짝패〉에서는 카지노가 들어오기로 한 동네에서 주민들이 서로 갈등하고 싸우다, 결국에는 오랜 친구들끼리 서로 죽이게 된다. 이 영화에는 이런 대사가 나온다.

"동네, 개판됐슈."

3. 실업자를 위한 도서관

도서관이라는 게 왜 있을까? 괜찮은 나라일수록 좋은 도서관이 많고, 좋은 동네일수록 훌륭한 도서관이 존재한다. 우리나라에서 제일 좋은 도서관은 어디일까? 여의도에 있는 국회도서관이라고 하기도 하고, 반포에 있는 국립중앙도서관이라고 하기도 한다. 어떨때에는 서울대 도서관에 귀한 자료가 가장 많다고 하기도 한다. 하여간 좋은 도서관이 꼭 필요하고, 많이 있을수록 좋다는 데에는 많은 사람들이 동의한다. 도서관의 중요성에 대해서는 좌파도 우파도, 기본적으로는 모두가 동의한다. 그런데 왜 도서관이라는 것이 존재하게 되었을까? 시장경제의 이념을 극단적으로 끌고 나가면, 각자 필요한 책은 알아서 보고, 그렇게 더 많이 지출을 해야 경제가 좋아진다고 말할 수도 있다. 그렇지만 가장 보수적이고 극단적으로 시장경제를 칭송하는 사람도 도서관의 중요성을 부정하지는 않는다. 개인이 아무리 많은 책을 가지고 있다고 하더라도, 매일 새로 나오는 책을 다 소화할 수는 없다. 국가가 운영하든, 국회가 운영하든, 아니면 대학이 운영하든, 도서관의 존재 자체가 '공적 이익'과 공유의 필요성 위에 서 있는 것이다. 한국에서 좌파와 우파가 공통적으로 합의할 수 있는 출발점이 바로 도서관의 존재가 아닐까 싶다.

우리 개인의 삶을 돌아보자. 주머니에 돈이 넉넉할 때면 보고 싶은 책을 이것저것 산다. 불안한 미래를 생각하면서 뭔가 준비해야 한다고 할 때도 책을 산다. 그렇지만 주머니가 넉넉하지 않을 때는 책을 직접 사기가 어렵고, 동네 도서관에 간다. 보고 싶은 책을 누군가 빌려가서 한 번에 다 보지는 못한다. 책이 다시 도서관에 돌아올 때까지 기다리면서, 불편을 참아가면서 책을 본다. 불편하다고 아예 책을 보지 않으면? 미래가 더 난감해진다. 책을 통해서 뭔가 준비하는 것은, 꼭 돈을 많이 써야만 가능한 일이 아니다. 도서관이 아예 없다면? 우리는 이미 이런 상황을 상상하기가 어렵다.

비유를 들자면, 자본주의 사회에서 사회적 경제는 도서관과 같은 역할을 한다고 할 수 있다. 육체노동과 원동기로 돌아가는 기계를 기반으로 움직이는 제조업 중심에서 지식 경제의 비중이 점점 늘어날수록 도서관이 경제에서 차지하는 중요성이 커진다. 좋은 컴퓨터만 보급하고 초고속 인터넷망만 잘 갖추면 자연스럽게 지식 경제가 발전할까? 천만의 말씀이다. 개인의 지식은 도서관에서 출발하고, 집단과 지역의 지식은 도서관에서 마무리된다. 더 고급스러운 일이 필요할수록, 그리고 불황기일수록 도서관의 존재는 더 중요해진다. 사회적 경제가 잘 갖춰져 있고 그것이 잘 돌아가는지 또는 그런 것이 존재하기나 하는지, 호황기에는 많은 사람들이 모르고 살아간다. 일일이 그렇게 알 필요도 없다. 그렇지만 불황기가 되면 사회적 경제가 진짜로 중요해진다. 일본의 생협 등 많은 사회적 경제가 호황기의 경제적 잉여로 만들어진 것이 아니라, 불황기에 도저히 어떻게 할 수가 없으니까 만들어졌다. 사회적 경제에 속한 각 제도들이 비약적으로 발전하는 것이 대체적으로는 돈이 충분히 여유 있는 호황기가 아니라 도저히 어쩔 수 없는 불황기다.

급작스러운 실업으로 어쩔 수 없이 자영업 창업을 해야 하는 상황에 내몰린 한 사람을 생각해 보자. 직장 생활로 모아 놓은 돈이 조금은 있지만, 더는 회사를 다닐 수 없다. 그렇다고 새로운 직장을 찾자니, 이것 또한 마땅치는 않다. 어떻게 하면 좋을까? 사회가 권하는 지금의 틀이면 집을 저당 잡히고 과감하게 식당 같은 것을 차려서 본격적인 자영업자의 길로 들어서야 한다. 은행이 아주 좋아하고, 프랜차이즈 사장이 아주 좋아할 일이다. 그리고 건물주들도 박수를 치면서 환영할 일이다. 불안하고 위험하다는 것을 본인도 안다. 아주 고생스러운 길이 펼쳐져 있다는 것도 우리 모두 아는 일이다. 다른 선택이 없지 않냐? 물론 그렇기는 하다. 집단으로 뭉쳐진 개인들에게는 월급이 아주 좋은 회사에 가는 것과 적당한 식당을 창업하는 것, 그렇게 딱 두 가지만 선택지인 것처럼 되어 있다. 그러나 현실이 그렇게 두 가지만 있는 것은 아니다. 우리 시대의 문화가 그러한 두 가지 선택지만을 강요하는 것처럼 형성되어 있는 것 아닌가? 삶을 살아가는 방법은 다양하다.

일단 은행 빚을 감수하고 식당을 창업하려는 분들에게, 그렇게 큰 결정을 하기 전에 사회적 기업이나 협동조합에서 1~2년 일을 해보기를 권한다. 생협은 아직 불확실한 사회적 기업이나 막 시작하려는 회사보다 조건도 훨씬 좋고, 웬만한 회사에 비해 월급이 높다. 그렇지만 중간에 들어가기가 쉽지는 않다. 같은 협동조합으로 분류되기는 하지만, 농협이나 서울우유 같은 곳은 실업 상태에서는 아예 들어갈 방법이 없다. 그렇지만 막 시작하려는 사회적 기업, 특히 예비 사회적 기업 같은 곳은 늘 사람이 부족하다. 그리고 엄청나게 전문적인 기술을 갖춘 사람들만 필요한 것이 아니라서, 동료로서 일할 기회가 상대적으로 더 많다. 요즘은 서울시나 경기도 같은 큰 광역단체가 아니더라도 기초단체 차원에서 사회적 경제에 관한 지원 단체들이 만들어졌다. 이런 데서 진행하는 교육 과정에 참여하는 것은 사회적 경제에 첫발을 떼는 가장 편한 방법이다. 서울시 처럼 큰 데서 하는 나름 체계적인 교육 내용이 중요한 것은 아니다. 되도록이면 자기가 사는 동네, 마을 현안에 대해 이야기할 수 있는 데가 더 좋다. 이제 막 만들어지려는 마을기업 같은 데에서 일하면 좀 더 편안함을 느낄 수 있다.

사회적 경제에 속한 모든 경제 단체의 임금이 똑같이 낮은 것은 아니다. 농협 같은 데는 정말 높다. 그러나 말만 협동조합이지 금융회사랑 똑같이 움직이고, 기본적으로는 공채 방식으로 뽑는다. 생활협동조합, 지역의 생협은 이제 마트와 비슷하게 움직이는데, 직급에 따라서 그 정도 임금 또는 그 이상을 주기도 한다. 어지간한 중소기업보다는 낫다. 초창기에는 월급이라고 하기도 민망했지만, 지금은 어느 정도 자리를 잡았다. 사회적 기업은 출발 초기부터 공무원들이 자활과 비슷한 것으로 이해했고, 그래서 2~3년 정도 그렇게 높지 않은 수준의 인건비 정도를 지원한다. 최저임금보다는 높지만, 원래 받던 월급을 생각하면 아마 아찔할 것이다. 지금의 생협이 그렇듯이, 사회적 기업도 한국에서 어느 정도 자리와 틀이 잡히면 중소기업 수준의 임금을 기대할 수도 있다.

예비 사회적 기업이든 협동조합이든, 지금은 한국에서 초창기이기 때문에 많은 것이 불안정하고 불투명하다. 그래서 누구와 일해야 할지, 어떻게 일해야 할지 잘 정돈되어 있는 상태는 아니다. 반면에 누구와도 일할 수 있고, 어떤 힘이라도 필요한 상태이기도 하다. 사회적 경제라고는 하지만, 경제적 활동에서 이제 이 사회와 막 소통하며 교류하는 상태라고 볼 수 있다. 규모는 작고 아직 잘 정비되지 않았지만, 그래도 엄연히 비즈니스의 영역에 속한 활동이다. 시민단체의 활동가들하고만 일하는 것은 분명히 아니다. 그래서 자신의 일을 가지고 있던 사람들이 그 능력을 새롭게 적용하고, 자신들이 알고 있는 것을 활용할 여지가 충분히 있다. 아직 잘 개발되지 않은 초기이기에 새로운 요소들이 서로에게 보완 효과로 작용할 가능성이 높다.

실업의 순간, 정신 없이 모든 것을 걸고 창업으로 달려가기보다는 사회적 경제의 영역에서 1~2년 차분하게 일해 보는 것이 나쁘지 않다. 그렇게 큰돈을 주지는 않지만, 그렇다고 그냥 봉사만 요구하는 것은 아니다. 이전 직장만큼 많은 돈을 주지는 못하지만, 그냥 무의미하게 시간을 보내는 것은 아니다.

새롭게 길을 찾아야 하는 순간 사회적 경제의 영역에서 일을 하는 것은, 지금 한국의 상황에서는 삶의 전환기를 맞아 도서관에 가서 책을 읽는 것에 비유할 수 있다. 좋든 싫든, 새로운 삶을 선택해야 하는 순간이 개인에게 찾아온다. 그때 많은 사람들이 도서관에 가서 관련된 책을 읽거나 여행을 하라고 권한다. 매일매일 출근하면서 생겨난 시각과 생각에서 벗어나 좀 더 넓고 다양하게 생각해 보는 것이 도움이 되기 때문이다. 경제생활에서도 마찬가지다. 사회적 경제의 영역도 경제활동이기는 하지만, 회사에서 생활하는 것이나 자영업 사장으로 생활하는 것과는 분위기가 조금 다르다. 유통되는 정보의 종류와 질도 다르다. 도서관에서 책을 본다고 해서, 누구나 도서관에서 일하는 사서가 되기 위해 도서관을 찾는 것은 아니다. 그리고 평생 도서관에서 책만 읽는 것도 아니다. 생각이 결정되고 준비가 되면, 도서관에서 지내는 시간을 정리하게 된다. 현재로서는 급작스럽게 직장에서 내몰린 실직자가 사회적 경제 영역에서 일하는 것은 도서관에서 다음 단계를 위해 준비하는 시간을 갖는 것과 같다. 일상적으로 대하던 일들도 좀 다르게 보일 것이고, 공익이라는 영역에서 미처 생각하지 않았던 다른 분야들도 보이게 될 것이다. 그리고 자신이 정말로 무엇을 원하는지, 조금은 더 깊게 생각해 볼 기회가 될 것이다.

실직했다고 해서 누구나 꼭 자영업을 하고 사장이 되어야 하는 것은 아니다. 아직 어리고 새로 시작하는 청년들의 사회적 기업에서 같이 일할 수도 있고, 동네에서 이제 막 이것저것 모색하는 마을 기업의 파트너가 될 수도 있다. 아니면 협동조합에 출자를 하고 좀 더 적극적으로 참여할 수도 있다. 사회적 기업이라는 이름 아래 포괄적으로 분류하고 있지만, 사회적 기업의 영역도 넓고 다양하다. 금융을 다루는 지역 신협의 좀 더 혁신적인 형태가 등장할 가능성도 있다. 이렇게 1~2년 정도를 보내면서 자신이 좀 더 하고 싶은 분야를 찾을 수도 있다. 또는 사회적 경제의 공유가 정말로 체질적으로 마음에 들지 않아, 자신은 반드시 주식회사의 창업주가 되어야겠다고 진심으로 마음을 먹을 수도 있다. 그 어느 편도 괜찮다. 벤처로 나아가기 위해서는 스타트업 단계를 거친다. 어느 정도 자리를 잡고 성공하기 위해서는 인큐베이팅 기관의 도움이 필요하고, 적절한 협력자들도 필요하다. 이렇게 성공적으로 넘어가기 위해서는 시간이 필요하다. 월급쟁이로 살다가, 어느 날 갑자기 자영업 창업주가 되는 것은 진짜로 위험하고 성공 가능성도 낮다. 1~2년, 그다음의 미래를 위해 준비하고 기다리며 심호흡하고 기다리는 것이 더 낫다. 경제의 미래를 위한 '웨이팅'으로서는, 지금 한국에서는 사회적 영역이 최적이다.

1997년 12월, IMF 외환위기가 터지면서 회사에서 많은 사람들이 밀려났다. 1980년의 이른바 '팔공년 공황'이라고 부르는 그 짧은 한 해를 제외하면 한국 경제는 실업이라는 것을 몰랐었다. 오랫동안 실업보다는 노동 공급 부족을 호소하던 경제였다. 일자리가 사람의 수보다 많았다. 자활이니 사회적 경제니, 그딴 거 몰라도 사람들은 불편함을 전혀 느끼지 않았다. 그리고 이런 것이 필요하다는 생각도 못했다. 다만 저소득층의 삶에 대한 대책과 농민들의 경제적 여건에 관한 고민은 있었다. 그렇지만 도시로 간 사람들, 특히 중산층의 경제적 삶을 되돌아볼 여유도 없었고, 그럴 필요도 느껴지지 않았다. IMF 외환위기 이후, 위기에서 살아남은 젊은 직장인들이 받은 정신적 충격이 보통이 아니었다. 그리고 비록 그때는 살아남았다고 하더라도 자신들의 경제적 삶이 정년까지 이어지지 않을 것이라는 점도 어느 정도는 생각할 수 있었다. 그때 직장인들이 경영학 대학원 과정인 MBA를 위해 미국으로 떠나는 유행이 생겼다. 그때는 공부하고 돌아와서 더 좋은 학위를 가지고 더 높은 연봉을 받을 수 있다는 그들의 선택이 이상하다고 하는 사람은 별로 없었다. 그야말로 트렌드라고 할 정도로 '자신을 위한 투자'라는 말이 유행했다. 그들이 퇴직하고 MBA로 떠날 때는 봄이었지만, 그들이 돌아오는 것이 붐이 되지는 않았다. 2000년대 중후반에는 이미 화이트칼라 직종에서는 더 높은 학위를 가지고 있는 사람을 수용할 상황이 되지 않았다. 공채로 들어온 사람들을 소화하는 것만으로도 부담스러워했고, 경력직 신규 채용의 문은 거의 열리지 않았다. 경력직으로 들어오는 사람들은 대개는 비정규직이었고, 아웃소싱으로 외부와 협력하는 분야는 IT 등 기술 분야가 대부분이었다. 경영? 경영을 잘하는 사람을 군이 경력직으로 채용해야 할 필요를 한국 기업은 거의 느끼지 못했다. 꼭 경영 지원이 필요하면 아예 외부 컨설팅 업체에 맡겼다. '인 하우스', 어지간한 전문가들은 회사 내부에 두려고 하던 1990년대의 분위기는 이미 사라졌다. 경영학 박사들도 많은데 MBA 정도로 어정쩡하게 공부한 사람을 대기업들이 굳이 채용하면서까지 써야 할 이유가 사라져 버렸다. 한국은 변화의 속도가 워낙 빠르다. 그 시절에는 대부분의 사람들이 '맞다, 그렇네' 하고 생각했던 일이라고 해도 10년 후에도 그럴 것이라는 보장이 없다. 직업, 고용과 관련해서는 더욱 그렇다. 우리가 생각했던 것보다 5년 후, 10년 후의 변화는 더 크다.

외환위기 때에 정부가 불황의 충격을 완화하기 위해 공적으로 접근한 계층은 빈곤층이었다. 그때 시작한 자활이 20년 동안 발전해서 이제는 중산층 실업자에게도 어느 정도는 도움을 줄 수 있을 정도가 되었다. 한국에서 실업을 위한 공식 제도는 실업보험과 이른바 취성패라고 불리는 취업 성공 패키지가 있다. 실업을 하면 6개월간 일단은 실업보험으로 버티고, 그 후에는 국가가 제공하는 교육훈련을 통해 취업을 시도한다. 현재 노동과 관련된 복지 논쟁은 실업보험의 지급 기간을 늘리는 것과 취성패 기간 중에도 어느 정도 수당을 지급하는 것이다. 박원순 서울시장이 청년들에게 청년수당을 지급한다고 했을 때, 정부에서 강력하게 반발하면서 제안한 대안이 바로 취성패 기간 중의 수당을 현실화하는 것이다. 이 두 가지는 점점 더 사회적 합의가 이루어질 것이다. 그렇지만 문제는 거시적인 측면에서 발생한다. 과연 실업 후 교육훈련을 받아도 새로운 분야에서 일자리가 사회적으로 만들어질 것인가? 일자리가 늘어나지 않는데, 교육훈련을 통해 새로운 사람들을 진입시키면 결국은 제로섬 게임 아닌가? 누군가는 도태되고, 그 도태된 자리로 재취업 인력이 들어가는 것이 과연 문제를 해결하거나 완화하는 방법일까? 일자리가 새로 생기지 않는다면 새로운 분야에서의 교육이나 훈련은 과연 무엇을 위해서 하는 것일까? 노무현 정부 초기에 검토했던 네덜란드 모델이 노동의 유연성을 높이는 대신에 교육훈련 강도 역시 높여서 재취업률을 높이는 것이었다. 한국에서는 현실적인 이유로 전격적으로 네덜란드 모델을 채택하지는 못했다. 그렇지만 많은 유럽 국가가 하는 것과 유사한 정도로 흉내는 낸다.

지금 한국에서 사회적 경제는 이러한 문제에 대해 비록 제한적이고 부분적이지만 어쨌든 나름대로 해법을 제시한다. 중산층 실업자가 스스로 자신의 길을 찾아가기까지 1~2년, 길면 2~3년, 준비하고 모색하는 기간을 마련해 줄 수 있다. 현재의 임금 수준으로 사회적 경제의 영역에서 정착할 중산층은 별로 없다. 기본 복지가 좀 더 향상되면 가능할지 몰라도, 아직은 아니다. 그러나 다음 단계를 위해 도서관에서 미래를 준비하는 기간이라면, 그 정도는 지금 상태에서도 가능하다. 그리고 점점 더 시간이 지나면 선택지가 넓어질 것이고, 옵션도 좋아질 것이다. 그렇다면 중산층들에게도 선택지가 되도록 사회적 경제를 구성하면 되지 않을까? 이미 성공적으로 정착된 협동조합들은 충분히 좋은 월급을 지급하고 있다. 외국은 물론이고 우리의 경우도 그렇다. 그렇지만 이런 데는 기존의 직장과 똑같이 인력이 차 있기 때문에, 실직 상태에서 재취업하기는 어렵다. 마치 성공적인 벤처로 가기 위해 노력하는 많은 스타트업의 임금 조건이 그렇게 튼튼하지 않은 것처럼, 새로 시작하는 분야라서 임금이 아직 그리 높지 않다고 보는 것이 더 정확하다. 사회적 기업이라고 해서 임금을 적게 주라는 무슨 법칙 같은 게 있는 것은 아니다. 비즈니스 모델만 정착되면 얼마든지 나쁘지 않은 임금을 줄 수도 있다. 그렇지만 아직은 초창기이고 정부에서 인건비를 지원받는 상황이라, 자활 수준을 크게 뛰어넘는 임금을 줄 여력이 없을 뿐이다.

우리나라에서는 복지와 관련된 분야가 아파트 경비원과 비슷한 수준의 최하위층 임금 분야를 형성한다. 많은 선진국에서는 식당이나 호텔 분야가 최하위 임금군이고, 복지 분야는 그것보다는 좀 높아서 중간 약간 아래 정도에 위치한다. 나라마다 직종별로 임금 순위가 같지는 않다(우석훈,《연봉은 무엇으로 결정되는가》참고). 왜 다른 나라는 그렇지 않은데 우리나라에서는 복지 분야가 식당이나 호텔보다 더 낮은 임금을 받게 되는 것일까? 논리적인 설명을 만들기가 어렵다. 우리나라는 '잔여적 복지' 경향이 강하다. 그러니까 복지 자체를 일종의 시혜이자 잉여로 본다. 당연히 복지를 담당하는 사람들의 노동 역시 잉여적으로 보는 시각이 있다. 그리고 사회적 기업을 복지의 한 분야로 보는 경향이 높아서, 정부가 지급하는 사회적 기업의 임금을 복지 분야를 기준으로 맞추게 된다. 그러나 장기적으로는 복지 분야도 전문성이 높아지면서 임금 체계의 조정이 발생할 것이다. 이것은 사회적 경제 일반의 흐름이라고 보아도 무방하다. 장기적으로는 우리나라도 보편적 복지에 대한 이해가 높아지고, 사회 서비스로서 복지의 중요성이 강조되는 시기로 갈 것이다. 그야말로 시멘트로 쏠렸던 돈과 노력이 점점 더 사람에게, 그리고 사회로 전환되는 과정을 겪게 될 것이다. 도로와 건물이 사회의 인프라이듯이, 복지 역시 사회적 서비스의 기반으로서 사회의 인프라다. 우리가 흔히 토건의 대명사로 부르는 토목공학의 원래 이름은 'civil engineering', 말 그대로 시민을 위한 엔지니어링이다. 복지는 그런 면에서 '시민을 위한 서비스'다. 토목공학식 이름을 사용하면, 'civil service' 정도가 된다. 사람들에 대한 후생을 의미하는 'welfare' 와 'civil service'는 의미가 아주 다르다. 인프라가 잘 깔린 도시에 가면 삶이 쾌적하듯이, 복지가 잘 깔린 나라에 가면 삶이 편안하다. 우리는 눈에 보이는 것을 여전히 선호하고, 눈에 보이지 않는 것들은 별것 아닌 것으로 치부하는 성향이 있다. 그러나 언제까지 지금과 같이 가지는 않는다. 규모가 커지면 '성숙'이라는 현상이 벌어진다. 사회에서 복지에 대한 중요성이 강조될수록 자연스럽게 복지 분야의 임금 체계도 어느 정도 조정될 것이다. 자연스럽게 복지와 연관된 사회적 경제의 임금 체계도 지금보다는 나아질 가능성이 높다.

좀 더 넓은 의미에서 국민경제에서 사회적 경제의 의미를 보면, 경제 인프라이기도 하고 사회 안전판 같은 것이기도 하다. 불황의 시기에는 이런 의미가 더욱 강해진다. 국가가 직접 운영하는 공공 부문은 안정적이기는 한데, 그만큼 고용 규모가 경직되어 있다. 호황기라고 해서 엄청나게 늘어나지는 않고, 불황기라고 해서 급작스럽게 늘리기도 어렵다. 민간 분야는? 좋을 때와 나쁠 때의 변동이 심하다. 당연하겠지만 불황기에는 민간 기업들이 고용을 늘리는 것이 아니라 오히려 있던 고용도 줄이게 된다. 사회적 경제는 전체적으로 보면, 불황기에 고용을 임시로 확충하는 완충지대 역할을 한다. 물론 불황기에 일자리를 확충하는 것이 사회적 경제의 본래 의미는 아니다. 그러나 전체 시스템 내에서 이런 기능을 자연스럽게 하게 된다. 바로 국가도 못 하고 기업도 안 하는 일 말이다. 2008년 글로벌 금융위기 이후로 사회적 경제의 중요성이 전 세계적으로 재조명되는 것은, 지구적 불황과 일자리 문제가 국민경제의 제1번 문제로 부상했기 때문이다. 그리고 사회적으로 고용 문제를 완화하거나 해소하는 데는 특별히 좌우가 없다.

현재 한국 상황에서 사회적 경제는 백화점처럼 누구나 가고 싶어 하는 곳은 아니다. 그리고 편의점처럼 어디에나 있는 곳도 아니다. 거점 지역별로 사회적 경제가 이미 형성된 곳도 있고, 전혀 그렇지 않은 곳도 있다. 원래의 의미라면 편의점처럼 동네동네에 사회적 경제가 들어가야 하지만, 아직은 시작 단계다. 그렇지만 동네까지는 아니더라도 거점 지역에 하나씩은 있는 도서관 정도는 된다. 우리는 왜 도서관에 갈까? 재미있는 것만 보고, 흥미 있는 것만 읽어서는 먹고살기가 어렵기 때문이다. 익숙하지 않고 별로 찾는 사람도 없는 책이지만, 자신에게는 꼭 필요하니까 도서관까지 가서 책을 읽는다. 경제생활에서 사회적 경제는 그런 도서관과 같다.

1~2년 동안 사회적 경제를 경험하고 다른 길로 돌아서더라도 별 문제는 없다. 1년이면 시간이 아깝지 않나, 이렇게 생각할 수도 있다. 많은 사람이 어차피 창업할 거라면 조금이라도 먼저 하는 것이 낫다고 권한다. 그러나 야만적 자본주의에 자신이 가진 약간의 자금이라도 지키는 것은 큰 이익이 된다. 무턱대고 정글로 뛰어드는 것보다는 도서관에서 좀 다른 생각을 하면서 준비를 하는 것이 더 낫다. 최소한 창업 자금은 야수들 앞에서 지킬 수 있다.

4. 경제 휴머니즘의 지속 가능성

애덤 스미스의 《국부론》에는 부지런한 빵집 주인 이야기가 나온다. 아주 유명한 이야기다.

"우리가 저녁을 먹을 수 있는 것은 푸줏간 주인, 양조장 주인 또는 빵집 주인의 자비심 덕분이 아니라 자신의 이익을 추구하는 그들의 욕구 때문이다."

아침부터 일어나 밀가루를 반죽해 빵을 구워 내서 맛있는 빵을 먹을 수 있게 해주는 고마운 빵 장수가 꼭 타인을 위해서 빵을 만들 필요는 없다는 것이 얘기의 요지다. 빵 장수는 돈을 벌기 위해 알아서 좋은 재료를 구입할 것이고, 더 맛있게 만들 것이다. 굳이 그 사람이 착하게 마음을 먹거나, 심지어 타인을 사랑해서 빵을 만들 필요가 있겠는가? 그가 누군지 몰라도 되니까 빵만 맛있게 만들면 된다. 이 이야기는 애덤 스미스의 스승인 버나드 맨더빌Bernard Mandeville 의 《꿀벌의 우화The Fable of the Bees》를 조금 더 경제적 맥락에서 활용한 것이다. 아주 도덕적인 사회보다는 이기심과 허영심 그리고 욕심이 적당히 있는 사회가 오히려 더 풍성하다는 스코틀랜드 특유의 철학 기류를 형성하기도 했다. 꼭 우리가 착해야 할 필요가 있는가? 자신을 위해서 열심히 살더라도 경제적으로 분업이 잘 이루어져 있으면 모두가 행복해지지 않겠는가? 사회학을 사회학으로 만들었다고 평가받는 에밀 뒤르켐Émile Durkheim 도 이러한 경제적 분업을 칭송했다. 그는 이전 사회를 기계적 연대로 보았고, 분업으로 생겨나는 사회를 '유기적 연대'라고 부르기도 했다. 꼭 누구를 돕지 않더라도 경제 시스템 내에서 서로가 서로의 부족한 부분을 보충할 수 있다는 의미다. 애덤 스미스에서 에밀 뒤르켐에 이르기까지, 자본주의 경제를 정말로 '쿨'하게 생각했던 것 같다. 신에 의해서 수많은 계율이 주어졌던 중세 시대에 비하면, 확실히 자본주의 사회는 이래라 저래라 하는 게 없어서 쿨하고 편안하게 느껴졌을 것이다. 중세에는 구약에 나오는 10계도 지켜야 했고, 신약의 "너희는 서로 사랑하라"라는 예수님 말씀도 지켜야 했다. 서양을 지배하던 성경의 계율에 지쳤던 사람들에게 사회적 분업론은 진짜로 쿨하고 젠틀하게 느껴졌을 것이다.

"자신의 일은 자신이 하자, 그러면 우리가 연대하는 것이다, 유기적으로!"

동네의 빵 장수가 부지런히 빵 잘 만들어서 돈 벌면 그만이지 고객을 사랑하고, 가족같이 생각하고, 에 또…… 농부를 걱정하고, 자연을 보호하고, 미래를 고민해야 하는 것일까? 겁나게 맛있는 빵을 만들어서 애덤 스미스를 감동시켰던 스코틀랜드의 어느 빵 장수는 경제 이데올로기의 한 시대를 풍미하게 된다. '고객님, 사랑해요' 또는 '고객을 내 식구처럼 모시겠습니다'라고 했던 많은 식당들의 위선은 이영돈 PD의 맛집 검증 방송으로 된서리를 맞았다. 그냥 쿨하고 묵묵하게 싸고 맛있게 만들면 된다고 경제학의 아버지, 애덤 스미스가 일찍이 말했는데, 그게 그렇게 어려웠나보다.

애덤 스미스 이후 오랫동안 경제학자들은 착하게 살아야 하고, 다른 사람을 사랑하고……, 이런 것들이 위선이라고 생각하는 경향이 있었다. 19세기 후반, 독일에는 질병보험이나 연금제도 같은 것이 전격적으로 도입되었다. 철혈재상 비스마르크 시절의 일이다. 이것은 일종의 통치 비용 같은 것이고, 혁명이 일어나 갑자기 귀족이 단두대에 올라가지 않도록 하는 시스템 유지 비용 같은 것이다. 복지 제도의 출발 자체가 우파의 기득권 유지를 위한 계산에서 나왔다고 해도 틀린 말이 아니다. 우리나라도 의료보험이 박정희 후반기에 전격적으로 도입되었다. 시스템이 흔들릴 위험이 있을 때, 집권 보수층이 늘상 빼어드는 카드가 파격적인 복지 향상이다. 이것이 꼭 좋아 보이지만은 않고, 위선으로 보일 수도 있다. 선의로 보이는 것, 그것이 반드시 선의일까? 그렇게 질문할 수도 있다.

듣기 좋은 말을 입에 내거는 것이 반드시 좋은 결과를 보인다는 보장도 없고, 또 험악한 이야기를 많이 한다고 해서 반드시 비인간적인 경제가 운용된다고만 말하기도 어렵다. 대체적으로 인간은 자신을 위해서 살고, 그렇지 않다고 이야기하는 것은 위선이거나 테레사 여사처럼 정말로 보기 드문 위대한 사람이다, 이런 것이 경제학자가 일상적으로 생각하는 세상이다.

이런 상황에서 누군가 휴머니즘을 이야기하면, 많은 경제학자들은 입으로 말을 하든 안 하든 스노비즘snobbism이라고 생각할 것이다. 그건 그냥 젠체하는 거야, 뒤에서 또 수많은 나쁜 일들을 하고 있을지도 몰라……. 휴머니즘과 스노비즘, 고상한 것과 속물스러운 것들 사이의 충돌이다. 경제활동에서 대놓고 휴머니즘을 이야기하기도 어렵고, 그렇다고 '원래 우리는 돈 벌려고 하는 거예요', 이렇게 대놓고 이야기하지도 않는다. 당장 TV에 나오는 아파트 분양 광고만 봐도 알 수 있다. 정부에서 조성한 땅인 택지 덕분에 훨씬 싼 가격으로 아파트를 지을 수 있게 된다. 그리고 자기 돈은 쓰지도 않고, 정부가 만들어 놓은 분양권이라는 것을 들고 온 사람들의 돈으로 아파트를 짓는다.

"…… 에, 그러니까 제가 제 돈 안 들이고 좀 편하게 아파트를 지을 수 있게, 여러분이 돈을 좀 미리 주셔야겠어요, 3~4년이요. 제가 진짜로 쓰는 돈은 조그맣게 지어 놓는 모델하우스와 TV 광고료예요. 햐, 이거 진짜 배 아픈 돈이기는 한데, 들인 돈 100배를 이렇게 벌 수 있어요."

이런 사람들도 입으로는 자연을 이야기하고, 미래를 이야기하고, 인간을 사랑한다고 말한다. 과연 사람들은 이 말을 곧이 믿을까? 기업의 광고는 크게 제품 광고와 회사의 이미지 광고로 나뉜다. 이미지 광고만 보고 있으면 대기업이야말로 조국의 미래는 물론이고 인류 평화를 지켜 나가는 진정한 영웅처럼 보인다. 물론 진짜로 그랬으면 얼마나 좋을까마는 기업의 선행은 제한적이고, 긍정적 기능은 특수한 경우일 뿐이다. 이윤을 중심으로 움직이는 기업만이 경제에 존재한다면, 정말로 세상은 지옥과 같아진다. 기업은 기업인증제와 법률을 통해 길들이는 존재에 가깝지, 자발적으로 세상의 평화를 위해 기여하는 존재는 아니다. 길들이려고 해도 잘 길들지 않는 야생의 동물이라고 보는 것이 더 정확하다.

기업과 함께 TV의 또 다른 광고주는 국가다. 공익적 목적으로도 하고, 괜히 하기도 한다. 왕이 없어진 공화국에서 국가는 전지전능한 신처럼 군림한다. 자본주의 초기에는 국가의 역할을 그렇게 중요하게 보지 않았다. '야경국가'라는 말은, 국가는 경찰 역할이나 제대로 하면 된다는 의미를 가지고 있다. 세콤이나 텔레캅 같은 경비회사 중에서 가장 유능한 회사가 국가라는 것이, 가장 보수적인 경제학자들이 갖는 국가에 대한 이해다. 그렇지만 케인스가 등장한 이후로, 경제의 많은 영역에서 국가의 역할을 굉장히 크게 보기 시작했다. 경제가 너무 침체하지 않게 하는 것도 국가의 역할이고, 복지를 통해 사람들의 최소 수준의 삶을 보장하는 것도 이제는 국가의 역할이 되었다. 그렇지만 국가가 너무 강력해지고 모든 것을 다 할 수 있게 되는 것이 전부는 아니고, 또 그렇게 되기도 어렵다. 민족주의가 너무 강력해지면 쇼비니즘이 되는 것처럼, 국가가 너무 강력해지면 국가주의가 된다. 너무 강력해진 국가는 스스로 이데올로기가 되며, 국민 위에 군림하려고 하는 성향이 생긴다. 제국주의와 팽창주의는 국가가 스스로 너무 커지려고 해서 생긴 부작용이었다. 꼭 필요하지 않은 일도 국가가 스스로 재정의 주체임을 자임하면서 벌이기도 한다. 개발도상국에서 많은 토목공사가 국가의 권능을 보이기 위해 무리하게 추진된다. 그리고 우리는 개도국 단계를 지났는데도 토목을 향한 정부의 지독한 사랑이 잘 제어되지 않는다. 국가만 강하면 모든 일이 해결될까? 순실의 시대는 국가가 약해서 생겨난 것이 아니다. 오히려 국가가 너무 강하다 보니까, 폭주하는 시스템을 외부에서 아무도 이해하지도 못했고 제어는 더더군다나 할 수 없었다. 국가주의가 커지면 중앙형 시스템이 너무 강해진다는 부작용이 있다. 진짜로 신경 써서 하지 않으면 지방자치 등

자치의 영역이 너무 약해지고, 지역이 중앙의 부속물처럼 되어 버린다. 한국은 지금 이러한 국가주의의 부작용으로 수도권에 모든 것이 몰리는 시스템이 되어 버렸다. 오죽하면 행정부라도 다른 곳으로 옮기게 되었을까 싶다. 그렇게 서울에 몰린 것들을 완화한다고 해서 지역에 자치가 생기고, 국가주의를 견제할 수 있게 되는 것은 아니다.

대기업은 커질 대로 커지고, 정부도 힘을 가질 대로 가진 것이 지난 10년의 한국 경제였다. 그래서? 내부의 문제와 외부적 요소들이 결합하면서 누구도 경제위기 상황이라는 것을 부인하지 않는다. 기업은 효율성을 내걸고 있고, 국가는 권력 또는 권능을 사용해 자신의 능력을 과시한다. 그 힘은 TV 광고에서 볼 수 있다. 한국에서 TV에 광고할 정도로 힘이 있거나 돈이 있는 사회적 영역의 기구는 농협과 서울우유 정도일 것이다. 물론 농협을 사회적 경제로 생각하는 사람은 거의 없고, 서울우유를 협동조합이라고 생각하는 사람도 거의 없다. 사회적 경제에 속하는 협동조합이나 사회적 기업은 대부분 아직 TV에 광고할 여력이 되지 않는다. 힘도 그 정도는 안 되지만, 전 국민을 상대로 장사를 하는 것이 아니라서 그렇게 할 필요성도 잘 느끼지 못한다. 그렇지만 그 가능성만은 결코 작지 않다.

경제 주체는 누구나 거창하게 뭔가를 내세운다. 작동 방식으로만 보면 기업들은 이익을 위해 움직이고, 국가는 국익을 위해 움직인다. 이익과 국익 사이에서 잠깐만 균형이 무너져도 진짜로 비인간적인 경제가 펼쳐진다. 이익이 나지 않는 곳에서 기업이 움직이지 않고, 국가는 국익이 없는 곳에는 신경 쓰기 어렵다. 그리고 덩치가 너무 커서 빨리 움직이기도 어렵고, 세밀하게 움직이기도 어렵다. 그러면 국가가 아주 세밀해지고 소소한 것들까지 신경 쓰면 되지 않을까? 골목골목, 어린이집 각 방마다 CCTV를 설치하는 것이 좋으냐, 그렇지 않으냐? 이것은 여전히 논란거리다. 단기적으로는 국가가 모든 것을 들여다보면서 관리하는 것이 좋을 것 같지만, 길게 보면 문제의 해결이 아니라 문제를 좀 더 깊숙하고 심각한 곳으로 숨어들게 하는 일일 수도 있다. 그러면 더 깊숙한 곳까지 들어가면 되지 않을까? 조지 오웰George Orwell 의 소설《1984》에 나오는 빅브라더가 현실이 된다. 국가가 모든 것을 관장하는 상태에서 개인이 누릴 수 있는 기본적인 자유가 침해된다. 그것을 역逆유토피아라고 부르기도 한다. 이익을 위해 움직이는 기업도 적절한 제어가 필요하지만, 국익을 명분으로 움직이는 국가가 무한대의 권능을 갖게 되는 것도 반드시 좋은 일만은 아니다.

과연 어느 것이 국익일까? 둘 다 만족시키는 예술적인 해법이 나오는 경우도 있다. 솔로몬의 판결처럼 기가 막힌 해법이 존재할 수도 있다. 그렇지만 그런 경우는 매우 드물다. 전북의 새만금을 가지고 생각해 보자. 지금처럼 계속해서 갯벌을 메워 나가는 것이 국익일까, 아니면 지금이라도 방조제 안으로 물이 들어오게 하고 또 다른 전환을 모색하는 것이 국익일까? 가끔 송곳의 끝처럼 첨예한 곳에서 국익과 국익이 충돌한다. 그리고 그 송곳의 끝이 새만금 방조제처럼 33.9킬로미터나 되기도 한다. 그렇게 넓더라도, 날카로운 것은 마찬가지다. 국익의 기준은 무엇일까? 많은 사람들은 자연법칙처럼 정교하다고 믿고, 함무라비 법전만큼이나 정교하다고 믿는다. 그러나 국익의 기준은 의외로 간단하다. 새만금 공사를 강행하는 것도 국익이고, 만약에 앞으로 새만금에 해수 유통을 하고 다른 대안을 찾게 된다고 하더라도 그것도 국익이다. 좀 심하게 말하면, 국가가 하는 모든 일은 국익이다. 공사를 해도 국익이고, 공사를 정지해도 국익이다. 그것이 국가의 행위이기 때문이다. 그리고 새만금처럼 국책 사업, 중앙정부의 주요한 사업으로 정의된 것들은 어느 쪽을 선택하더라도 국익이다. 뭐가 그래? 마치 사회주의 시절 '당의 무오류 원칙'이 존재했던 것처럼, 국가의 행위에도 어느 정도는 무오류의 원칙이 존재한다. 뭔가 문제가 있어도 시정되기 전까지는 그것이 국익이고, 그리고 시정되면 다시 새로운 행정이 국익이다. 문제가 되면 행정소송을 하세요! 절차는 이렇게 이야기하고 있다. 그러나 개인이 일일이 행정소송을 하기는 어렵다. 수없이 많은 문제가 존재한다는 것을 알고 있지만, 그것이 국가라는 거대 시스템이 작동하는 법이라는 것을 인정하고 우리는 하루하루를 살아간다. 그리고 사후적으로, 그 모든 것이 국익이라고 이해된다. 그렇지 않다는 것을 우리 모두가 알고 있지만, 그것이 국익의 논리다. 약간은 무서운 것이다.

기업의 이익과 국가의 공익 사이에 사회의 이익 또는 공적인 이익이라는 공익 개념을 생각할 수 있다. 사회는 국가와는 좀 다르다. 공적인 것도 국가와 기계적으로 일치하는 것은 아니다. 사회, 국가,

공적인 것, 전부 매우 추상적인 개념이다. 기업의 이익이나 국익도 쉬운 개념은 아니지만, 공익은 더 이해하기가 어렵다. 우리는 국익을 그냥 공익이나 전체의 이익 같은 것으로 배우면서 자랐기 때문이다.

1968년 미국의 생물학자 가렛 하딘Garett Hardin이 《사이언스Science》에 논문 하나를 실었다. 여기에서부터 '공유지의 비극Tragedy of the Commons'이라는 표현이 사용되기 시작했다. 이것도 아주 유명한 이야기다. 자신의 목초지와 공유지 목초지가 있을 때, 사람들은 공유지의 풀을 먼저 소에게 먹인다. 그래서 결국 공유지는 파괴되고 만다. 자기 것을 아껴 두고 공공의 것을 먼저 사용하고자 하는 것은 인간의 아주 기본적인 욕구라고 볼 수도 있다. 그렇지만 길게 보면 공공의 것을 지키는 것이 전체에게는 이익이 된다. 공유지를 지키는 것과 같이 전체의 이익을 대변하는 것을 공익이라고 할 수 있다. 이 공익은 아주 복잡하고 서로 충돌한다. 국익은 국가의 정당성이라는 한 가지 기준으로 수렴할 수 있지만, 공익은 반드시 수렴한다는 보장이 없다. 시민단체의 지형을 보면 알 수 있다. 한국에서는 진보 계열의 시민단체가 먼저 발전했다. 그렇지만 민주당 정권 10년을 지내면서, 뉴라이트라는 이름으로 보수 계열의 시민단체도 등장하게 되었다. 이념은 다르지만 그 자체로 공익을 대변하지 않는다고 하기는 쉽지 않다. 관변 단체와 보수 단체를 외형적으로 구분하는 것은 어려운 일이다. 여성운동을 하는 단체와 그들을 반대하는 단체가 충돌하는 것은 충분히 생각해 볼 수 있는 일이다. 환경 단체와 경제 단체들은 종종 지역개발 문제를 가지고 충돌한다. 환경 단체들끼리 충돌하는 경우도 있다. 백두대간을 보호하는 것을 중요하게 생각하는 단체와 풍력발전을 빨리 보급해 원자력 비중을 줄여야 한다고 하는 환경 단체가 강원도 대관령의 풍력발전 단지를 놓고 충돌하기도 한다. 공익과 공익의 충돌? 이것은 이상한 일이 아니다. 국익도 기준을 잡기가 쉽지 않지만, 공익의 기준은 더더군다나 세우기 어렵다. 유럽에서는 '시민'이라는 헌법 이전의 가치를 공익의 기준으로 삼는다. 왕이 아니라 시민이 가진 자연적 권리로 헌법을 만들었다. 시민권과 국가, 이 두 가지의 우선 관계에서 시민이 먼저라는 것은 자명하다. 그러나 그것은 유럽의 이야기다. 우리에게 시민권은 아직 낯선 개념이다. 진보 계열의 시민단체와 정부 후원을 받는 관변 단체로 구분하는 것이 훨씬 더 직관적이고 편하다. 공익이라는 개념을 얹을 확고한 철학적 개념은 아직 우리에게 없다. 그렇다고 해서 공익이 존재하지 않는 것은 아니다.

사회적 경제가 대변하는 것은 바로 이 공익이다. 기업의 이익과 국가의 국익만 존재한다고 생각하는 우리에게 기업이나 국가와 별도로 존재하는 공익은 여전히 낯설듯이, 공익을 위해서 작동하는 경제도 받아들이기 쉽지 않다. 그러나 크게 소문나거나 티 나지는 않았어도 이미 지난 수십 년 동안 한국에서도 사회적 경제가 조금씩 뿌리를 내리고 있고, 이제는 다음 단계로 전환되는 일종의 '티핑 포인트' 직전에 와 있다. 법이 모든 것을 설명하지는 않지만, 공적으로는 법 제정이 결정적 계기 역할을 한다. 우리의 사회적 경제 역사가 그랬다.

MB 시대, 순실의 시대를 거치면서 한국 경제는 뼈만 남은 것처럼 앙상한 모습이 되었다. 이 시대의 경제 휴머니즘은 우선은 일자리다. 한국만 그런 것은 아니다. 2008년 글로벌 금융위기 이후 전 세계적으로 그렇고, OECD 국가들은 더욱 그렇다. 경제 휴머니즘으로 분류할 수 있는 인간의 기본권에 관한 최근의 국제적 논의는 일자리와 기본소득, 두 가지로 수렴한다. 그중에서 단기적이고 우선적인 것은 일자리라고 할 수 있다.

간단하게 생각해 보자. OECD에서 공기업을 포함한 공공 부문의 고용이 21.3퍼센트 정도 된다. 다섯 명 중 한 명은 정부 또는 그와 연관된 분야에서 일하고 있다. 맨 앞의 선진국에서는 사회적 경제가 10퍼센트 약간 안 된다. 열 명 중 한 명이 사회적 경제 분야에서 일한다. 이 분야를 합치면 3분의 1이 약간 안 된다. 세 명 중 한 명은 국익이나 공익과 관련된 일을 하고 있다고 볼 수 있다. 대기업을 포함한 민간 분야에서 세 명 중 두 명의 일자리를 만들고, 나머지한 명은 정부와 사회적 경제 영역에서 일한다. 이것이 대체적으로지난 몇 년 동안의 선진국 일자리 분포다.

우리나라는 국익이든 공익이든, 경제의 눈으로 보면 아직은 이와 구조가 좀 다르다. 우리나라에서는 공공 부문의 고용이 7.6퍼센트다. 사회적 경제는 농협을 제외하면 1퍼센트 미만이다. 공공 부문의 일자리가 열 명 중 한 명도 안 되고, 사회적 경제를 더해도 별거아니다. 그렇다면 열 명 중 아홉 명의 일자리를 대기업을 포함한 민간 부문에서 만들어야 한다는 계산이 나오는데, 그것이 쉽지 않다. 세계경제가 '영광의 30년'이라고 불릴 정도로 핑핑 돌아가고 있고 한국이 '세계의 공장'처럼 열심히 돌아가고 있을 때는 공공 부문이나 사회적 경제가 없어도 상관없었다. 그러나 지금은 그렇지 않다. 선진국 경제의 민간 부문이 3분의 2 내외를 담당하고 있는데, 우리는 민간 부문만 10분의 9 이상을 담당할 수 있다고 믿는 것은 좀 과도하다. 그렇게 할 수 없고, 결국은 구조적으로 대량 실업을 안고 가는 수밖에 없다. 이것이 지금 우리가 당면한 현실이다. 공공 부문도 지금보다는 더 적극적으로 일자리를 만들어야 하고, 사회적 경제도 '약진'이라고 표현할 정도로 커져야 한다.

부지런한 빵 장수와 유능한 공무원만으로는 인간적인 경제를 만들기에 역부족인 것이 지금의 현실이다. 이제는 착한 빵 장수도 필요하다. 빵만 필요한 것이 아니라 빵을 만드는 일자리가 필요하다는 것이 지금 우리가 부딪힌 문제다. 우리 시대의 경제 휴머니즘은 일자리이고, 일자리를 만드는 효용이 사회적 경제에 있다. 멋있어 보이지는 않을지도 모르고 폼 나지는 않을지도 모르지만, 원래 휴머니즘이 그런 거다. 왼손이 하는 일을 오른손이 모르게 하라, 그런 것이 사회적 경제가 움직이는 방식이기도 하다. 광고할 돈이 없다. 그렇다고 사회적으로 무의미한 것은 아니다. 모든 문제를 해결해주지는 않지만, 당장 급한 일자리 문제를 완화해 준다. 공익은 원래 최소한의 기준이다. 사회적 경제가 딱 그렇다.

기왕 빵 얘기가 나왔으니까, 우리의 빵 얘기도 조금 해보자. 경주에서는 경주빵과 찰보리빵이 유명하다. 노인들을 주로 고용하는 사회적 기업이 요즘은 이런 빵을 만들기 시작했다. 서라벌 찰보리빵은 시니어 중심의 사회적 기업이다. 경주제과는 경주빵과 찰보리빵을 만드는 예비 사회적 기업이다. 아직은 소수점 미만의 고용을 만드는 사회적 경제이지만, 비즈니스 영역에서 공익과 경제가 새로운 실험을 하는 중이다. 그리고 이 새로운 영역에서 열 명 중 한 명이 일하게 될 때, 한국 경제는 훨씬 더 휴머니즘에 가까워져 있을 것이다. 일자리가 곧 경제 휴머니즘인 시대에는 사회적 경제가 새로운 버팀목이다. 《국부론》의 한 구절을 약간 고쳐 보자.

"우리가 저녁을 먹을 수 있는 것은 푸줏간 주인, 양조장 주인 또는 빵집 주인의 자비심 덕분이 아니라 공공의 이익을 추구하는 그들의 일자리 덕분이다."

경주빵을 만드는 몇몇 사람에게는 이 말이 더 맞을 것 같다. 그리고 이런 사회적 기업이나 협동조합들이 망하지 않고 버티는 것, 그것이 경제 휴머니즘의 지속 가능성이다. 다시 우리는 비즈니스의 세계로 돌아온다. 망하지 않는 기업의 미덕, 그것은 사회적 경제에도 유효하다. 불행인지 다행인지, 그것은 아직 알기 어렵다.

제 4 장

공유지
비즈니스

1. 아파트 협동조합

　요즘은 공유라는 단어가 젊은 사람과 늙은 사람을 나누는 문화적 경계지가 되었다. 공유경제sharing economy라는 표현을 쓰는 것을 환갑이 넘은 경제학자들은 주저하거나 망설였다. 박근혜 정권의 일등 공신이기도 했고, 오랫동안 경제 민주화의 아이콘처럼 움직였던 김종인도 그랬다. 그렇지만 에어비앤비나 쏘카를 이미 많이 사용해 보았고 우버 택시를 알고 있는 청년들은 공유라는 단어에 전혀 거부감이 없다. 뭔가 모아서 그것을 나누고, 더 많은 사람들이 손쉽게 이용하는 것은 정보 시대의 인터페이스와 잘 어울린다. 북한 등 사회주의권의 협동농장을 중심으로 공유를 보았던 사람들과 택시나 호텔, 여행지 숙소로 공유를 접하게 된 사람은 문화적 정서가 다를 것이라는 점은 매우 명확하다. 순실 사태 이후로 전개된 촛불집회와 태극기집회 사이에는 이념의 차이보다 더 큰 문화적 장강이 흐르는 것 같았다. 언어도 다르고, 생각도 다르고, 무엇보다도 현실과 인식 사이에 필터처럼 작동하는 문화가 달랐다. 공유라는 단어가 우리말에서는 촛불집회와 태극기집회만큼 큰 문화적 차이가 존재하는 것 같았다. 물론 이것도 경제에 관해서 고민하는 사람들 사이에서의 얘기다. 물론, 한국에서 어쨌든 공유라는 단어의 1차 연관어는 드라마 〈도깨비〉이고, 2차 연관어는 드라마 〈커피프린스 1호점〉이 아니겠는가.

사회적 경제를 다른 식으로 해석하면, 우리가 공유하는 것 즉 공유지Commons와 관련된 비즈니스라고 할 수 있다. 민간 기업들이 돈을 벌기 위해 하는 행위는 비즈니스다. 경영학을 'Business Administration'이라고 부르는데, 해석하면 '비즈니스 행정'이다. 세금 받고 세금 지출하는 일, 이것은 진짜 행정이다. 국가가 하는 일이다. '공무'라고도 부른다. 공적인 가치에는 보이는 국유지와 같은 토지도 있지만 보이지 않는 수많은 사회 서비스와 가치도 존재한다. 이런 것들을 모두 공유지라고 할 수 있다. 아이를 잘 보는 것, 지금 같은 저출산 시대에는 사적인 일이기도 하고 국가의 책무이기도 하고 동시에 공적인 가치이기도 하다. 이런 공유지와 관련된 비즈니스를 사회적 경제라고 해석할 수 있다. 아이를 아예 돈을 주고 시장에서 사람을 구해서 키울 수도 있다. 정부가 운용하는 국가기관에서 하는 보육 프로그램에 좀 더 의존할 수도 있다. 그것을 공유지 비즈니스 차원에서 하는 사회적 기업이나 협동조합을 통해서 할 수도 있다. 부모 입장에서는 다다익선일 것이다. 뭐가 더 좋은 거라고 한마디로 단정 짓기는 어렵다. 나라별로 상황이 다르고, 사회가 놓인 여건에 따라서 맥락이 다르다. 이런 공유지 비즈니스라는 관점에서 우리의 형편을 좀 보고, 가능성에 대해 생각해 보면 좋을 것 같다. 그중에 가장 덩치가 크고 역할도 중요한 것은 아무래도 주택 부문이다. 한국 경제는 아파트로 흥하고 아파트로 망하는 경제가 되어 버렸다. 급하게 경제성장을 하면서 경제 시스템을 만들다 보니까 우리에게 이상한 점이 많기는 하다. 그렇지만 그중에 갑 중의 갑은 역시 아파트 문제라고 하지 않을 수 없다.

역사적으로 보면 협동조합은 19세기 중후반에 어느 정도 형태를 갖추게 되었고, 일본도 19세기 후반에 협동조합이 처음 등장했다. 사회적 기업이 2000년대 즈음하여 등장하게 된 것에 비하면 아주 오래된 경제 조직의 형태다. 우리에게 협동조합은 여전히 낯선 것이지만, 유럽에서는 그렇지 않다.

한국을 방문한 러시아의 관료들이 서울 강남의 도곡동, 수서 등 대표적인 부촌을 지나면서, 여기가 빈민촌이냐고 물었다는 것을 건네 들은 적이 있다. 러시아 사람들도 강남의 높은 아파트에서 빈민촌 느낌을 받는다는 것은 인상적이었다. 유럽의 많은 사람들의 눈에, 우리가 생각하는 고급 아파트촌은 사회적으로도 문제가 많아서 해결하기 어려운, 저소득층과 외국인 2세들의 집단 거주촌 같은 느낌을 준다. 이것은 도시 형성의 역사, 사회경제적 공간의 난제와 결합되어 있기 때문이다. 미국에서 가장 유럽 느낌이 많이 나고 물가가 비싸기로 유명한 보스턴의 부촌과 한국의 부촌은 확실히 느낌이 다르다.

프랑스에는 아슈엘엠Habitation à Loyer Modéré, HLM이라고 부르는 임대 주택 단지가 있다. 제2차 세계대전 이후 주택이 부족해서 공공과 민간에서 임대주택을 많이 지었다. 전쟁의 피해와 급격한 도시화가 겹치면서 저소득층을 위한 주택을 단기간에 많이 지어야 했다. 임대료가 비싸지 않은 아슈엘엠은 프랑스 주택 전체의 16퍼센트를 차지할 정도로 비중이 크다. 외견상, 우리가 아파트라고 부르는 주거 형태가 이렇게 지어진 임대주택 단지와 비슷하다. 짧은 시간에 많이 지으려면 고층 주거지 형태가 효율적이기는 하다. 그렇지만 사회적 문제가 사라진 것은 아니다. 대규모 단지 형태로, 저소득층이 집단 거주하다 보니까 여러 가지 사회 인프라 시설이 제대로 확충되지 못했다. 프랑스에서 때때로 외국인 2세의 집단 폭동이 발생하는 곳이 이런 지역이다. 시 외곽의 거대 단지, 이것은 유럽인들의 눈에 문제 많은 저소득층의 임대단지 느낌이다. 워낙 규모가 크니까 '소셜 믹스'라고 부른다. 어떻게 하면 부자와 가난한 사람들이 한동네에서 살 수 있게 할 것이냐가 국가 차원의 과제가 되어 버렸다.

외국인 2세에 대한 처우 개선책으로 '외곽지 계획Plan Banlieu'이라는 것을 총리가 직접 진두지휘하면서 만들어 내야 할 정도다. 그 내용이 교통이 불편한 곳에 버스를 늘리고, 병원 시설을 늘리고 하는 정도다. 도시계획이나 단지 조성 계획에 반영되지 않은 문제들을 나중에 해결하려고 하다 보니 특별히 할 수 있는 것이 별로 없다. 도시

액션으로 유명해진 영화 〈13구역〉이 이렇게 대형화된 임대주택에서 벌어진 사건을 극한까지 몰고 간 이야기다. 2편에서는 아예 대통령이 폭격기를 동원해 이 지역을 날려 버리려는 시도까지 하게 된다. 그만큼 대책을 세우기 쉽지 않은 전후 복구 과정과 도시화 그리고 제3세계에서 부족한 노동력을 메우기 위해 적극적으로 이민을 받던 과거의 정책들이 복합적으로 뭉쳐 있는 특수 지역이다.

대단지로 집중해 놓은 임대주택 단지, 이것이 서울과 부산의 아파트 밀집 지역을 보면서 외국인들이 정서적·문화적으로 느끼게 되는 직관이다. 물론 우리는 이것을 중산층의 판타지로 바꿔 버렸다. 유럽의 부자들은 시내의 6~7층 정도 되는 건물에 살거나, 시 외곽의 단독주택 단지에 산다. 시내로 오면 공간은 협소해지지만, 파리 한가운데에서 문화적 향취로 버티고 산다. 시 외곽으로 나가면, 원래 자기 선조들이 살던 3~4층짜리 성 또는 성과 비슷한 건물에 산다. 이브 몽탕이 살았던 건물, 사르트르가 자주 갔던 카페, 세계 최초의 백화점이 만들어진 프랑스 총리 관저인 마티뇽 근처, 이런 데가 유럽에서 부자들이 산다고 하는 곳이다. 강남과는 경관이 많이 다르다. 서울에 체류하게 된 외국 대사나 회사 직원들이 선호하는 거주 지역도 강남과는 많이 다르다. 국가별로 집단 거주 지역이 형성되기도 하고 형성되지 않기도 하는데, 어쨌든 한국 사람들이 '최고로 좋다'고 하는 강남 등의 주요 아파트 지역은 아니다. 뉴욕처럼 초고층 건물의 맨 꼭대기층을 펜트하우스라고 부르면서 고급스럽다고 생각하는 경우도 있다. 일반적인 경우는 아니다. 우리는 미국식 고층 선호, 펜트하우스 선호, 이런 것이 어느덧 집단적 문화로 자리 잡게 되었다. 중산층의 아파트 선호는 어쨌든 한국 경제가 DNA처럼 가지게 된 뿌리 깊은 특징이다.

유럽에서 이런 초기 임대주택 건설을 주도한 것이 주택협동조합이다. 국가가 직접 하는 경우도 있고, 주택협동조합에 지원금을 주면서 하기도 한다. 건설사가 스스로 선분양을 통해 사람들에게 돈을 걸고, 그것으로 집을 짓는 방식을 취하지는 않았다. 집이라는 것은 원래 지어 놓고 파는 것이고, 그러다 보니 '선분양'이나 '후분양' 같은 단어 자체가 존재하지 않는다. 도시 형성의 역사에서 협동조합이 자연스럽게 한 역할을 하게 되었던 유럽과 그냥 시가 기본 계획을 세우고 건설사들이 국가에서 땅을 불하받아 자기 놀이터처럼 가지고 놀았던 한국은 도시의 공간 구조 자체가 다르다. 그리고 자연스럽게 협동조합을 중심으로 한 사회적 경제의 역사 자체도 달라졌다.

주택시장의 중요한 플레이어로서 건설사와 협동조합이 경쟁하는 것이 유럽 공간의 역사이기도 하고, 부동산시장의 역사이기도 하다. 우리는 협동조합은 거의 없다시피 했고, 건설사 사이의 경쟁 관계가 형성되었다. 재벌 시절, 현대건설 등 각 기업이 가지고 있는 건설사가 사실상 전체를 지배하는 지주회사 역할을 했다. 건설사에 대한 지원은 재벌에 대한 특혜나 마찬가지다. 그리고 그것이 한국 경제를 안정화하는 가장 빠른 방법이라고 많은 사람들이 생각했다. 지금 와서 이 모든 것을 되돌릴 수 있을까? 다 되돌릴 수는 없지만,

지금부터라도 사회적 경제가 기능을 할 수 있는 여지는 있다고 생각한다.

유럽 대부분의 국가에서 주택협동조합이 중요한 역할을 하기는 하는데, 스웨덴은 프랑스와 좀 다른 길을 걸어왔다. 스웨덴에서 임대주택은 전체 주택의 37퍼센트이고, 협동조합주택은 22퍼센트 정도 된다(SCB, Statistics Sweden, 2011, http://www.scb.se). 두 개의 큰 주택협동조합이 존재하고, 이들이 전체의 절반을 차지한다. 그렇다고 몇 개의 협동조합이 이 전체를 관장하는 것은 아니다. 나머지 절반은 크고 작은 지역의 협동조합이 만든 것이다. 전체 주택시장의 10퍼센트가량이 두 개의 메이저 협동조합을 제외한 나머지 협동조합에 의해서 만들어졌다.

스웨덴의 협동조합 주택은 시내 한복판처럼 입지가 좋은 곳에 있고, 인기도 높다. 프랑스의 아슈엘엠은 시 외곽에 있고 대단지이고, 인기는 별로 없다. 아마 우리도 도시계획 초기에 협동조합 아파트를 일정 부분 고려하면서 계획적으로 진행했다면 지금 우리가 보는 아주 이상한 주택시장 구조는 물론 도시의 경관과 도시 기반도 좀 다른 모습을 가지게 되었을 것이다.

스웨덴 협동조합 주택의 가장 큰 특징은 사고팔 수 있다는 점이다. 우리가 흔히 아파트라고 부르는 부동산은 대지와 건물, 두 가지로 나뉜다. 중국이나 싱가포르처럼 대지는 점유권만 있고, 건물만 소유하게 하는 경우도 있다. 우리는 비록 작은 분량이지만 대지와 건물이 동시에 아파트라는 특정 자산에 포함되어 있다. 국가가 대지를 소유하고 건물에는 점유권만 주는 중국의 경우에도 아파트 가격 폭등은 생긴다. 그렇지만 강남 재건축 단지처럼 재건축을 둘러싼 꼴사나운 모습까지는 벌어지지 않는다. 고작 몇 평을 소유하고 있는 것에 대한 경제적 대가가 몇 억 원이 되니까 교과서에 없는 갖가지 다양한 편법이 등장하게 된다. 지금 우리의 구조가 딱 그렇다. 스웨덴의 경우에는 토지나 건물을 개인들이 직접 사고파는 게 아니라 협동조합에 대한 지분을 사고판다. 처음 건물을 지을 때 조합원으로 참여하게 되고, 이것이 개인의 지분이 된다. 그리고 회사를 옮기거나 거주 조건에 싫증이 나거나, 어쨌든 이사를 가야 하는 경우에는 자신의 지분을 팔고 나간다. 새로 이사 오는 사람이 그 지분을 사면서 주택 점유권이 생겨난다. 땅이나 건물은 시세에 따라 움직이고, 입지가 좋거나 주변 여건이 바뀌면 폭등하기도 한다. 그렇지만 지분은 협동조합에서 상황에 맞게 조정할 여지가 생긴다. 지분의 가치는 그냥 결정하면 되는 것이기 때문이다. 주택 가격이 하락하거나 폭등할 때 모두 어느 정도는 안전판을 가지게 된다. 그리고 폭등할 때도 지분 가격이 특별히 더 많이 올라가지 않으면, 그 자체로 부동산시장에서 가격 조정 능력을 가지게 된다. 협동조합 주택의 숫자가 무시할 만큼 미미하면 별 영향력이 없지만, 스웨덴처럼 22퍼센트 정도 규모가 되면, 민간 주택업자도 가격을 결정할 때 협동조합의 지분 가치를 참조하게 된다. 그렇다고 스웨덴 주택에 버블이 아예 없다고 말하지는 못한다. 2008년 글로벌 금융위기 이후 유럽에서도 양적 완화를 하면서 돈을 많이 풀었다. 이때 스웨덴 주택 가격도 버블을 의심할 정도로 올랐다. 그렇지만 그냥 순수하게 민간 주택시장의 논리대로만 움직이지는 않는 것이, 스웨덴 협동조합 주택이 어느 정도 안전판 역할을 해주고 있기 때문이다. 집으로 투기하고 싶은 사람에게는 불편한 일이지만, 집을 사든 임대를 하든 거주를 목적으로 주거 비용을 지불해야 하는 사람에게는 다행스러운 일이다.

이런 사례가 우리에게는 아주 낯선 일일까? 그렇지는 않다. 주택 문제를 고민하는 많은 사람들이 스웨덴을 비롯한 유럽의 주택협동 조합 사례를 검토했고, 서울의 SH공사나 광주의 도시공사 같은 곳에서도 공공주택 대안의 한 형태로 스웨덴 사례를 비롯한 유럽의 협동조합 사례를 검토했다. 시민단체는 물론 이미 많은 조합원들이 참여하고 있는 생협에서도 주택협동조합을 고민했다. '아파트 전세값으로'라는 구호로, 다세대주택 정도 규모의 공동주택은 실험적으로 이미 등장했다. 주로 대기업들이 참여했던 임대주택 아파트 사업에도 협동조합이 결성되어서 사업 주체로 참여하는 정도까지는 우리도 이미 와 있다. 그리고 소규모 공동주택을 마련하고 싶어 하는 사람들을 도와주는 사회적 기업도 등장했다. 이런 일들이 1960년대에, 늦어도 70년대에 그것도 대규모로 시작되었더라면 지금 우리의 경제가 훨씬 더 인간적인 모습이었을 테지만, 지금이라도 '늦었다'고 포기하는 것보다는 낫다고 생각한다. 사회적 경제가 아직도 우리에게 그렇게 익숙한 것은 아니지만, 아파트가 작동하는 방식은 우리에게도 익숙하다. 그리고 그 대안을 찾는 것은, '한국에서 살아가기 위한 1번 과제'라고 할 정도로 절실하다. 밥은 아무거나 먹고 옷도 대충 입고, 이런 방식이 '대충 아무 데서나 살면 어때'라는 식으로 주택 문제에까지 이어지지는 않는다.

아마 지난 정권이 MB나 박근혜—아니 순실이—처럼 황당하면서도 지나치게 이념적인 정권이 아니었더라면 이곳에서도 조금은 규모 있는 방식으로 협동조합 주택이 만들어지고 있었을 것이다. 협동조합을 만드는 데 정부가 참여할 수 있다. 그리고 중앙정부의 기금이 전달되면 지금보다는 훨씬 규모 있는, 그래서 주택시장에 새로운 요소가 될 정도의 변화를 줄 수 있었다. 꼭 새로 집을 짓지는 않아도 된다. 서울과 경기도 등 지역별로 나눠서 잠시 생각해 보자.

서울은 공간적으로는 이미 포화 상태다. 그린벨트를 죽어라고 뚫고 들어가는 방식이 아니라면 대규모 택지를 새로 조성하기가 쉽지 않다. 그래서 있는 집들을 다 털어 내고 새로 짓자는 MB의 뉴타운식 재개발이 나온 것이다. 너무 조급하게 무리해서 계획이 만들어졌고, 사회적으로 충돌 요소도 아주 많았다. 아주 조건이 좋은 일부를 제외하면 실사업까지 연결되기가 아주 어려웠다.

대규모로 새로운 타운을 조성하는 것은 서울에서는 이미 무리한 생각이다. 그렇지만 소규모 단지는 여전히 유효할 수 있다. 예전에도 경찰이나 한전 등의 공무원들이나 공기업 직원들이 공제회 차원에서 소규모 아파트를 직접 지은 적이 있다. 그 후에 별도의 사후 관리를 하지는 않아서 나중에는 민간 분양 주택과 똑같아지기는 했지만, 주택조합의 전통이 아주 없는 것도 아니다.

서울에서는 대규모로 새로 아파트를 짓는 것보다는 매입형 임대주택 정책과 주택협동조합을 연결하는 방식을 생각해 볼 수 있다. 지금도 매입형 임대주택이 아주 없는 것은 아니다. 그리고 실제로 거주하는 사람들에게 효용도 아주 높다. 도시 주택정책 측면에서도 매우 유용할 수 있다. 다세대주택이 밀집한 지역의 주택이 노후화되는 것에 대해서는 별다른 대책이 없다. 그렇다고 이것을 묶어서 단지별로 재건축을 하기도 힘들다. 집은 계속해서 관리하지 않으면 금방 노후화하고, 그렇게 빈집이 생겨나고 슬럼으로 바뀐다. 밀집된 다세대주택 지역에 지구 단위 정비와 매입형 협동조합 주택을 연결하는 것은 빅플랜이다. 이런 것이 필요하다는 지적은 계속 있었지만, 우리는 사회적 경제에 대한 이해도가 너무 낮았다. 그리고 MB 정부, 박근혜 정부 모두 집 짓는 데 훨씬 관심이 있었지, 그 돈을 지역으로 돌려 다른 방식의 도시 전환을 고민해 볼 생각은 없었다. 지방정부의 힘만 가지고는 이런 것을 충분한 규모로 진행하기가 쉽지 않다. 박근혜 정부에서 새로운 정부로 바뀌면, 지금까지 시도하지 못했던 매입형 임대주택을 재검토하는 것이 가능해진다.

그 자체로 이미 포화 상태인 서울과는 달리, 경기도에서는 주택협동조합을 통해서 좀 더 다른 상상을 해볼 수 있다. 행정 용어로는 토지임대부라고 부르는데, 도와 시에서 토지를 임대하고 건물 부문만 협동조합이 책임지면, 시민 조합권 규모에서도 충분히 아파트를 지을 수 있다. 일정 규모가 확보되면 스웨덴이 지분 방식으로 조합 주택 거래를 자유롭게 한 것처럼, 지분 방식을 포함한 다양한 조합을 구상할 수 있다. 아파트를 짓고 분양하는 것 외에도 사후에 실제 주택 관리까지 협동조합에서 할 수 있다. 사실 정서적 거부감만 없다면, 지금의 아파트 관리도 협동조합을 만들어서 좀 더 주민친화적이며 지역자치의 효과를 볼 수 있는 방식으로 할 수 있다. 그렇지만 아직은 우리 국민들 사이에 사회적 경제에 대한 무시와 정서적 거부가 공존한다. 한꺼번에 한다고 해서 될 일은 아니다. 그러나 협동조합 아파트가 진짜로 생긴다면, 사회적 시범 사업처럼 아파트 관리를 협동조합 방식으로 하는 것을 시도해 볼 수는 있다. 소규모 코하우징 형태로 진행되는 소행주(소통이 있어 행복한 주택)는 공동 방식으로 만들어졌고, 관리도 같이 한다. 규모는 작지만 그야말로 완벽한 주거 커뮤니티라고 할 수 있다. 규모가 어느 정도 되면, 사회적 경제의 영역에서 육아, 교육, 문화 활동 등 좀 더 종합적인 디자인이 가능하다. 문화시설도 협동조합을 통해 공동 운영하고, 카페도 같이 만들어 나갈 수 있다. 그리고 부분적으로 진행되고 있는 의료협동조합을 비롯해 이미 존재하는 많은 요소를 결합할 수 있다.

아주 큰 대규모라야 이런 커뮤니티 경제가 작동하는 것은 아니다. 지역의 중소 규모 도시에서도 자체적인 커뮤니티를 통해 충분히 아파트 협동조합에 대해 다양한 시도를 해볼 수 있다. 외국도 주택협동조합 초기에는 정부에서 많은 지원을 했다. 그리고 일정 규모가 되면, 정부로부터 독립해 자체적인 운영을 하는 것이 협동조합의 더 중요한 목표가 된다. 우리는 그 단계의 아주 초입에 서 있는 것이다.

유럽의 주택협동조합, 우리 식으로 표현하면 아파트 협동조합은 순실이 이후에 우리가 그려 볼 수 있는 새로운 미래에 대한 그림이다. 공공 임대만 아파트의 대안으로 생각할 필요는 없다. 토지임대부와 지분 방식을 통한 소유와 판매 같은 다양한 조합을 통해 사회적 주택이라는 대안을 만들어 나갈 수 있다. 작아도 몇 억 원씩 개인이 지불해야 하는 것이 주택이다. 이런 것들을 어떻게 사회적 대안으로 만들어 나갈 것인가, 그리고 어떻게 우리의 '공유지'를 확보할 것인가를 비즈니스 차원에서 접근할 때가 되었다고 생각한다.

아파트 협동조합은 만들 때와 다 짓고 나서 관리할 때, 두 개의 영역에서 활동 범위가 잡힌다. 골목이 사라진 후, 우리에게는 공동체도 같이 사라졌다. 그리고 공간을 장악한 것은 자본이다. 외국도 그런 것 같지만, 그들은 커뮤니티라는 이름으로 새로운 영역들을 사회적 경제와 함께 만들어 나갔다. 우리의 도시도 이제는 노후화하고, 건물도 낡아 간다. 경제는 그 모든 것들을 생동감 있게 돌릴 만큼 고성장으로 급속히 변화하지는 못한다. 이제 우리도 공동체의 자산과 관리에 대해 다른 방식으로 생각해 봐야 할 때가 되었다.

2. 동네 구청장, 누군지 아시나요?

2010년 기준으로 한국 사람들은 회사에 가기 위해 편도에 평균 58분을 쓴다. 갔다 왔다, 딱 두 시간이다. OECD의 안 좋은 통계가 보통 그렇듯이 역시 우리나라가 1등이고, OECD 평균 28분의 두 배가 넘는다. 반면 가장 짧은 스웨덴은 18분이다. 평균적으로, 국민 대부분이 직장까지 20분도 걸리지 않는 거리에 살고 있다는 이야기다. 미국은 21분, 프랑스는 23분, 독일은 27분이다. 많은 국가들이 납득할 만한 30분 통근 거리에 국민들이 살 수 있게 해놓고 있다. 그럼 한국 다음으로 긴 나라는 어디일까? 일본과 터키가 40분이다. 토건 경제로 유명한 일본도 40분에는 출퇴근이 가능하다. 교통 체증으로 악명 높은 뉴욕이 미국 내에서는 통근 시간이 가장 긴데, 40분 정도다. 직장인의 출퇴근 시간은 토건 경제와 상관이 있고, 국가 공간 계획의 성공 여부와 관련되어 있다. 그리고 중장기적으로 보면, 기후변화와 대기오염 같은 미래 변수가 관련되어 있을 것이다. 물론 개개인의 행복도와도 밀접한 관계를 가지고 있을 것이다. 여기까지는 기초 자료만 살펴보면 금방 생각해 낼 수 있다. 보조 변수로 직장인이 아닌 학생들의 통학 시간도 있다. 국가별 순위와 추세가 크게 다르지 않다. 토건과 공간 계획, 이런 것이 사람들의 일상에 직접 영향을 미친다.

그렇다면 우리나라는 언제나 이렇게 통근 시간이 길었을까? 1995년 인구총조사를 보면, 출근하는 데 하루 30분이 걸리지 않았다. OECD 통계와 국내 인구조사 자료가 좀 달라서 기계적으로 직접 비율을 비교할 것은 아니다. 그렇지만 한국이 원래 통근 거리가 길었던 나라라고 보기는 어렵다. 일산, 분당으로 대표되는 1기 신도시의 입주가 어느 정도 완료된 것이 1992년이다. 논과 밭이 사라지고 빽빽한 아파트가 들어차게 된 일산을 배경으로 한 영화 〈초록물

고기〉(1997)를 보던 시절에도 한국인들은 평균적으로 30분이면 출근을 할 수 있었다. 2000년대 초반, 정부가 중국 거대 도시와의 국제경쟁력을 이야기하면서 광역도시화를 한창 주장하던 시절이 있었다. 신도시로도 모자라 미니 신도시까지 만들면서, 도시의 광역화와 2005년과 2016년을 두 개의 정점으로 하는 토건 경제의 클라이맥스를 거치면서 우리는 출퇴근에 평균적으로 두 시간을 사용하는 나라가 되었다. 먼저 만들어진 일산부터 최근에 만들어진 서울 남쪽 지역의 소도시들까지, 처음 도시계획을 할 때는 모두들 스스로 일자리를 갖추고 있는 자족 도시를 만든다고 했다. 그렇지만 아파트 분양 광고에는 전부 '강남역까지 30분'이라고 적어 놓았다. 뜨고 내리는 시간과 건물 옥상에 위치한 헬리포트까지 올라갔다 내려오는 시간을 합치면 헬기로도 30분이 빠듯한 거리에 있는 아파트들이 전부 강남역까지 30분이라고 주장했다. 아주 일부분을 뺀 대부분의 도시가 자족 도시와는 거리가 먼, 그야말로 잠만 자는 베드타운이 되었다. 그 결과가 바로 '출근 시간 58분'이라는 수치에 집약되어 있다. 토건의 시대와 베드타운, 그 대표적인 사례가 1960~70년 이후로 집중적으로 지어진 미국 중산층들의 2층짜리 개인주택이라고 한다. 그런 미국도 평균으로 잡으면 통근 시간이 21분이다. 우리의 경제 공무원과 건설사들은 해도 너무 한 것이다. 그 정도는 참으라는 건데, 그렇게 잘 참는 일본과 공산당이 우격다짐으로 도시 건설을 밀고 나간 중국도 평균 40분이다.

1997년 12월의 외환위기를 거치면서 본격적으로 부동산 경기를 부양하기 시작했고, 그린벨트를 풀기 시작했다. 이것은 DJ와 노무현 시절의 경제가 가지고 있는 어두운 그림자다. 1995년에 다시 도입된 지자체의 단체장 선거는 그 시절의 밝은 모습이다. 1961년 5.16 군사쿠데타로 전국의 지방의회가 강제 해산되었다. 군인들의 군사재건최고회의는 서울시장 등 인구 15만 명 이상의 단체장을 그냥 정부에서 임명할 수 있게 해버렸다. 박정희가 중앙정부만 장악한 것이 아니라 전국 방방곡곡의 지방정부도 일괄적으로 장악했다. 그 후 거의 25년 만에 단체장 선거가 부활하면서 지방자치의 시대가 열렸다. 기초단체로 분류되는 구청장과 시장을 직접 뽑는 것은 중요한 전환점이다. 기초의원에게 정당 표시를 할 수 없게 하던 시절, 이름순으로 투표용지에 표기를 했다. 1번만 찍는 것에 익숙한 동네에서 가나다순으로 앞쪽에 배치된 김씨 성을 가진 사람들이 대거 당선되었다는 웃기는 이야기가 있을 정도였다. 기초의원은 물론이고 구청장도 아는 사람이나 아는 그런 투표였다. 지방자치를 향해서 새로운 힘이 붙으려고 하는 순간, 역설적으로 사람들의 출퇴근 시간은 더 길어졌다. 토건을 위한 광역도시화로 늘어난 출퇴근 시간은 동네를 정치의 중요한 한 축으로 설정하는 지방자치의 발전을 더디게 했다. 만약 이 두 가지 사건이 동시에 벌어지지 않았다면 2000년대 한국 경제의 흐름도 좀 달라졌을지 모르겠다.

한국의 행정 지역은 도시와 농촌 지역으로 나뉜다. 자기가 사는 곳이 어느 지역인지는 동네 이름만 보면 금방 안다. 동네 이름이 동으로 끝나면 도시 지역이고, 읍이나 면으로 끝나면 농촌 지역이다.

그리고 이런 동네를 묶어서 구, 시 혹은 군이라고 부른다. 지방자치의 최소 단위가 구청장, 시장, 군수다. 이런 사람들은 투표를 해서 직접 뽑는다. 자기 동네 군수 이름을 모르는 사람은 거의 본 적이 없다. 좋은 의미든 나쁜 의미든, 지역 자체가 아직은 살아 있다고 할 수 있다.

군수의 세계는 우리가 입버릇처럼 말하는 민주주의와는 조금은 결이 다르다. 여당, 야당, 그렇게 정치적으로 지역 내부가 나뉘지 않는다. 좌우? 군수들이 통치하는 지역에는 그런 거 없다. 지역 고등학교가 총출동하고, 집성촌이나 종가집의 규모가 표를 나눈다. 지역에서는 정치적 노선과 정책 같은 것이 엄청나게 큰 요소로 작용하지 않는다. 누가 군수가 되느냐가 그 지역의 패권과 경제적 이권에 직접적으로 영향을 미친다. 군수보다 권한이 훨씬 작은 지역 농협의 조합장 선거도 지나치다고 할 정도로 과열된다. 후보끼리 고발하고 고소하는 것은 다반사인데, 그렇다고 해서 과열된 선거가 실제로 지역자치나 민주주의 발전에 도움을 주는 것 같지는 않다. 어쨌든 이렇게 농촌 지역이나 지방 소도시에서 사는 사람들이 군수나 시장의 이름을 모르는 경우는 별로 없다.

그러나 도시, 특히 서울이나 수도권의 구청장의 세계는 이와는 전혀 다르다. 동네 국회의원은 알아도 자기 동네 구청장 아는 사람이 별로 없다. 수도권 자체가 이주한 사람들이 형성한 동네가 많아서 고향도 아니고, 호남향우회 같은 고향 조직들이 정치에서나 일부 영향을 미치지 사람들의 일상적 삶에 영향을 거의 미치지 않는다. 게다가 점점 더 출퇴근 시간이 길어지니까, 그야말로 베드타운 중에서도 좀 더 기형적인 베드타운이 되었다. 구청장? 알지도 못하지만, 알고 싶지도 않다. 일상이 피곤하다. 이런 일련의 흐름이 겹치면서 지방자치가 한국 특히 수도권에서 제대로 정착하지 못했고, 사람들은 도심에서 점점 더 먼 곳으로 떠밀려 갔다. 토건 경제가 만든 또 다른 폐해다. 지방에 몇 개씩 있는 지역신문이 서울에는 거의 없다. SBS가 서울방송이라고 하지만, 이것을 진짜로 서울에 관한 방송이라고 생각하는 사람은 없다. 서울시에서 운영하는 TBS가 있지만, 이것은 교통방송이다. 교통만 방송하라고 만들어진 방송국은 아니지만, 여전히 교통방송국으로 생각하는 사람이 많다.

지역자치가 형성되면서 자연스럽게 커뮤니티를 중심으로 지역경제가 생겨난다. 그런 것이 선진국이 걸어가는 일반적인 흐름이다. 지역경제는 한국에서는 거의 형성되지 않은 개념이다. 그리고 워낙에 중앙형 시스템이 상식이 되어 버렸기 때문에, 지역경제라는 것이 있는지도 모르지만 그렇게 가야 한다는 생각도 거의 하지 않는다. 그렇지만 WTO 협상할 때 핵미사일, 국방 등의 국가 안보와 함께 포괄적으로 예외 조항으로 처리한 것이 지역경제라는 범주다. 지역경제를 지원하기 위한 보조금 조치 같은 것은 WTO에서도 예외로 처리해 문제 삼지 않는다. 그런 것은 인류 전체를 위해서 더 하라는 이야기다.

이런 빈 공간을 토건이 밀고 들어갔고, 다시 자본이 밀고 들어갔다. 그것이 2000년대 이후에 대형 유통망들이 '유통 현대화'라는 이름으로 추진한 일이다. 맥없이 뚫렸다. 정부가 했던 것은 일종의 이이제이 전략이었다. 이상한 국수주의인데, 외국계 유통자본을 국내 유통자본을 강화하여 막아 낸다는 전략을 썼다. 수출을 너무 많이 하다 보니까 경상수지 계정만을 놓고 모든 것을 판단하는 이상한 습관이 공무원들에게 생겨났다. 대부업체에도 비슷한 일이 생겨났다. 엔화가 국제시장에 넘쳐날 때 일본계 대부업체들이 밀고 들어왔다. 국내 업체를 키워서 이것을 막는다고 하는 이상한 애국주의가 있었다. 결론적으로, 지역경제의 근간이 무너졌고 서민들의 금융 생활이 붕괴되었다.

그러다 보니 적절한 규제와 제도도 제때 만들지 못했고, 지역 독점이라는 속성이 있어서 어지간해서는 잘 뚫리지 않는 골목 상권까지 삽시간에 다 뚫렸다. 물론 중앙정부가 지방정부를 규제한다고만 해서 이 모든 문제가 풀리지는 않는다. 제도도 필요하지만, 그것을 힘과 실력으로 견제할 지역경제 자체가 필요하다. 그런데 불행히도 우리는 그런 것이 있는지도 몰랐고, 그것이 필요하다고 생각한 공무원도 없었다. 지역경제 혹은 풀뿌리 민주주의, 이런 이야기를 하면 있지도 않은 지역공동체만 강조하는 촌스러운 사람 취급했다. 그러나 그것은 과거에 관한 이야기가 아니라 앞으로 만들어야 할 미래에 관한 이야기였다. 그렇게 동네를 재구성하기에는 너무 늦었다고? 그런 지역경제의 기반 없이 더 나아갈 미래는 없다. 중앙의 거대한 몇 개 기업과 전략적 산업만으로 끌고 가기에는 한국 경제는 이미 너무 커졌다. 다른 나라도 선해서 또는 똑똑해서 지역자치와 지역경제를 만들어 나간 것은 아니다. 그렇게 하지 않으면 다른 방법이 없기 때문이다.

법이나 조례에서 규정하는 마을기업은 제도적으로 보장된 최소한이다. 그 지역에 사는 사람들이 그 지역에 특화된 서비스를 제공하거나 상품 같은 것을 만들 때 활용할 수 있는 장치다. 이것은 진짜 최소한이다. 좀 더 넓게 보면 '커뮤니티 비즈니스'라는 형태로, 지역 자체를 하나의 경제 네트워크로 만드는 일이 진행 중이다. 여기서 더 나아가면 지역 화폐를 만들거나 지역 상품권 같은 것을 도입하자는 이야기까지 나온다. 성남시에서 청년수당을 상품권으로 지급한 데는 나름대로 이론적 배경과 역사적 배경이 존재한다. 협동조합과 같은 사회적 경제를 중심으로 극한까지 가면 스페인 몬드라곤 협동조합처럼 된다. 지역경제의 근간이 협동조합을 통해 움직이게 된다. 지금 지역경제라고 부를 것이 거의 없는 서울의 많은 구청 단위가 한쪽 끝이라면 또 다른 끝에 몬드라곤이 있는 셈이다. 그리고 그보다는 좀 완화된 곳이 일본의 고베 지역이다. NGO, NPO 그리고 생협이 가장 활발하게 움직이는 곳 중 하나다.

우리도 사례가 전혀 없는 것은 아니다. 서울시에서 마포구에 배수지를 만들면서 성미산 일대를 개발하려고 했었다. 별일 없을 것 같은 이 동네에서 주민들의 '성미산 지키기' 운동이 불같이 일어났다. 결국 성미산은 지켜졌다. 이때 모인 주민들이 흩어지지 않고 대안학교를 만들었다. 그리고 주민들끼리 운영하는 반찬 가게 등 작은 모임들이 생겨나고 나중에는 주민극장도 생기고, 라디오 방송국도 만들어졌다. 그냥 덜 개발된 작은 골목들이 있는 별 특징 없는 동네라고 할 수도 있지만, 가장 강력한 지역경제를 가지게 되었다. 코하우징 형태로 집도 같이 짓게 되었고, 심지어는 자동차 정비 센터까지도 생겨났다. 외형적으로는 큰 특징이 없을 수도 있지만, 튼튼한 공동 육아망 덕분에 엄마들이 이사 가고 싶어 하는 동네가 되었다. 그리고 일단 들어가면 잘 나오지 않는다. 그 안에서 크고 작은 일자리들이 계속 생겨나기 때문에 주부들을 비롯해 뭔가 해보고 싶은 사람들이 계속해서 실험을 하기에 좋은 여건이 생겨났다. 그래서 지금은 주민자치나 지역경제에 관해서는 가장 중요한 성공 사례이며 실험의 장이 되었다. 이 성미산 마을은 구청장이나 정치인이 직접 나서서 시도한 것이 아니다.

우리는 워낙 지역경제의 기반이 약하기 때문에 조금만 움직여도 국민경제에 대한 기여도가 커진다. 노동부가 하는 중앙형 고용만 생각하지만, 지역에서 사회적 경제 형태로 움직이면 실제 고용은 더 많이 만들어질 수 있다. 이것은 구청장이 생각하기 나름이다. 치적을 위해서 엄청 큰 구청 청사를 만들고, 이리저리 길 닦고 인프라 만든다고 하고 나면 정작 사람한테 쓸 돈이 없다. 그렇지만 사회적 경제 형태로 지역 고용에 돈을 쓰기 시작하면, 지역의 삶도 나아지지만 전체적으로 고용이 훨씬 용이하게 만들어진다. 아직 한국에서 지역 고용을 정책 목표로 내건 지자체는 거의 없다. 그렇지만 중앙 정부와 적절한 협조만 이루어지면 지역 고용의 틀을 잡는 것이 완전히 불가능한 것은 아니다.

지역경제를 형성하는 사회적 경제의 네트워크, 그 형태는 정말로 다양할 수 있다. 생활협동조합은 이미 한국에서도 일반적인 소비재 유통만이 아니라 의료생협으로 넓어지고 있다. 여기에 최근 급증하는 강아지와 고양이 등 반려동물도 사회적 경제의 대상이다. 의료생협의 연장선에서 동물병원의 역할을 생협이 할 수 있다. 그리고 이런 반려동물의 경우는 좀 더 다른 방식으로 디자인해 볼 수도 있다. 사람에 대해서는 건강보험과 민간보험으로 기본 의료보험체계가 갖춰져 있는데, 동물의 경우는 이제 막 애견보험이 도입되는 단계에 있다. 실제로 유럽에서 사회적 경제의 기본 골격이 갖춰지는데 지역 금융과 보험이 중요한 역할을 했다. 별로 수익성이 높지 않고 이미 정착된 운전자 보험 같은 데 들어가기는 어렵지만, 고양이 보험 같은 것은 여전히 가능성이 열려 있다. 신협 같은 금융 분야의 사회적 경제와 실제 지역 거점이 되는 반려동물 생협 그리고 반려동물 보험 같은 것을 지역 차원에서 연결하는 것은 충분히 검토해 볼 만하다. 한쪽 끝에는 특정 상품에 특화된 사회적 기업부터 다른 쪽 끝에는 지역 금융 장치 그리고 지역 가입자들을 조율하는 협동조합에 이르기까지 지역경제의 요소는 다양할 수 있다. 한국에서는 원주 지역이 이러한 모습을 보여주는 대표적인 도시다. 원주 지역의 생협에서 신협까지 이어지는 모습이 전통적인 사회적 경제의 네트워크라고 할 수 있다. 그리고 지역별로 이런 네트워크 구성은 여전히 가능성으로 열려 있다.

지금 우리가 사는 많은 동네는 구청장이 누구인지 모르는 동네다. 그러나 지역별로 더 많은 일들이 벌어지고, 실제로 지역이 경제의 한 축이 되면 지금처럼 구청장을 모르지는 않을 것이다. 국민경제의 시각으로 보면 워낙에 미개척지라서, 조금만 증가해도 경제운용의 양상 자체가 달라질 정도로 잠재력이 큰 분야다.

자, 그럼 지역의 사회적 경제에 구청장이 누구인지가 영향을 미칠까? 사회적 경제의 비율이 아직 대부분의 지역에서 1퍼센트 미만이라서 규모 면에서 큰 차이를 보기는 어렵다. 이미 사회적 기업과 협동조합에 대한 조례는 대부분의 지역에서 만들어져 있다. 그러나 마을기업에 대한 지원을 포함한 포괄적인 제도인 사회적 경제에 대한 조례는 구청장의 정당에 따라 편차가 크다.

우리나라에는 기초로 따지면 226개의 지자체가 있다. 민주당이 단체장인 지역은 80개이고, 이 중 45곳에 사회적 경제에 대한 조례가 만들어져 있다. 새누리당이 단체장인 지역은 117곳인데, 이 중에서 24곳에는 만들어져 있다. 사회적 경제에 관해서는 확실히 정당별로 차이가 많다. 민주당 지역인 종로는 통합된 사회적 경제 조례가 제정되어 있지만, 바로 옆의 새누리당 지역인 중구는 사회적 기업에 관한 조례만 제정되어 있다. 중랑구, 서초구, 강남구, 송파구가 새누리당 지역인데, 역시 사회적 경제에 적극적이지는 않다. 경기도는 도지사인 남경필이 사회적 경제에 적극적이어서 광역도 차원에서는 이미 제도가 정비되어 있다. 안양시, 평택시, 남양주시, 용인시 등 새누리당 단체장인 곳들에서도 적극적으로 사회적 경제 조례가 통과되었다. 대체적으로 서울과 경기도 즉 수도권의 단체장들은 사회적 경제에 대해 적극적인 편이다. 같은 새누리당 지역이라도 여주나 연천 같은 곳은 사회적 기업 외에는 별 관심이 없어 보인다. 인천은 중구, 동구 그리고 강화군을 빼면 전 지역이 사회적 경제 조례를 가지고 있다. 지역별로만 보면 서울보다 인천이 더 적극적인 양상을 보인다.

전라도와 경상도 사이에서는 차이가 좀 많이 난다. 광주나 전라북도의 상당 지역은 이미 조례를 통과시켰다. 사회적 경제의 메카로 분석되기도 하는 전주와 완주 같은 곳은 아주 적극적이다. 물론 전형적인 민주당 지역이라도 고흥이나 진도 같은 데서는 별 관심이 없다.

광역 지역에서는 대구시에 사회적 경제 조례가 만들어졌는데, 기초에서는 달성군만 조례가 통과되어 있다. 모두 새누리당 지역이다. 경상북도에서는 무소속 지역 세 곳을 빼면 전부 새누리당 지역인데, 기초 단위인 안동과 영천만 조례를 통과시켰다. 그리고 경상남도에는 광역이든 기초든, 사회적 경제에 대한 포괄적 조례를 만든 지역이 없다. 부산은 기장을 뺀 전 지역이 새누리당 지역이다. 광역에서는 통과시켰고, 기초에서는 아직 통과된 곳이 없다. 역시 새누리당 지역이기는 한데, 제주도는 2014년 12월 아주 이른 시기에 사회적 경제 조례를 통과시켰다. 도지사가 원희룡이다.

지금까지의 흐름으로만 보면, 사회적 경제에 대한 단체장의 정치적 입장이 조례 통과와 관련된 사업에 지역적 편차를 보이기는 한다. 서울, 인천, 경기도가 적극적이고, 제주도가 빠르게 움직였다. 전라도 지역도 광주나 전주 등을 중심으로 상당히 강력하게 사회적 경제가 추진되고는 있지만, 전 지역이 그렇다고 하기는 좀 어렵다. 경상도는 대구, 경상북도가 광역 차원에서 추진하는 곳이고, 기초에서는 거의 별일이 없다. 경상남도는 아직 특기할 만한 일이 보이지는 않는다.

외국의 경우로 볼 때, 사회적 경제가 특별히 정치적 함의를 많이 갖지는 않는다. 대표적으로 보수적인 도시인 스위스 취리히가 사회적 경제에서는 강하다. 일본의 오사카 역시 굉장히 보수적인 도시이지만 사회적 경제의 뿌리가 깊다. 좌파 흐름이 강한 도시에서 사회적 경제가 강할 것이라고 한국 사람들은 흔히 생각하지만 별로 그렇지는 않다. 그러나 지금 한국에서는 도지사가 누구냐, 시장이 누구냐, 그리고 주요 집권 지역이 어느 정당이냐, 이런 것들이 상당히 영향을 미치고 있다. 출발 단계라서 그렇다.

지방자치단체, 특히 기초단체로 갈수록 사회적 경제가 지역경제에 미치는 영향이 더 커질 것이다. 흔히들 '티핑 포인트'라는 표현을 쓴다. 어떤 양상이 극적으로 변하게 되는 순간을 의미하는데, 국민경제에서는 사회적 경제의 고용 10퍼센트를 티핑 포인트로 볼 수 있다. 이 정도 되면 지역이나 부문의 특수한 경제 양상이 아니라 그 나라 국민경제의 질적 변화를 가져올 정도가 된다. 아마 한국의 지자체 특히 기초 지자체에서는 2~3퍼센트 정도가 티핑 포인트일 것이라고 생각한다. 사회적 경제로 그 지역에서 먹고사는 사람들이 지금과 같은 1퍼센트 미만이 아니라 2~3퍼센트가 되면 지방자치의 양상 자체가 바뀔 것이다. 다른 지역으로 출근하는 사람들은 출퇴근 시간이 두 시간가량 된다. 그 사람들이 직접 사회적 경제의 주체로 참여하기는 쉽지 않다. 일주일에 한 번 정도 하는 운영회의 같은 데 직접 나오기가 어렵다. 그런 사람들을 빼고 지역에 주로 있는 사람들을 위주로 생각하면 2~3퍼센트는 흐름을 만들 만한 규모가 된다. 동네의 선거 양상을 좌지우지하는 대형 교회들도 그 지역의 2~3퍼센트씩 교인을 확보하고 있지 못하다. 그 정도 규모의 지역 당원을 가지고 있는 정당도 없다. 한 지역에서 정당원 2퍼센트를 확보하고 있으면 진짜로 영구 집권하게 된다. 사회적 경제는 단일한 정치 조직은 아니다. 그리고 하나의 사회 세력도 아니다. 그야말로 경제적 이해관계에 가깝다. 그렇지만 단위 세력으로는 가장 강력한 지역 세력이 된다. 그 정도 되면 지방선거의 양상이 바뀐다. 지금은 정치적 구호보다는 지방 토호라고 불리기도 하고 유지라고 불리기도 하는 인지도와 인맥이 선거를 좌우한다. 그렇지만 사회적 경제가 일정 규모가 되면 선거 양상 자체가 바뀐다. 지금은 공약이라고 해봐야 동네 숙원 사업이라는 이름으로 무슨 도로를 놓을 거냐, 무슨 다리를 놓을 거냐가 사람들이 기준으로 삼는 정책이다. 전형적인 토건 선거다. 그러나 사회적 경제가 지역경제의 중심축으로 자리 잡으면, 진짜로 경제정책과 실력을 놓고 선거가 벌어지게 될 가능성이 높다. 그럴 리 없다고?

우리나라에는 지역당이 없지만, 일본은 지역에서 별도의 정당을 만들 수 있다. 1984년, 생활 클럽 생협을 모체로 하여 실제 지역 주

가나가와 네트워크 관계도

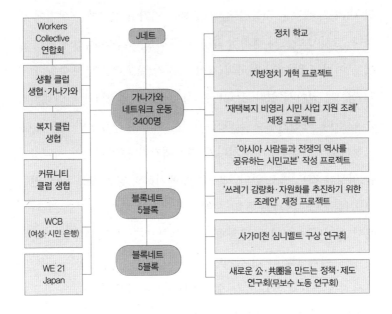

Workers Collective 연합회	J네트	정치 학교
생활 클럽 생협·가나가와		지방정치 개혁 프로젝트
복지 클럽 생협	가나가와 네트워크 운동 3400명	'재택복지 비영리 시민 사업 지원 조례' 제정 프로젝트
커뮤니티 클럽 생협		'아시아 사람들과 전쟁의 역사를 공유하는 시민교본' 작성 프로젝트
WCB (여성·시민 은행)	블록네트 5블록	'쓰레기 감량화·자원화를 추진하기 위한 조례안' 제정 프로젝트
		사가미천 심니벨트 구상 연구회
WE 21 Japan	블록네트 5블록	새로운 公·共圈을 만드는 정책·제도 연구회(무보수 노동 연구회)

민들이 정당을 만들고 정치 영역에 참여했다.

사회적 경제와 관련된 지역의 여러 조직이 정당을 만들고 일부 지역에서는 사실상 주류 세력이 되기도 한 가네가와 네트워크는 좀 특수한 사례다. 그렇지만 사회적 경제가 가지고 있는 정치적 영향력이 작지 않다. 그럼 이 사람들은 좌파이고 모두 진보인가? 그렇지는 않다. 생활경제와 생활정치라는 측면에서 좌우가 따로 있는 것은 아니다. 생활 단위에서의 정치, 이것을 결국은 지역경제가 이끌어 나가게 된다.

이런 흐름은 경제에도 좋고, 정치에도 좋은 것이다. 지역에는 지역의 고민이 있고, 그 지역이 내려야 할 결정이 있다. 이런 결정을 잘 내리고, 새로운 것들을 잘 시도하는 지역이 결국에는 살기에 편하다. 그것이 반드시 정치적 좌우 혹은 진보, 보수와 직접 관련이 있어 보이지는 않는다. 한국의 경상도 지역은 오랫동안 보수들이 지역 정치를 맡아서 했다. 그렇다고 경제적으로 엄청나게 편안해지지는 않았다. 마찬가지로 전라도 지역은 야당이 오랫동안 통치했다. 그렇다고 이 지역들이 엄청나게 편안해지거나, 자체적인 지역경제를 형성한 것도 별로 없다. 냉정하게 얘기하면 양쪽 모두 다리 만들고, 건물 짓고, 아파트 올리는 일을 죽어라고 했다. 그리고 그 과정에서 생겨나는 이익은 서울에 있는 본사로 갔다. 그때는 발전하는 것 같고 뭔가 생기는 것 같지만, 기본적으로는 지역에 있는 돈을 모아서 수도권으로 보내 주는 일을 열심히 한 것이다. 이것은 좌우와 상관없는, 지역 그 자체의 논리에 누가 더 충실할 것이냐는 문제다.

UN에서 많이 쓰는 단어 중에 정주habitat 또는 정주 조건이라고 번역되는 단어가 있다. 지내기에 좋은 동네라는 의미다. 우리는 토건의 시대에 동네의 조건을 경관amenity이나 상징적인 건물, 랜드마크 같은 것으로 이해하던 시절이 있었다. 이런 것은 토건과 관광 패러다임이 합쳐져서 만들어 낸 신기루 같은 것이다. 실제로 살기에는 경제와 문화 인프라가 사회적 경제에 의해서 촘촘하게 잘 꾸려진 곳이 훨씬 낫다. 지역에서 정치는 정치대로, 경제는 경제대로 따로 움직이다 보니 지금까지 우리에게 풀뿌리 자치의 의미도 느껴지지 않았고, 경제는 그냥 중앙에서 돈 따다가 지역에다 뿌리는 것으로 인식되었다.

자, 이제 사회적 경제라는 새로운 경제 환경이 기초 단위에서부터 만들어지기 시작한다. 현재로서는 작은 제도 변화가 큰 차이점을 만들어 내지 않은 상태다. 조금 더 이념적으로 생각하는 구청장과 현실적으로 생각하는 구청장, 그 정도의 차이다. 그러나 미래는 다르다. 지내기에 좀 더 편안하면서도 경제적으로 일자리를 촘촘히 갖춰 나가는 지역과 보기에는 그럴듯하지만 막상 지내려고 하면 불편하기 짝이 없는 지역, 그렇게 구분되기 시작할 것이다. 한창 국민경제가 미친 듯이 성장하고 달려 나가는 시점에서는 토건 인프라와 경제 인프라를 구분할 필요가 없었다. 그러나 어쩔 수 없이 마주친 저성장 시대에는 결국 소소하지만 지역의 일자리와 사회적 서비스가 충분히 갖춰진 곳과 그렇지 못한 곳이 구분될 수밖에 없다. 좋든 싫든, 한국은 사람들이 이사를 많이 가는 나라다. 지역 내 이동도 많지만 지역 간 이동도 많다. 궁극적으로는 사회적 경제를 어느 정도 정비했느냐, 어느 정도로 촘촘하게 구성했느냐에 따라서 지역 간 경쟁이 벌어지게 된다. 그리고 중장기적으로는 시민사회의 역량과 문화적 자산 같은 내부적 조건이 영향을 미치게 될 것이다. 그러나 단기적으로는 구청장이 누구냐, 단체장이 무슨 생각을 하느냐에 영향을 많이 받게 된다.

동네 구청장 이름을 아시는가? 서울과 수도권에서도 더 많은 사람들이 구청장의 이름을 기억하게 될 것이다. 지역별로 사회적 경제가 티핑 포인트를 넘어서면 더더욱 그렇게 될 것이다. 마을기업을 비롯한 커뮤니티 비즈니스라는 새로운 공간을 누가 먼저 펼칠 것이냐가 지역 간 경쟁에서 핵심적인 축이 된다. 그리고 궁극적으로는 국민경제의 체질을 강하게 만들어 줄 것이다.

3. 햇빛 공동체 - 에너지 비즈니스

2011년 3월 11일, 후쿠시마 원자력발전소가 지진으로 인한 쓰나미로 심각한 타격을 받았다. 원전 사고에서 가장 심각하게 받아들여지는 '멜트 다운' 즉 노심융해가 발생했다. 발전소 근처에 살고 있던 주민 16만 명이 대피했다.

사고가 나고 6년이 지났다. 이제 원전 외곽 지역의 방사능 수치는 어느 정도 안정화되었다. 불안하기도 하고 주민 기반 시설이 제대로 회복되지는 않았지만, 원래 살던 곳으로 돌아오는 주민들이 생겨났다. 폐로를 하기로 방침은 정해졌지만, 아직 문제가 된 네 개의 원자로 중 세 개의 핵연료 방출도 이루어지지 않은 상태다. 진짜 문제가 된 폐로를 어떤 방법으로 어떻게 할지, 기술적인 문제는 아직 결정하지도 못했다. 사람은 근처에 접근하지 못한다. 카메라를 장착한 로봇 2대를 보냈는데, 심하게 망가져서 돌아온 모습에 사람들이 경악을 금치 못했다. 그나마 그 뒤에 들어간 로봇은 잔해 더미에 걸려서 돌아오지도 못했다. 사람은커녕 로봇도 제대로 움직이기 어려울 정도로 방사능이 강한 곳이다. 폐로 해체에 어떤 방법을 써야 할지, 어떤 기술을 동원해야 할지 아직 알지 못하는 상태다. 상황은 점점 더 난감해지고 있다.

이렇게 기술적 대안을 찾지 못하는 상황에서 폐로 비용 추정치도 급증하고 있다. 원래는 100조 약간 넘는 비용을 예상했는데, 지금은 210조 이상으로 추정치가 두 배 넘게 높아졌다. 우리나라 1년 정부 예산이 400조 원 약간 안 된다. 한 해 정부 예산의 절반이 넘는다. 사고 원전의 폐로 비용이 이 정도로 높을 것이라고 생각한 경제학자는 아마 없었을 것 같다. 그렇게 돈을 들이고도 안전해진다는 보장은 없다. 원전을 냉각하기 위해 사용했던 물을 그냥 뒤에 쌓아 놓고 있다. 방사능으로 오염된 냉각수라서 바다에 버릴 수도 없고, 그냥 땅에 버릴 수도 없다. 돈도 돈이지만 방법도 마땅치 않다.

여기까지가 기술적 논란이라면 돈을 둘러싼 절차는 더더욱 논란거리다. 도쿄전력을 포함한 일본의 9대 전력회사는 1951년에 설립되었는데, 국가 전력 공급 체계를 중단하면서 만들어진 것이라 순수 민간 회사다. 전력 등 에너지 분야를 정부가 하는 것이 맞는지 아니면 그냥 민간에서 시장 논리에 따라 하는 것이 맞는지는 오랫동안 논란거리였다. 어쨌든 국가별로 선택을 했는데, 일본은 민간 논리로 이 문제에 접근했다. 도쿄전력이 지불해야 하는 배상비만 132조 원 정도로 추정되고 있다. 여기에 폐로 비용 210조 원이 추가된다. 이 민간 회사가 일단 지불해야 하는 돈만 340조 원이 넘는다. 거의 한국 정부 1년치 예산에 육박하는 비용이다. 그런데 도쿄전력의 순자산은 많이 잡아야 24조 원 정도다. 도쿄전략을 통째로 팔아도 필요한 돈의 10분의 1도 안 된다. 그렇다고 도쿄전력을 문 닫게 할 수 있을까? 도쿄 전체의 발전을 맡고 있는 도쿄전력은 한때 세계 4위의 전력회사이기도 했는데, 후쿠시마 원전 사고 앞에서 회사로서 존립하는 것도 위기인 상황이다. 도덕적으로도 비난받지만, 경제적으로도 더 이상 버티기가 쉽지 않다. 정부는 도쿄전력을 후쿠시마 발전소 쪽과 다른 발전소 쪽으로 분할해서 분사하는 방안도 생각하고는 있지만, 후쿠시마 사고의 도덕적 책임을 지고 있는 도쿄전력과 얽히고 싶은 회사가 별로 없다. 한마디로, 방법이 없다!

결국 마지막 남은 해법은 정부가 이 비용을 떠앉고 전기 요금에 전가하는 방법이다. 그런데 일본 국민이 무슨 죄를 졌다고 200조 원 이상의 폐로 비용을 전기 값으로 지불하는가? 그리고 그것이 과연 가능하기는 할 것인가? 정치의 실패가 정책의 실패를 만들어 냈는데, 그것을 유권자들에게 '당신들이 잘못 판단한 것이니까 책임 져라'라고 할 수 있는 것인가? 후쿠시마의 폐로 비용을 놓고 도저히 풀 수 없는 문제집을 받아 들고 일본이 전전긍긍하고 있다. 국토와 해양의 오염은 그것대로 문제지만, 경제적 비용도 우리가 상상할 수 있는 일반적인 규모를 훌쩍 넘어간다. 우리와는 전혀 상관없는 이야기일까? 우리는 원전 밀도로는 세계 최고이고, 앞으로도 엄청나게 더 만들 예정이다. 이런 방식으로 끝까지 버티기는 어렵다.

후쿠시마 사태 이후로 전 세계의 에너지 패러다임이 바뀌고 있다. 하다못해 우리와 크게 다를 것이 없는 대만도 2025년까지는 원전을 모두 세울 예정이다. 있는 것을 세우거나, 여의치 않으면 규모라도 줄이는 방향으로 가고 있다. 다른 나라들이 이렇게 정책을 크게 바꾼 것은 210조 원의 후쿠시마 폐로 비용 추정을 보기도 전의 일이다.

우리는 어땠을까? 2011년, MB 정권에서 한창 자원외교 한다고 난리 치던 시절이다. 별 실익도 없이 정권 홍보 차원에서 이것저것 막 던졌다. 그리고 그 와중에 원전을 수출 산업화한다고, 그야말로 원전에 모든 것을 걸었다. 편서풍 때문에 후쿠시마 원전 사고가 우리에게 미치는 영향은 없다, 지구를 한 바퀴 돌아서야 영향을 미치기 때문에 가장 늦게 영향을 받는 나라다, 이렇게 혹시라도 있을 영향이 최소한이라는 것을 보이는 데 많은 신경을 썼다. 지원외교는 정부 내에서는 아무도 손을 대지 못하는 'VIP 관심 사업'이었다. 젊은 시절, 현대건설이 원전 파워플랜트 수주를 받을 때부터 MB에게 원전은 자부심이었다. '내가 해봐서 아는데', 그렇게 밀어붙이는 청와대의 힘에 감히 토를 달기 어려웠다.

이산화탄소를 '이산화가스'로 대충 이해하는 박근혜는 진짜로 원자력에 대해서는 뭘 잘 몰랐던 것 같다. 그렇다면 '최 선생'으로 불렸던 최순실은? 이유는 잘 모르지만 공기업 인사에는 많이 관여했던 것 같고, 그 와중에 에너지 기업들 인사에 관여한 흔적도 보인다. 내부 관계자들은, 진짜로 순실이 쪽에서 에너지 공기업 인사에 관여하기 시작하려고 한 초입에 사태가 발생했다고 전해 준다. 유일하게 드러난 증거는 특검이 압수한 최순실 수첩이다. 이 수첩에는 문화부 1차관과 산업부 1차관의 이름이 등장한다. 그리고 산업부 1차관이 에너지 공기업들의 기관장 인사를 관리하는 주무 차관이다. 물론 여기까지는 정황 자료이고, 이후에 더 자세하게 수사가 진행되지 않아 자세한 내막을 더는 알 수 없게 되었다. 있는 사실만 가지고 추정해 보자. 박근혜는 에너지에 대해서 잘 모르기도 했고, 관심도 없었다. 이유는 모르지만 최순실 일행은 원자력을 포함한 에너지 공기업에 상당한 관심을 보인 것 같다. 많은 돈과 권한이 모인 원자력. 기술적으로는 어렵지만, 돈과 권한이 모여 있다는 사실을 이해하는 것은 어렵지 않았을 것이다. MB부터 순실까지, 이 10년간은 적어도 정부의 정책에서 후쿠시마 이후의 세계 흐름을 받아들이는 것과는 거리가 멀었다. 오히려 장거리 송전 시스템을 추가로 구성하면서 대규모 원전 단지를 강화하는 방향으로 갔다. 두 정권에 걸쳐 계속해서 터져 나온 밀양 송전탑 사태가 원전 중심 전력 시스템 강화를 보여주는 가장 단적인 예다. 이렇게 사회적으로 문제가 생기다 보니 지금의 교류 송전이 아닌 초고압 직류 송전이 기술적 대안으로 제시될 정도다. 발전소에서 만들어지는 교류를 직류로 바꿔서 송전하는 것은·어렵기는 하지만 기술적 장점이 존재한다. 그러나 무엇보다도 직류 특징상, 인체에 유해한 전자파 논란이 줄어든다. 송전 체계를 교류에서 직류로 바꾸면 돈이 많이 든다. 기존 선로를 신규로 대체하는 것이 경제성은 없다. 그렇지만 밀양 사건과 같은 사회적 논란을 피해 갈 수 있기 때문에 연구되는 것이다. 이 정도면 원전을 추가로 늘려야 한다는 정부의 의지가 어느 정도로 강력한지 이해할 수 있다. 장거리 송전 체계를 바꿔서라도 남동 해안에 밀집한 원전을 늘리겠다는 것은 좀 과도할 정도의 정책적 의지다. 그 의지가 강해도 너무 강하다.

보수 정부 10년을 지내면서 강화된 원전 중심 체계를 완화하는 것이 또 다른 흐름이 될 것이다. 그렇다면 다른 나라들은 원전의 비중을 줄이거나 없애는 방향으로 가는데, 우리는 왜 이렇게 반대 방향으로 가는 것일까? 여러 가지 이유가 있겠지만 그중에서도 한국 전력계통의 특징인 중앙형 통합 그리드를 지적하지 않을 수 없다. 일부 도서 지역을 제외하면 우리는 전국적으로 통합된 단일 그리드, 즉 배전망을 사용한다. 전국이 하나의 그리드에 연결되어 있고, 이것을 통해서 모든 발전소와 소비자가 동시에 연결된다. 이런 그리드를 만드는 것을 예전에는 전화electrification라고 불렀는데, 이게 너무 잘되었다. 그러다 보니 모두가 전기의 혜택을 어렵지 않게 받게 되었는데, 그 반대급부로 매우 강력한 중앙형 시스템을 가지게 되었다. 자, 어떻게 할 것인가?

원전을 추가로 늘리지 않으면서 수요를 관리할 수 있을까? 분산형으로 사고한다면, 일단 지역별로 생각해 볼 필요가 있다. 2015년 기준으로, 자신이 필요로 한 전력보다 더 많은 전기를 발전하는 지역을 정리해 보면 다음 쪽의 표와 같다.

나머지 지역은 전기를 어디에선가 송전받아야 하는 상황인데, 부산과 인천을 제외한 대도시들이 이 범주에 들어간다. 그리고 강원도와 경기도가 도 단위에서는 전력이 부족한 곳이고, 가장 심각하게 외부에 의존하는 지역은 역시 서울이다. 자체 발전량은 사용량의 2퍼센트도 되지 않는다. 지역별 발전량과 수요량만을 놓고 보면 수도권 특히 서울을 위해서 해안선을 끼고 있는 지역들이 죽어라고 송전하는 시스템이다. 전체적으로 전력 수급에 관한 문제가 한 가지 있고, 극단적일 정도의 지역 불균형이 또 한 가지 문제다. 중앙형 시스템을 운용하면 자연스럽게 지역별 불균형이 생겨난다. 굳이 지역별로 에너지 자립 또는 전기 자립 같은 것을 고민할 필요가 없기 때문이다.

2015년 지역별 전력 발전량 및 판매량 현황

권역 (단위:GWh)	광역	발전량	판매량	비율 (=발전/판매)	지역 발전량	지역 판매량	지역 비율
수도권	서울	768.9	45,381.5	0.017	114,222.5	173,641.3	0.658
	경기	45,075.9	105,048.0	0.429			
	인천	68,377.7	23,211.8	2.946			
충청권	대전	168.6	9,182.7	0.018	114,940.9	79,417.8	1.447
	충북	687.4	22,949.0	0.030			
	충남	114,084.9	47,286.1	2.413			
전라권	광주	383.4	8,333.9	0.046	85,384.0	63,058.6	1.354
	전북	6,539.8	22,086.9	0.296			
	전남	78,460.7	32,637.8	2.404			
동해권	강원	8,066.8	16,206.6	0.498	95,490.9	76,111.2	1.255
	대구	2,816.4	14,947.7	0.188			
	경북	84,607.7	44,956.8	1.882			
부산권	부산	31,506.1	20,002.3	1.575	115,023.4	84,164.8	1.367
	울산	9,065.2	30,286.1	0.299			
	경남	74,452.1	33,876.3	2.198			
제주권	제주	3,029.5	4,429.6	0.684			
합계		528,091.2	480,823.1	1.098			
세종·개성 포함 합계			483,654.8				

출처 : 전력통계정보시스템, http://epsis.kpx.or.kr

워낙 오래된 구조적 문제라서 한 번에 바꾸기는 어렵다. 그렇지만 완화할 방법은 생각해 볼 수 있다. 미국의 경우를 좀 살펴보자. 민영 전기 사업자Investor-Owned Utilites, IOUs는 대규모 설비를 공급하는 회사들이다. 우리 식으로 이야기하면 한전의 발전 자회사들에 해당하는데, 미국은 민영화 체계라서 투자자로 분류된다. 여기에서 미국 가구의 75퍼센트 정도에 전기를 공급한다. 그리고 나머지 25퍼센트는 협동조합 전기 사업자Consumer-Owned Utilites: COUs가 담당한다. 우리 식으로 보면 지자체와 협동조합에서 전체 전기의 4분의 1 정도를 담당한다. 한국은 중앙정부가 한전과 한전 자회사를 통해 대부분의 전기를 관장하고 있다. 미국은 4분의 3 정도를 이런 대형 기업이, 그리고 나머지 4분의 1은 지자체와 협동조합 등 소규모 지역 사업자들이 공급한다. 대형 사업체가 4분의 3, 그리고 지역과 사회적 경제가 4분의 1 정도를 담당하는 이 구조는 수치만으로만 보면 아주 이상적이다. 동시에 이런 비율이 자연스럽다고 볼 수도 있다. 광역 송전망이 지나가기 어렵게 멀리 떨어진 곳까지 죽어라고 전원을 끌어가는 것보다는 차라리 지방정부나 시민사회에 지원금을 주면서 별도의 전원 공급을 구성하는 것이 더 유리할 수 있다. 자연스럽게 부분적인 분산형 전원 체계가 형성된다. 아마 우리의 중앙정부처럼 미국의 연방정부가 큰 권한이 있었다면 미국도 우리처럼 강력한 중앙형 그리드로 갔을 것이다. 그렇지만 현실이 우리와는 다르다.

한국의 경우는 자연스럽게 분산형 요소가 도입될 상황은 아니다. 그렇지만 후쿠시마 사고 이후 원전 의존도를 낮추고 장거리 송전을 줄이기 위해서는 결국 지역 발전의 비중을 늘리는 것이 가장 빠른 길이다. 송전 거리가 줄어들면 새로운 송전 건설에 따른 비용도 줄고, 송전 손실도 줄어든다. 그렇지만 제도경제학에서 경로 의존성path dependency이라고 부르는, 이미 지나온 길이 만들어 내는 궤적 효과 때문에 새로운 길을 열 수 없는 바로 그 경우에 해당한다. 이미 깔린 그리드를 없애고 다른 분산형을 놓을 수 있는가? IT를 비롯해서 엄청나게 기술 혁신이 벌어질 수 있는 분야에서는 그래도 과거의 균형을 깨고 새로운 길을 모색하는 것이 나을 수도 있다. 슘페터의 오래된 용어를 빌려서 '창조적 파괴'라고 부르기도 한다. 중앙형 그리드 대신 부분적으로라도 분산형 그리드를 도입할 때 창조를 위해서 파괴한다, 이 정도의 기술혁신과 새로운 변화가 올 것인가? 전력 분야 역시 나름대로 오래된 분야라서 엄청나게 새로운 기술이 나오기가 쉽지는 않다.

후쿠시마의 200조 원이 넘는 폐로 비용은 이러한 고민을 다른 방식으로 생각해 보게 한다. 앞으로 발생할 이익과 발생할 손실은 정서적으로는 다르다. 그렇지만 경제적으로는 마찬가지다. 지금까지의 원전 편익 분석에서도 건설과 운용 단계의 비용만을 따졌지, 원전 폐기물과 원전 그 자체의 폐로 비용을 엄밀하게 따지지는 않았다. 게다가 사고가 발생했을 때의 폐로 비용 같은 것은 생각해 본 적이 없다. 노심융해가 발생할 정도로 큰 규모의 원전 사고는 그렇게 자주 일어나는 일은 아니다. 정부가 하는 이야기는, 적어도 우리나라에서 이러한 사고가 일어날 확률은 0퍼센트라는 것이다. 물론 현실 세상에서 0퍼센트는 존재하기 어렵다. 가장 안전해야 할 원자력 잠수함에서도 사고가 나고, 심지어는 좌초하거나 침몰하기도 한다 (실화를 바탕으로 한 케스린 비글로 감독의 영화 〈K-19 위도우메이커〉를 보라). 만전에 만전을 기하는 우주왕복선도 사소한 실수로 사고가 난다. 인간이 운용하는 기술에서 확률 제로라는 것은 존재하지 않는다.

이런 이유로 환경 분야에서는 '예방성 원칙precautionary principle'을 중요하게 여긴다. 많은 환경적 문제는 실제로 터져 나오면 대재앙이 되기 때문에 문제가 발생하고 해결하는 것보다는 미리 그 문제가 발생하지 않게 하는 것을 더 중요하게 여긴다. 한국의 원전 집착은 물론 지나칠 정도의 고밀도 입지는 이처럼 큰 위험을 다루는 기술적 상식으로 볼 때 좀 무모하다 싶다. 지역자치가 어느 정도는 안정화되어 있는 국가에서 이렇게 특정 지역에 원전이 집중되는 방식의 행정이 벌어지기는 어렵다. 사회적 갈등과 타협 속에서 불완전하지만 그래도 최소한의 균형을 찾아가는 행정과는 거리가 많이 멀다.

문제가 심각한 곳이 시급성이 높은 것은 당연하다. 한국에서 사회적 경제가 움직여 나갈 충분한 여건이 되는 분야들이 있다. 그렇지만 그중에서 가장 먼저, 그리고 가장 대규모로 움직일 수 있는 곳이 바로 에너지 분야일 것이다. 시급성과 지역성은 물론 대규모로 예산과 사람이 움직일 만한 조건이 갖춰져 있다. 그리고 정치적으로도 원전을 강화하려는 지금의 기조에서 탈핵 쪽으로 빠른 속도로 전환할 것이다. 석유와 석탄도 수입하지만 원전의 연료인 우라늄도 수입하는 것은 마찬가지다. '석유 한 방울 안 나는 나라'라고 하면서도, 석유만 덜 수입하면 된다고 하는 방식으로 흘러온 지금의 체계가 이상하기는 이상하다. 태양광 등 재생 가능 에너지가 가지는 경제적 의미 역시 점점 더 중요해질 수밖에 없다.

여러 가지 이유로 탈핵 프로그램과 사회적 경제는 잘 맞는다. 규모도 크고, 속도도 빠르지만 아마 가장 다양하게 여러 형태의 사회적 경제가 동시에 백화점처럼 펼쳐질 가능성이 높다. 기술적으로도 그렇고, 경제적으로도 그렇다.

가장 먼저 진행되는 것은 협동조합 형태를 통해 태양광 발전기의 사용을 늘리는 일이다. 큰 업체 몇 군데와 계약하면 되는 일의 경우는 주식회사 형태로 하든 협동조합 형태로 하든 큰 차이가 없다. 그러나 태양광은 엄청나게 큰 '솔라팜' 형태로 단일 사이트에서 진행하는 것이 아닌 한 많은 시민들, 많은 가구와 개별적으로 만나는 형태로 일이 진행된다. 이런 구조에서는 대기업이나 국가가 직접 움직이는 것보다는 협동조합 형태로 자발적 조직이 만들어지는 것이 더 유리하다. 큰돈이 짧은 시간에 움직이기 위해 필요한 조직과 작은 움직임을 장기간에 이끌고 나가야 하는 일을 하는 조직 사이에 차이점이 좀 있다. 혼자 판단해서 태양광을 설치하겠다는 개인들과, 그래도 협동조합 형태로 조직을 갖추고 있는 것 사이에도 차이점이 있다. 지금 지방정부에서 태양광 분야의 시민 파트너로 협동조합 형태를 우선적으로 선호하는 것도 다 이유가 있는 것이다. 공기업들도 개별적으로는 다 자신의 수익성을 어느 정도는 맞춰야 한다는 제약 조건이 존재한다. 그렇지만 국가 전체로 놓고 보면 계산이 좀 다를 수 있다. 원전에서 멀리 떨어져 있는 수요지까지 새롭게 초고압 송전망을 까는 돈, 심지어는 교류 송전망을 까는 비용, 그것을 주요 수요지에서 태양광 등 재생 가능 에너지의 발전 능력을 높이는 데 사용하는 것이 낫다. 지금까지 태양광 등 재생 가능 에너지의 경제성은 1차적으로는 유가에 반비례했다. 기름값이 올라가면 대체 에너지가 낫고, 기름값이 내려가면 그 반대였다. 2차적으로는 기후변화협약과 맞춰, 화석에너지의 대체 비율에 의해 경제성이 오르내렸다. 그렇지만 후쿠시마 이후로는 폐로 비용의 확률적 해석에 의해서 경제성이 움직인다. 개별 시장에서 결정되는 에너지 가격이 아니라 라이프 사이클에 맞춰, 연료에서 폐기까지 종합적으로 생각해 봐야 하는 시점이 된 것이다. 빠르게 시작하는 데는 몇 개의 대기업과 공기업이 더 나을 것 같지만, 지속적으로 관리하고 유지하는 것 그리고 다음 단계로 전환하는 것까지 염두에 두면 협동조합 형태가 훨씬 유리할 것 같다. 개인들이 혼자 알아서 판단하는 것보다 이렇게 시민 경제 조직을 통하면 훨씬 빠르게 대규모 전환을 낳을 수 있다.

에너지 분야에서 중추적 역할을 하는 것은 발전소나 가스저장소 같은 설비형 회사만이 아니다. 에스코Energy Service Company : ESCO라고 불리는, 에너지 절약 등의 효율화 설비를 설치하거나 관리하는 중간 회사들이 존재한다. 그렇게 규모가 큰 회사들이 하는 것은 아니고, 일종의 엔지니어링 업체와 용역 업체의 중간쯤에 있다고 보면 된다. 아직은 자체적으로 자금을 가지고 대규모 사업을 하기보다는 정부가 집행하는 자금의 기술적 대행 업체에 가깝다. 기술적 조건이나 자금의 규모 면에서, 사회적 기업이 충분히 진출할 수 있는 분야이기도 하다. 지역에서의 대규모 태양광 시공은 사회적 기업이, 그것을 유지하고 관리하는 것은 협동조합이 나누어서 하는 기술적 조합을 생각해 볼 수도 있다. 사회적 기업이 에스코 분야에서도 활동할 수 있을까? 이미 사회적 기업이 건물도 짓는데, 특정 에너지 기술 분야에 특화한 에스코가 사회적 기업 형태로 불가능할 이유는 별로 없다. 특히 건물의 에너지 진단 같은 업무는 국가와 민간 중간에서 사회적 기업이 움직이기 좋은 조건이다. 전통적으로 전력 또는 에너지 수요 관리라고 불렀던 분야의 공공성이 아주 높다. 그리고 더 많은 발전만큼이나 유의미한 것은 절약 분야다.

건물과 에너지가 만나는 영역은 앞으로 많은 비즈니스가 발생할 수밖에 없는 지역이다. 패시브 하우스 또는 제로 에너지 하우스라고 불리는 새로운 건물과 주택 양식은 점점 더 의무적으로 강화되는 추세다. 새로 지어지는 건축물에 대해서는 제로 에너지 양식이 점점 더 강화되어 갈 것이다. EU가 2019년부터 제로 에너지 건물을 의무화할 예정이다. 그런데 예전에 지어진 건축물들은 어떻게 할 것이냐는 문제가 여전히 남는데, 그것은 현재의 기준 강화로 해결하기 어려운 문제다. 경제성 문제도 남는다. 에너지 설비와 주택의 문제는 에스코와 건축사 그리고 시공사의 영역이 겹치는 분야다. 오래된 집의 에너지 효율을 높여서 패시브 하우스 또는 제로 에너지 하우스로 전환하는 것은 누가 해도 된다. 그렇지만 누가 하더라도 떼돈 버는 일은 아니다. 기존 주택을 친환경적이면서도 에너지 절약형으로 바꾸는 것은 공공성이 아주 높다. 그렇지만 전기료를 줄이거나 에너지를 절감하는 정도로 비용을 회수하기는 쉽지 않다. 들인 돈을 다시 회수하는 기간, 이른바 '턴오버' 기간이 아주 길거나 턴오버 자체가 불가능한 경우도 많다. 개별적으로는 사업 경제성이 잘 나오지 않아서, 개인들에게 이렇게 해달라고 공적으로 부탁하기도 쉽지 않다. 하면 전체적으로는 좋지만, 그렇게 한다고 해서 개인에게 엄청난 이익이 생기는 것은 아니다. 많은 경우, 비용이 절감 혜택보다 더 많이 들어간다. 전형적인 시장 실패가 벌어지는 구조다. 태양광 패널을 달거나, 부분적으로 창호를 바꾸는 일은 경제성이 나올 가능성이 높다. 그렇지만 리노베이션 차원으로 일이 커지면 시공비 자체의 턴오버가 쉽지 않다. 일상적인 비즈니스에서 이런 일은 하지 않는다. 이건희 시절의 삼성이 자동차 산업에 뛰어드는 것과 비슷한 일이다. 순수하게 경제성만 따지면 할 이유가 없고, 자금 흐름을 놓고 보면 해서도 안 된다. 물론 현실에서 이런 일이 전혀 벌어지지 않는 것은 아니다. 현재의 보조금 체계나 충전기 보급 상황에서 전기자동차를 개인이 살 이유는 경제적으로 거의 없다. 그렇지만 사람들은 전기차를 산다. 그리고 타고 다닌다. 단기적인 경제성만으로 인간이 행동을 결정하지는 않는다.

현재도 단열과 창호 등 노후 건축물의 에너지 효율을 높이는 일에 지자체 등에서 지원금이 나오기는 한다. 그렇지만 아직은 규모도 작고, 융자 형식이기 때문에 턴오버가 가능한 사업 외에는 추진하기가 어렵다. 전체적으로는 전기나 에너지를 줄여 주지만 기계의 단가가 비싸서 줄어든 전기나 가스비로 설비투자비를 회수하기 어려운 일은 진행하기가 어렵다. 물론 무조건 비싸다고 좋은 것은 아니다. 그렇지만 신규 원전을 대체할 정도의 소비 절감이 발생하려면 경제성 근처에 있는 저감 사업에 대해서도 적극적으로 검토할 필요가 있다. 정부의 지원 규모도 더 늘어나야 하지만, 필요한 경우에는 떨어지는 경제성을 보완하기 위한 보조금 사업도 필요하다. 융자와 보조금을 적절히 혼합하는 보다 적극적인 정책 개발이 필요하다. 사회적으로는 충분히 타당성이 발생할 수 있다.

이렇게 정책 전환이 발생한다는 전제하에서, 단독주택이나 다세대주택 같은 소규모 공동주택에 대한 에너지 리노베이션을 전문적으로 수행하는 사회적 기업이 성공할 수 있는 여지는 다분하다. 사회적으로 필요하기는 한 일인데 경제성이 온전히 나오기는 어렵다. 그렇다고 국가에서 직접 하기에도 행정력이 도저히 미치지 않을 정도로 대상지가 분산되어 있다. 기술, 자금 그리고 시민 영역을 결합하면서 움직일 수 있는 전형적 사회적 경제의 영역이 존재한다고 할 수 있다. 건축사와 에너지 기업, 그 중간 어디에선가 양쪽을 다 수행할 수 있는 새로운 서비스 기업들이 등장하는 것이 우리 모두에게도 좋다. 국가와 대기업, 두 축으로 끌어온 한국의 에너지 시스템이 결국 세계 최대의 원전 밀집 단지를 만들어 내고 말았다. 그것을 완화하고 해소하기 위해서는 새로운 경제 주체가 필요하다.

4. 로컬푸드에서 농협개혁까지

한국에서 좌우 또는 진보, 보수를 막론하고 최근에 욕을 많이 먹는 기업이 셋 있다. 조금 전에 살펴본 에너지 분야의 한국전력, 대표적인 공기업이다. 전기 값 비싸다고 욕 먹고, 산업 분야에 교차보조 해준다고 욕 먹고, 경쟁력 없다고 욕 먹고, 부패했다고 욕 먹는다. 또 욕 많이 먹는 기업이 현대자동차다. 현대-기아 그룹을 오죽하면 사람들이 '흉기차'라고 부르겠나. 현대차 사기 싫어서 능력에 부쳐도 외제 차 탄다는 사람들이 적지 않을 정도다. 현대차를 싫어하는 이유는 많은데, 공통적인 것은 좌우가 따로 없다는 점이다.

그리고 이만큼 엄청나게 욕 먹는 또 다른 기업이 농협이다. 자유롭게 이야기하다가 화제가 농협에 이르면, 그 자리가 보수 인사들이 주로 모인 자리든지 진보 인사들이 주로 모인 자리든지 상관없이 엄청나게 욕한다. 한전은 공기업을, 현대자동차는 민간 기업을 대표한다. 삼성전자는 진보 쪽에서는 많이 욕하지만 보수 쪽에서는 믿는 정도가 아니라 사랑하는 수준까지 가 있는 경우가 많다. 삼성 욕 하려면 크게 결심을 해야 하지만, 현대자동차를 욕하지 않으려면 역시 큰 결심이 필요하다. 농협은? 이건 공기업이야, 아니면 민간기업 아니 그냥 은행이야? 농협은 둘 다 아니고 협동조합이다. 법적으로 농협을 규정하고 있는 것은 국정감사법이다. 법은 한국은행, 농업협동조합중앙회, 수산업협동조합중앙회, 이 세 기관을 딱 찍어서 국정감사를 받으라고 규정하고 있다. 국회에 대해서는 한국은행과 같은 위상이다. 정부로부터 독립되어 있지만, 최소한 국회의 관리는 받으라고 하는 것, 그것이 위대하신 한국의 농협이 국회에서 가지고 있는 위상이다. 그렇다면 국회가 농협을 제대로 관리하고 있는가? 국회는 농협보다 강하지만, 농협은 국회의원보다 강하다. 현실적으로 지역의 농협 표를 거슬러서 정치를 하고 싶은 국회의원이 없기 때문에 농협의 의지에 반하는 말을 할 수 있는 국회의원이 거의 없다. 전국적으로 이만큼 뭉쳐 있는 지역표를 가지고 있는 기관이 우리나라에는 없다. 검찰 개혁을 이야기하고 감사원 개혁을 주장하지만, 농협 개혁을 이야기하는 것은 정치 생명을 거는 일이다. 국회의원들에게는 농협이 갑 중의 갑이다.

좌우를 막론하고 욕 먹는 기업들이 있는 데 반하여, 최근에 좌우 막론하고 '꼭 해야 한다'고 이야기하는 일이 한 가지 있다.

> "박근혜 대통령은 로컬푸드 직판장을 방문해 농산물 유통 구조 개선 성과 등을 점검했습니다. 박 대통령은 오늘 경기도 김포 로컬푸드 직판장을 찾아 농산물 생산자와 소비자들을 만나 유통 과정 등에 대한 의견을 나눴습니다. 박 대통령은 간담회에서 농업은 아이디어가 접목되면 굉장히 희망이 많은 미래산업이자 수출산업이라며 정부도 지원하겠다고 밝혔습니다."
>
> (KBS, 2014년 7월 11일)

로컬푸드는 2000년대 들어와서 각광받기 시작한 개념이다. 로컬푸드를 먹는 사람이라는 의미의 로커보어locavore라는 단어가 그해의 신조어가 되면서 옥스퍼드 사전에 들어간 것은 2007년의 일이다.

루스벨트의 뉴딜에서 가장 큰 성과이며 아직까지도 계속해서 진행되는 일이 미국의 농업법Farm Bill이다. 농업법 개정할 때면 주요 장관들을 모아 놓고 대통령이 직접 서명하는데, 이 장면은 생중계될 정도로 큰 행사다. 2008년 미국의 '농업법' 개정안에 로컬푸드에 대한 금융 지원 등 관련 정책이 전격적으로 포함되었다. 이 시점 어디선가 한국에서도 로컬푸드에 대한 논의가 시민사회 일각에서 본격화되기 시작했다. 지역 농산물 중심으로 식품 시장을 재구성하자는 이야기인데, 푸드 마일리지 개념이 같이 부각된다. 농산물이 생산된 곳에서 최종 소비되는 곳까지 어느 정도 이동해 왔는가는 기후변화 협약과 함께 강조되기 시작한 개념이다. 이동 시 사용되는 화석연료의 양을 줄이는 것이 좋다는 이야기인데, 약간의 국수주의와 함께 지역경제를 지원하자는 내용이 복합되어 있다. WTO에 대응한다고 하면서 농협이 내걸었던 구호인 '신토불이'는 국수적인 느낌이 좀 강하다. 일단 '국산이라면 뭐든지'라는 식으로 전개되었다. 친환경 농산물을 추진하던 쪽에서는 당시의 '신토불이'가 결정적 패착이었다고 생각하기도 한다.

한국에서 생활협동조합, 즉 생협은 자발적인 조직이기는 한데, 중앙형이라는 특징을 가지고 있다. 한국의 사회적 경제는 좋든 싫든 생협의 축을 따라 상당 부분 발달한 것인데, 지역 생협 위주로 전개된 일본과는 달리 중앙의 조직에서 지역에 하나씩 지역 생협을 만들어 나가는 형태가 주를 이루었다. 여기서도 중앙형 사회라는 한국의 특징이 상당히 반영되었다. 당연히 전국적 유통망을 갖추게 되었다. 농업, 그것도 친환경 농산물이라는 시대적 질문과 함께 생협이 발달하게 되었다. 어떻게 더 안전한 먹거리를 확보할 것인가, 이런 질문이 2000년대 이후로 생협 운동을 이끌어 온 사회적 원동력이다.

로컬푸드는 이런 흐름과는 약간 다르다. 무조건 국산을 먹자는 농협의 기존 주장과도 좀 다르고, 전국적 유통망을 통해서 수도권을 비롯한 대도시 소비자와 농민들을 연결하는 생협과도 좀 다르다. 물론 진짜로 지역에서 출발한 지역 중심의 생협이라면 그 자체로 현지 농산물 위주로 움직이는 로컬푸드와 다를 이유가 별로 없다. 그렇지만 우리나라 현실에서는 국산, 전국망, 대도시 소비자라는 면에서 로컬푸드와는 약간의 차이가 있다.

2014년 7월, 아직 최순실 사태가 물밑에서 슬슬 잠복기를 벗어나려고 하는 즈음 박근혜는 전면적으로 김포의 로컬푸드 직매장을 방문했다. 그 시점까지 한국에서 유명한 로컬푸드 직매장은 완주와 김포에 있었는데, 규모와 의미로는 완주 매장이 더 중요하다. 어쨌든 가까운 김포를 선택했다.

그냥 한 번 가기만 한 것이 아니라 진짜로 2016년까지 로컬푸드 직매장 160개를 만들라는 지시를 내렸다. 시민단체와 농협 그리고 일부 지자체가 힘을 합쳐서 몇 개의 로컬푸드 직매장을 만든 것은 사실이다. 청와대와 농림부는 부리나케 로컬푸드 비슷한 것만 하면 간판을 바꿔 달아서 그해 61개의 로컬푸드 직매장을 만들어 내는데 성공했다. 그리고 그다음 해에는 내용이 바뀐 것이 별로 없는데,

하여간 74개의 로컬푸드 직매장까지 '집계(!)' 하는 데 도달했다. 대단한 과업이다. 그리고 짜잔, 2016년에는 과연 대통령의 지시대로 160개를 만들어 냈을까? 순실이가 본격적으로 움직이면서 대통령과 청와대가 정신이 없었을까? 바라바라람, 농림부는 드디어 160개를 달성하는 대신에 슬쩍 집계를 감추는 방식으로 대응했다.

김포 로컬푸드 매장에 박근혜가 전격적으로 방문하면서 생겨난 이 느닷없는 흐름을 정책의 용어로 디자인한 것이 바로 그 이름도 찬란한 농업의 6차 산업화다. 1차, 2차, 3차 산업의 특징을 전부 접목해서 농업을 살린다는 이야기인데, 화려하고 현란한 수식어를 빼고 실제로 진행된 사업을 보면 거의 대부분이 로컬푸드 직매장을 늘리는 것이다. 여기에 조금 더 '데코'를 하면, 창조경제의 농업 버전으로까지 로컬푸드의 위상이 높아진다. 농림부는 유전자 조작 식품의 개발과 산업화를 조금 더 창조경제 버전으로 전면화하고 싶은데, 그러면 소비자들과 시민단체들이 들고 일어날 게 뻔하니까 결국은 모두가 합의할 수 있는 로컬푸드 정도로 축소하여 발표했다.

시민운동 또는 농민운동의 연장선에서 로컬푸드를 이야기하든, 지역경제 차원에서 지자체 정책으로 이야기하든, 아니면 박근혜 버전의 6차 산업으로 이야기하든, 많은 경우 사회적 경제는 '어머, 이건 꼭 해야 해!'라고 생각할 만한 잇it 아이템처럼 간주되었다. 국무회의나 청와대에 엄청나게 화려한 것처럼 등장하는 6차 산업의 실제 내용은 로컬푸드 직매장을 늘리는 것이었다. 깊은 생각 없이 실적만 채우려다 보니까 100개도 넘기지 못했지만, 이 흐름을 시민단체나 농민단체 또는 지자체에서 나쁘게 보고 있는 것은 아니다. 박근혜 정부에서 뭐 좀 한다고 하는데, 이 기회에 진도 좀 나가자고 한 거의 유일한 사업이다.

물론 대도시에 사는 사람들에게 로컬푸드는 자기 일이 아니다. 무슨 일이 벌어지는지 관심 가질 일이 없는 것이, 실제 자신의 생활에 직접적으로 연관되지는 않기 때문이다. 농업의 많은 일들은 서울로 올라오거나, 청와대에서 뭔가 약속을 하거나, 시청 앞 광장 같은 데서 생색을 내야 마무리된다. 그리고 그 정도는 해줘야 성공한 일로 평가를 받는다. 로컬푸드 직매장은 그럴 필요가 전혀 없다. 그야말로 로컬은 로컬의 일, 그것이 아무리 성공하더라도 서울에 직접 매장이 들어오지는 않는다. 생협도 결국에는 서울과 수도권 소비자의 눈을 끌면서 획기적인 전환기를 맞게 되었다. 농협에서 직영하는 하나로마트도 마찬가지다. 최대 매장은 결국 서울, 그것도 강남 한가운데로 들어오면서 전국적인 권위를 가지게 된다. 로컬푸드는 다르다. 김포, 고양처럼 로컬 농업이 존재하는 수도권의 일부 정도가 관련되어 있지, 자신의 농산물이 거의 없는 서울과는 별 상관이 없다. 그래서 이 사업이 사회적으로 의미 있고 좋은 일이다. 지방에 분산되어 있는 지역경제에 직접적으로 도움을 준다. 지방에 산다고 모두 농사를 짓는 것은 아니고, 모두가 자신만의 텃밭을 가지고 있는 것은 아니다. 대형 마트든 소형 마트든, 유통 자본이 들어왔으면 그냥 서울 등지의 본사로 빠져나가게 될 돈이 다시 지역 안으로 들어오게 하는 역할을 한다. 그리고 중간 유통이 극단적으로 생략되기 때문에 농민과 소비자 모두 만족도가 높다. 게다가 매장 비용 등의 많은 비용이 정부 예산이나 농협 예산에서 상당 부분 지원되기 때문에 서로 손해 보지 않으면서도 충분한 경쟁력을 가질 수 있다.

농업을 일반 공산품과 마찬가지로 사적 경제의 영역으로 볼 것인가, 아니면 농업 그 자체를 국가의 공공재로 볼 것인가에 대해서는 논쟁이 있다. 오랫동안 농림부의 주요 간부직은 경제 관료들이 차지했다. 경제를 오래 본 경제 관료들이 농업에 대해 하는 이야기는 '핸드폰 팔아 쌀 사먹으면 된다'라는 말에 녹아 있다. 농업을 핸드폰처럼 보는 시각이다. 가격 높은 것은 사다 먹으면 되고 가격 낮은 것은 수출하면 되고, 이렇게 일반 공산품처럼 농업을 다루는 시각이 한국의 고위 관료들이 농업에 대해 가지고 있는 기본적인 시각이다.

반면에 농업을 공공성이 강한 분야로 보는 시각도 존재한다. 대체로 세 가지 이유를 들 수 있다.

1) 식품 안전과 식량 안보

국가의 식품 자급률을 설정하거나 유지하려는 논리가 존재한다. 안전한 국산 식품을 국민들에게 공급하겠다는 시각은 식품 안전의 시각이다. 1년의 거의 절반이 겨울이다시피 한 스위스의 농업 조건은 진짜로 열악하다. 그렇지만 우유와 치즈 등 자신들이 생각하는 기본 식품은 되도록 자급을 하려고 한다. 영어로는 똑같이 'security'라는 단어를 쓰지만, 식품을 안보 차원에서 이해할 수도 있다. 녹색

무기green weapon 같은 개념은, 결국은 강대국이 나중에는 식량을 무기로 사용할 수도 있다는 두려움에서 출발한다. 실제로 식량 수출을 금지해서 한 국가를 고사시키는 일이 WTO 체계에서 발생하기는 쉽지 않다. 그러나 최후의 상황을 전혀 배제하기가 어려우니까 식량 안보라는 개념이 성립하기는 한다. 이 정도로 극단적인 상황은 아니지만 자국에 일정한 생산분이 없는 식품에 대해서는 국제적 대형 식품회사나 도매상이 가격 담합을 하기도 한다. 비싸게 수입가를 잡더라도 대체할 방법이 없으면 가격이 폭등하게 된다. 독과점 시장에서 흔히 발생하는 현상이다.

2) 농업의 생태적 기능

농업은 생태적인가, 비생태적인가? 농약을 사용하고, 제초제를 사용하는 화학적 속성 때문에 농업은 그 자체로 오염원이라는 비난을 많이 받는다. 새만금 사업에서 결정적으로 영향을 미치게 된 가장 큰 요소가 바로 강 상류에 있는 축산 농가다. 둑을 막아 놓고는 이 축산 농가들에서 나오는 오염 물질을 해소할 방법이 없다. 그렇다고 축산 농가들 보고 나가라고 할 명분이 없으니 기술적으로는 진퇴양난에 몰리게 된 것이다.

그렇지만 농업 그 자체는 다른 산업에 비해서는 생태적 기능을 가지고 있다고 본다. 유기농이나 친환경 농업만 그런 것이 아니라 농업 일반에 생태적 기여도가 존재한다는 것이다. 이것을 공식 용어로는 농업의 다원적 기능multifunctionality이라고 부른다. 농업 그 자체가 엄청나게 환경친화적이라는 의미라기보다는 그 공간에 도시를 조성하는 것 또는 공장을 짓는 것보다는 낫다는 의미가 더 강하다. 그래서 박정희 때 도시의 비정상적인 확대를 막기 위해 그린벨트를 만든 것처럼, 농업진흥지역이라는 이름으로 절대 농지라는 제도를 운용하고 있다. 도시의 자본은 농지를 투기 대상으로 보고 싶어 하지만, 농지 자체가 가지고 있는 생태적 기능이 있기 때문에 무절제하게 농지를 해체하면 안 된다는 시각이, 기본적으로는 농업이 가지고 있는 생태적 기능이라는 논리 위에 서 있는 것이다. 농지를 풀어서 아파트를 지을 것인가, 아니면 그냥 농지를 보존할 것인가? 농업이 갖는 생태적 기능을 어떻게 볼 것인가에 따라 다른 판단을 하게 된다.

3) 농업과 지역경제

WTO 출범 이전부터 각 국가별로 주요 도시가 아닌 지역을 어떻게 방치하지 않고 일정 수준을 유지할 수 있게 할 것인가는 주요한 질문이 되었다. 그래서 통상 분규에서 지역경제에 대한 지원은 포괄적으로 예외를 허용한다. 그리고 그 과정에서 농업에 적절하게 지원해야 한다는 폭넓은 논의가 생겨났다. 농촌 지역의 핵심 경제는 결국은 농업이다. 그것을 어떻게 경쟁력을 유지할 수 있게 재구성할 것인가? 이것은 농업이 갖는 또 다른 핵심적 기능이다.

지금까지 농업을 둘러싼 여러 가지 사회적 접근 중에서 효과를 본 것은 생협에서 하는 계약 재배 방식이다. 꼭 생협이라서 유효했던 것이 아니라 계약 재배를 주로 생협이 했기 때문에 유효해진 것이다. 연간으로 하는 계약 재배의 장점은 마트에서 주로 하는 '밭떼기'와 비교하면 명확하다. 농민 쪽에서는 소득 안정성이 생긴다. 농업에서 가장 어려운 것이 가격 등락에 따른 소득의 급변인데, 계약 재배를 하면 그런 건 없어진다. 잘 되거나 안 되거나, 소득은 일정해진다. 마트는 그때그때 싼 데를 찾아가고, 그 계약 특징상 싼 가격으로 '후려치기'도 종종 발생한다. 농민 입장에서 보면 소득이 극단적으로 불안정해진다. 연간 계약 재배의 장점은 소비자들에게도 반영된다. 때때로 급락하더라도 실제 소비자 가격은 잘 안 내려간다. 반면에 급등하면 소매가는 금방 뛴다. 이런 급등기에 생협의 친환경 농산물이 실제 마트 가격보다 싼 경우가 종종 생긴다. 그냥 농약을 친 농산물보다 유기농이 더 싸다는 것이 쉽게 이해되지는 않겠지만, 계약 재배라는 속성이 있어서 그렇다. 연간 계약으로 소득이 안정된 농가 입장에서는 가격이 폭락하거나 폭등하거나 소득이 일정하기 때문에 그편이 더 이득이다. 유혹은 이제 생협 매장 쪽으로 넘어간다. 가격이 폭등하니까 비록 농산물은 싸게 받아 왔더라도 가격을 좀 높여도 된다. 일반 마트라면 그 조건이면 가격을 올린다. 그러나 생협 역시 사회적 경제의 한 분야여서 그렇게 가격이 폭등했다고 그냥 가격을 같이 올려 버리면 출자한 조합원들이 참아 주지 않는다. 그렇게 폭등기에 같이 가격을 올려 버리면 생협이 아니라 그냥 동네 마트다.

농민의 소득을 안정화해서 월급처럼 받을 수 있게 해주는 방법

중 인류가 만든 가장 좋은 방법은 CSA_{Community-Supported Agriculture}라고 불리는 것이다. 우리 말로는 시민 지원 농업 정도로 번역할 수 있다. 시민들이 회비를 모아서 농민들에게 월회비로 주고, 농민들은 그때그때 생산되는 농산물을 회원들에게 보내 주는 방식이다. 그냥 주는 대로 받는 것이 아니라 회의를 해서 재배할 농산물이나 농법 같은 것도 같이 정한다. 그래서 농가 또는 농장의 의사 결정에도 같이 참여하는, 가장 적극적이며 가장 진화한 방식이다. 농민은 월급 형태로 소득을 확보할 수 있고, 시민들은 자신의 의사가 반영된 농산물을 받을 수 있다. 아직 우리는 여기까지는 못 갔고, 그 전 단계로 재배 의사 결정까지는 참여하지 않는 단계까지는 갔다. 꾸러미라고 불리는 특별한 양식이 바로 그것이다. 생협 같은 데를 통해서 참여 시민들은 회비를 내고, 농민은 월급처럼 그 돈을 받는다. 그리고 그때그때 재배되는 농산물을 한 박스에 넣어서 보내 준다. 이 꾸러미라는 정책도 박근혜가 이야기한 로컬푸드 정책에 포함되어 있다. 시민 지원 농업이라고 부르면 뭔가 엄청난 시민사회의 농업 프로그램 같은데, 이것을 YMCA 등대생협 같은 곳에서 꾸러미라고 부르면서 실제로 시행했다. 수년 전부터 시민사회에서 논의하고 추진했던 것인데, 같은 내용이 박근혜 손에 들어가면 6차 농업정책이 된다. 나쁜 일은 아니다. 이런 것 역시 시민단체가 해도 되고, 생협이 해도 되고, 농협이 해도 된다. 농업 분야에서 사회적 경제가 만들어 낸 대표적인 히트 상품이다.

지금까지의 상황을 놓고 종합적으로 보면, 로컬푸드 1번지는 여전히 완주군이라고 할 수 있다. 군에서 적극적으로 참여해서 이제는 주요한 지역경제 프로그램으로 자리를 잡았다. 그리고 여기에 참여하는 지역 농민들의 통장에 실제로 월급 형태로 입금을 해준다. 이것이 조금 더 자리를 잡으면 연봉제 같은 것을 시행해도 될 정도다. 연간 소득에 대해 어느 정도 파악되면, 그때그때 판매액을 월급으로 주나 연간 계약해서 진짜로 연봉제로 하나 큰 차이가 없다. 농민 소득의 안정성 면에서 완주군의 로컬푸드 프로그램은 획기적으로 좋다. 그리고 모든 군에서 이렇게까지 하지는 못하더라도, 어느 정도 비슷하게는 할 수 있다. 로컬푸드 정책에는 진보와 보수가 따로 없다. 한국에서 정치적으로 가장 왼쪽에 있는 무정부주의에 가까운 지역자치단체에서 박근혜까지, 다 힘을 합쳐서 하자고 했던 일이다. 정치적으로도 특별한 주장이 없고, 경상도나 전라도 같은 지역 차이도 있을 게 없다. 군수들이 관심을 가지면 정말로 한국 농업과 지역경제에 결정적인 전기를 맞을 수 있는 기초 작업은 이미 다 끝난 상황이다. 박근혜가 했던 대부분의 정책은 시간이 지나면 엄청나게 욕을 먹거나 '언두undo', 즉 없던 일로 돌아갈 가능성이 높다. 그렇지만 로컬푸드만큼은 그가 잘했던 일로 남을 것이다.

사회적 경제가 현실적으로 생활경제 그리고 지역경제로 오면 좌우 차이가 없어지는 경우가 많다. 로컬푸드가 대표적이다. 심지어 좌우를 막론하고 무지막지하게 욕 먹는 농협도 로컬푸드와 관련된 경제활동에 관해서는 많은 사람들이 잘한 일이라고 한다. 농협 직영 매장인 하나로마트를 만들 때는 많은 사람들이 욕했다. 일반 마트와 아무런 차이도 없는 슈퍼마켓이나 운영하는 것이 협동조합이 할 일이냐, 그게 무슨 경제사업이냐고 욕했다. 지역에서 주유소를 운영할 때도 농협에 욕이 빗발쳤다. 기껏 농업 경제사업이라고 하면서 누워서 헤엄치는 주유소 사업이냐, 이게 농업하고 무슨 상관이 있냐, 엄청나게 욕 먹었다. 그런 농협이 해도, 로컬푸드는 잘한 일이라고 많은 사람들이 칭찬한다. 청와대에서도 칭찬하지만 시민사회에서도 칭찬한다. 좌우 또는 진보와 보수를 떠나 이 경우만큼은 농협에게 이런 식으로 잘하라고 덕담을 해준다.

농업에 관한 절을 마무리하기 전에 농협개혁에 대해서 한마디만 덧붙일까 한다. 우리 사회는 기본적인 민주주의를 운용하기 위한 준비가 어느 정도나 되어 있을까? 이것을 믿을 수 있다면 이미 많은 사람들이 지적하고 제시한 농협중앙회 선출 방식이 우선적으로 변경되어야 한다. 지금은 지역의 조합장 중 일부가 대의원이 되어 간선제로 중앙회장을 뽑는다. 지역 농협에는 1142명의 조합장이 있고, 이 중 291명이 대의원조합장이 된다. 대의원조합장이 되기 위해 온갖 편법이 동원되고, 이 291명을 어떻게 확보할 것인지가 막대한 권력을 가진 중앙회장으로 선출되는 데 관건이다. 한 표 한 표 확보해야 하고, 그렇게 한 표를 확보해 준 대의원들이 회장 선출 후 많은 권력과 이권을 나눠 가지게 되어 있다. 그러다 보니 역대로 농협중앙회 회장들이 거의 다 구속되는 지경에 이르렀다. 간선제도 개혁이라고 생각하던 시절이 있었지만, 이제 우리 사회의 수준이 직선제를 감당할 정도는 된다고 생각한다. 복잡하게 계산하지 말고, 그냥 하고 싶은 사람들이 출마하고 전국의 농협 조합원들이 직접 투표해서 한 번에 깔끔하게 뽑는 방식이 더 낫다. 그 정도 되면 누군가를 매수하는 방식으로 선거운동을 할 규모를 넘어선다. 전국 조합원들이 동시에 하는 직접 투표, 이걸 못할 이유가 없지 않은가. 그것이 농협 개혁의 시작이라고 생각한다.

5. 신들의 경제

자, 이제 드디어 길게 이어져 온 사회적 경제 이야기의 마지막 주제를 다룰 순간이 되었다. 4장에서 다룬 주제들은 한국 경제의 현 상황에서 비즈니스 측면에서 성공 가능성이 높고, 잠재성도 높으며, 공익적 기여도도 높은 순서대로 배치했다. 위의 주제들만 중요하다는 것은 아니지만, 어쨌든 내가 평가해 보았을 때 그래도 비즈니스와 리스크 조건을 어느 정도 만족시키는 분야들이다. 그렇다면 마지막 분야는 어디일까? 한국에서 미지의 영역, 그리고 아직 걸어가지 않은 잠재력이 남아 있는 분야는 역시 종교다. 이것을 '신들의 경제'라고 부를 수 있다.

종교와 경제에 대한 표준적인 이야기만 잠시 살펴보자. 위대하신 사회학자 막스 베버가《프로테스탄티즘의 윤리와 자본주의 정신》을 쓴 이후로 개신교가 자본주의에 잘 맞고, 그래서 미국 자본주의가 융성하게 되었다는 분석이 유행했다. 유사한 논리 속에서 유교와 일본 자본주의를 분석하는 것도 한동안 유행했다. 특정 종교가 자본주의와 잘 맞을까? 분석하기 나름이다. 어쩌면 특별한 종교가 자본주의랑 잘 맞는 것이 아니라 자본주의 자체가 모든 종교와 잘 맞는 것인지도 모른다.

사회적 경제에 관한 이야기를 할 때 빠지지 않는 대표 학자들이 칼 폴라니Karl Polanyi와 마르셀 모스Marcel Mauss다. 학술적으로 분류하면 경제인류학 정도로 분류되는데, 워낙 다루고 있는 분야가 넓어서 특정한 분파로 분류하기는 쉽지 않다. 막스 베버 이후의 사회학자들이 자본주의 등장 이후의 종교와의 관계에 대해 주로 다루고 있다면, 폴라니와 모스는 원시사회에서 종교와 경제에 대해서 주로 다룬다. 요약하면, 고대사회나 원시사회에서는 종교가 주된 요소이고, 경제는 여기에 종속된 것이라고 할 수 있다. 그리고 나중에 경제가 종교로부터 독립해서 나오게 되었다고 볼 수 있다. 중세에는 종교가 이자를 받는 것을 금하고 있었다. 왜? 종교적 이유다. 만약 교회가 이자를 금하지 않았다면 이교도라서 교회의 명령을 듣지 않아도 되는 유태인 고리대금업자인 샤일록 이야기를 그린 셰익스피어는 《베니스의 상인》을 쓰지 않았을 것이다.

주요 종교들은 자본주의에 잘 적응했고, 한국에서도 그렇다. 그리고 경제학보다는 경영학에서 종교에 대한 접근을 더 많이 한다. 자연스럽게 지역 독점 구조를 가지고 있는 가톨릭이나 조계종과는 달리, 기독교는 완전경쟁에 가깝다. '교회 경영학'을 통해서 경영학 기법이 교회에 접목된 것은 이미 오래전이고, 한국에도 1990년대 이후로는 교회 경영이라는 개념이 들어와 있다. 조계종은 종단과 본사 그리고 말사로 구성되어 있고, 프랜차이즈 구조를 통해서 분석하려는 시도가 일부 있는데 아직은 실험적이다. 지역 독점인 불교보다는 아무래도 완전경쟁 시장에 가까운 기독교가 경영학 기법에 더 잘 맞는 것 같다.

자본주의 자체가 중세의 교회로부터 독립하려는 인간들의 노력 속에서 나왔다고 보는 것은 정설이다. 그렇지만 협동조합을 비롯해서 우리가 사회적 경제라고 부르는 흐름도 상당 부분은 종교 속에서 나왔다. 자본주의에서 공동체는 익숙하지 않은 개념이지만, 교회에서 공동체는 아주 익숙하다. 회중이나 교회, 이런 말들은 '부름을 받아 나온 사람들'이라는 의미의 그리스어 에클레시아ecclesia의 다른 번역어다. 무리, 회중, 교회, 원래의 성서에서는 다 한 단어다. 교회 그 자체가 일종의 공동체라는 것은 기독교 전통에서 전혀 낯설지 않다.

초기에 협동조합 같은 공동체를 강조한 생시몽Saint-Simon이나 존 스튜어트 밀John Stuart Mill 같은 경제학자들도 성경의 영향을 적게 받은 사람들은 아니다. 경제학이 완전히 세속화된, 즉 종교로부터 분리된 것은 19세기 이후의 일이다. 자본주의 속에서도 교회는 계속해서 공동체를 강조했고, 그 흐름이 사회적 경제의 한 뿌리가 된다. 이것을 이해하기 위해서는 그렇게 멀리까지 위로 올라가지 않아도 된다. 협동조합의 가장 중요한 성공 사례로 흔히 거론되는 스페인의 몬드라곤이 바로 종교적 배경에서 출발했다. 자본주의에서 종교가 여전히 중요한 역할을 수행하고 있듯이, 사회적 경제에서도 그렇다.

그렇다면 한국은? 원래 사회적 경제가 존재하던 것을 이제 더 키우는 것이냐, 아니면 존재하지 않는 것을 지금부터 만들어야 하는 것이냐? 나는 후자라고 생각한다. 그리고 한국 자본주의에 사회적 경제가 제대로 정착하고 성장하지 않은 데에는 종교가 역할을 제대로 하지 않은 측면도 존재한다고 생각한다. 워낙 경제 발전의 시간이 짧기도 했지만, 시장경제의 뒤켠에서 또 다른 생산과 유통 방식을 공동체적으로 만들어 내는 역할을 종교가 전혀 안 한 데도 일부 이유가 있다. 시민사회의 형성, 복지국가의 근간, 사회적 책임을 수행하는 기업, 이런 것들이 짧은 경제 발전의 역사 속에서 아직은 미흡하다. 마찬가지로 사회적 경제에서 종교의 역할도 미진하다고 할 수 있다.

논리적인 진단이다. 짧은 시간에 사회적 경제를 만들기 위해서는 국가와 시민 그리고 기업의 역할이 중요한 것처럼 종교의 역할도 중요할 것이다. 이제 우리는 아주 긴 시간이 될 불황으로 들어간다. 한국에서 지금 돈이 있는 집단이 대기업, 정부를 빼고 나면 종교밖에 없지 않은가. 시민단체는 진짜 돈이 없고, 가계부채를 극단적으로 늘린 상태에서 중산층도 돈이 없다. 뭔가 할 수 있는 경제적 여력이 남은 곳은 솔직히 대기업과 종교밖에 없다. 종교의 경제적 역할이 그 어느 때보다 절실한 시간이 펼쳐질 것이다.

지난 시기에 한국의 종교가 사회적 경제에서 아무 역할을 하지 않은 것은 아니다. 중요한 역할을 한 것은 맞는데, 한국 경제의 방향을 정할 정도의 규모가 생겨나지는 않았다.

시기적으로 보면 사회적 경제에서 가장 큰 역할을 한 것은 가톨릭이다. 1970~80년대에 가톨릭농민회가 농촌 지역을 중심으로 만들었던 사회적 경제의 기반은 그야말로 영웅적이다. 90년대 중후반에 한국에서 생협이 생겨나고 비약적으로 발전하게 된다. 그것이 가능할 수 있었던 지역적 기반은 유신 시대의 가톨릭농민회가 상당 부분 만들어 낸 것이라고 보아도 좋다. 가톨릭에서 협동과 사랑을 키워드로 하는 사회적 경제는 여전히 중요한 이야기다. 그리고 그 연장선에서 YMCA 등대생협의 기나긴 역사로 상징되는 기독교의 역할도 무시하기는 어렵다. 앞 절에서 다룬 CSA의 '꾸러미' 사업이 제시되고 형상화된 곳이 바로 이 등대생협이다. YMCA, YWCA는 지역에서 생협을 비롯한 사회적 경제의 기반을 만들어 낸 기관이다. 동네 경제, 지역경제를 이야기할 때 이런 기독계 계열의 사회활동가들이 형성한 기반을 빼고는 사실 논의 자체가 어렵다.

그렇지만 사회적 경제와 관련해서 가장 조직적으로 움직인 곳은 불교다. 지리산 실상사에서 시작한 인드라망 생협은 점차적으로 불교생협의 형태로 발전했고, 전국적으로 매장을 가지고 있다. 서울에도 있다. 한때는 강남 한복판의 봉은사에도 불교생협 매장을 운영했다. 교단 차원에서 전폭적인 결정은 아직 없지만, 불교 내부에 사회적 경제와 관련된 포럼이 구성되어 사회적 경제를 위한 교육원을 만들기 위한 노력이 진행되는 중이다.

자, 앞으로 사회적 경제에서 종교의 역할은 어떻게 될 것인가? 거대한 협동조합 같은 것은 쉽지 않더라도 소규모 매장 운용 정도는 가능할 것 같다. 그동안 생협 유통망도 이미 전국화가 이루어져서 자체적인 유통망을 갖추지 않더라도 지역 회원으로 가입해서 매장을 운영할 수 있을 정도의 기반은 만들어져 있다.

기독교와 불교의 공통된 고민 중 하나는 신도의 고령화다. 젊을수록 종교 의존도가 낮고, 종교에 대한 불신도 높다. 그것은 서울의 대형 교회들도 마찬가지다. 청년 경제와 관련된 수많은 제안이 있었지만, 현실적으로 가장 빠르게 움직일 수 있는 곳이 교회와 절이 아닐까 싶다. 좀 생각해 보자.

요즘 큰 교회 안에 카페를 만드는 것이 유행이다. 이해는 가는 일이다. 어차피 공간도 남고, 신도들이 대화하기 위해서 어차피 커피를 마시니까 그 돈을 자체적으로 흡수하는 편이 낫다고 생각하는 것이 이상한 일은 아니다. 이게 나쁜 일은 아니다. 그렇지만 요즘 같으면 동네에서 욕 먹는 일이기는 하다. 안 그래도 포화 상태라서 카페 하나 생기면 기존에 있던 카페 하나가 망한다. 실내 흡연 금지 이후로, 카페를 찾는 손님들이 많이 줄었다. 원래도 포화된 시장에서 유지 자체가 극단적으로 힘들어졌다. 그 상황에서 교회에서 카페를 낸다고 하면, 사실 동네에서는 다 욕하고 흉본다. 그 얘기를 직접 하기가 어려워서 아무도 안 할 뿐이다.

카페 대신에 생협 매장을 만든다고 하면 어떨까? 사회적 경제가 엄청나게 크고 거창한 일은 아니다. 교회에서 카페를 내면 영리 활동이지만, 생협 매장을 만들면 사회적 경제가 된다. 매장 하나에 열 명 이상의 고용이 생겨난다. 운영하기에 따라서는 그 옆의 작은 연구소나 문화 활동과 연결해도 된다. 다른 사람들이 아니라 교회의 젊은 청년들을 고용하면, 그것이 지역 고용이고 사회적 경제다. 그리고 그 자체로 가장 효과적인 청년 경제이기도 하다. 모든 교회가 다 만들 필요도 없다. 충분히 규모가 되고, 생협 매장 하나 운영한다고 해서 인력 구조가 흔들리지 않을 곳에서만 해도 된다. 중국집만큼 많다는 교회에서 사회적 경제와 관련된 활동을 하면서 자체적으로 고용을 만들어 내면 그것이 바로 청년 경제이고 사회적 경제다.

사회적 경제를 어렵게 생각하면 한없이 어렵지만 쉽게 생각하면 그야말로 생활 속에서의 조그만 움직임이 또 사회적 경제이기도 하다. 사회적 기업은 장기적 수익성을 장담하기가 어렵다. 그러나 생협 매장은 어지간해서는 손해를 안 본다. 초기에 자리 잡을 때 1~2년 수고스럽기는 하지만, 여전히 해볼 만한 영역이다.

사회적 기업이나 마을기업 같은 데 종교가 직접 진출하거나, 신도들이 이런 것을 새로 창업하는 과정에서 인큐베이팅 역할도 충분히 할 수 있다. 사회적 경제의 핵심이 연대solidarity라는 표현을 쓴다. 말은 어렵다. 이것을 그냥 비즈니스 용어로 바꾸면 '얼굴 장사'라고 할 수 있다. 서로 얼굴 아는 사람들끼리 직접적 이해관계나 영역을 뛰어넘어 힘을 합치자는 것이다. 일본 생협에서는 이것을 대면관계라는 딱딱한 용어로 부른다. 얼굴 보고 하는 일이야말로 신이 가장 잘하시는 일 아닌가? 청년 신도들이 새로운 사회적 경제 영역으로 들어올 때, 종교만큼 든든한 후견인이 또 없다. 교회 신도들 사이에 네트워크 마케팅, 즉 다단계가 퍼지는 것보다는 사회적 경제가 퍼지는 것이 개인들에게도 도움이 되고 국민경제에도 훨씬 보탬이 된다.

신들이 사회적 경제에 눈뜰 때, 한국 경제가 비로소 다음 단계를 향한 티핑 포인트를 넘어서게 된다. 종교가 보수적이냐 진보적이냐? 어려운 질문이다. 그렇지만 사회적 경제는 기본적으로 좌우 관계를 넘어서는 동네의 일이다. 그리고 그 동네가 튼튼해지는 데는 정치적 견해가 그렇게 중요하지 않다.

"남의 말을 좋게 합시다."

가장 보수적인 동네, 가장 보수적인 기관, 그리고 가장 보수적인 교회에서 가끔 보게 되는 표어다. 얼마나 자기들끼리 서로 욕하고, 그것이 상처가 되고 집단적 문제가 되었으면 '남의 말을 좋게 합시다'라고 서로 권면하는 지경에 이르렀을까 하는 생각이 든다. 종교와 사회적 경제가 만날 때 지켜야 할 딱 하나의 계명이 있다면 바로 이 말일 것이다. "남의 말을 좋게 합시다." 얼굴 장사라서 그렇다. 이 것만 지킨다면 신들의 경제는 당분간 별 문제 없이 번창할 것이다. 아직 우리나라 경제가 가보지 않은 길이다.

에필로그

1

같은 대기업이고 세계를 무대로 장사하는 기업이기는 하지만 삼성전자와 구글은 많이 다르다. 삼성전자는 여전히 군대의 느낌이 강하고, 구글에는 그런 군대식 상명하복이 거의 없다. 경제 발전 초기에 한국은 기업의 조직 모델을 일본에서 가지고 왔는데, 일본 기업들이 군대식 조직을 사용하는 경우가 많았다. 한국도 오랫동안 군부 독재를 경험했고, 기업만이 아니라 사회의 많은 분야가 군대식 모델을 원형으로 하여 만들어졌다. 그런데 경제조직이 반드시 군대식 상명하복에 의해서 움직여야 하는 것일까? 그런 법칙은 없다. 하다 보니까 그렇게 된 것 같다.

군대는 전쟁과 관련된 조직이다. 많은 결정을 내려야 하고, 또 그 결정이 신속해야 한다. 그 결정이 꼭 옳을 것이라는 보장은 없다. 그리고 그 과정이 효율적일 것이라는 보장도 없다. 그렇지만 아무 결정도 내리지 못해서는 전투를 치를 수가 없다. 전쟁과 경제, 아주 멀리 떨어져 있는 이야기는 아니다. 경영학 자체가 제2차 세계대전에서 연합군 병참 관리 즉 '로지스틱' 문제를 해결하는 과정에서 하나의 독립된 학문으로 성립했다. 그것이 더 발전해서 요즘은 계량경영학이라고 부르는 바로 그 분과가 되었다. 히로시마에 원폭을 투하하는 결정을 내렸던 미국 공군 폭격지휘부에는 경영학을 전공해서 하버드의 교수로 일하던 로버트 맥나마라가 끼어 있었다. 그는 폭탄 투하에 찬성하지 않았다. 그가 포드사의 사장으로 일하다가 다시 미국 국방부의 민간인 국방장관이 된다. 장관으로서 그는 월남전 지휘를 맡게 된다. 좀 더 넓게 보면 우리가 비즈니스라고 부르는 학문의 이론적 뿌리가 전쟁 과정에서 형성되었다. 군대와 경제학 혹은 전쟁과 경영학이 밀접하다고 하는 것이 그냥 과장은 아니다.

그렇지만 요즘 대기업을 군대식으로 운용하는 것은 한국이나 일본의 일부를 제외하면 흔한 일은 아니다. 더 자율적이고, 더 창의력을 높여야 혁신 경쟁에서 뒤처지지 않기 때문이다. 21세기에 대표적인 혁신 기업은 군대 조직과는 거리가 멀다. 조직 내부로 들어오면 삼성전자와 구글은 많이 다르다. 겉모습은 그렇지만 본질적으로 전체적인 의사 결정 구조는 크게 다르지 않다. 그 두 회사 모두 주식회사다. 흔히 '1인 1표주의'라고 부르는데, 주식을 한 주라도 더 많이 가진 쪽에서 최종적인 의사 결정권을 갖는다. 이것은 크게 다르지 않다. 이미 의사 결정이 이사회에서 내려진 다음에 그것을 회사 직원들이 어떻게 수행하느냐, 이 구조에서는 엄청나게 다르지만 이사회 자체의 결정 원리가 크게 다르지는 않다. 물론 현실로 들어가면 '오너'와 같은 복잡한 개념이 나오고, '거버넌스'라고 부르는 지주회사를 비롯한 주식의 소유관계가 얽힌다. 단순하게 주식을 더 많이 가진 쪽에서 결정을 한다, 이렇게만 이야기하기는 어렵다.

군대는 어떤 식으로든 결정을 하고, 전투를 하거나 수비 전략을 짠다. 주식회사도 결정을 내린다. 연간 단위로 내리고, 분기 단위로 내리고, 어떤 것은 월 단위로 내린다. 정말로 중요하고 긴박한 결정이라면 새벽에도 결정을 내린다. 주식회사에서 그렇게 긴박하고 시급하게 의사 결정을 한다고 해서 뭐라고 하는 사람은 아무도 없다. 자기들끼리 정한 절차에 맞기만 하면 된다. 상법과 금융지주회사법 등 관련된 법규만 위반하지 않으면 정말로 문제될 것은 아무것도 없다.

주식회사와 달리 사회적 경제가 가장 어려움을 겪는 것이 바로 이 의사 결정의 문제다. 아직은 출발 단계이고, 소규모로 기동성을 강조하는 사회적 기업과 달리 협동조합은 이미 대규모 회사들이 충분히 존재한다. 은행도 하고 보험도 한다. AP통신 같은 언론사도 하고, 미그로처럼 국가의 주요 배급망을 장악하고 있는 경우도 있다. FC 바로셀로나 같은 세계적인 축구 클럽도 협동조합이다. 조금 과장해서 말하면 사회적 경제의 힘으로 달나라도 갔다 올 수 있다. 기술력, 자금력을 협동조합이라고 늘리지 못할 것은 없다. 꼭 주식을 발행하고 상장을 해야지만 대규모 사업을 할 수 있는 것은 아니다.

세계 최대 규모의 곡물회사로 악명을 떨치는 카길은 아직 주식공개도 안 했고 주식상장도 안 했다. 반드시 주식거래소나 투자은행을 통해 출자를 받거나 자금을 모집해야만 규모를 키울 수 있는 것은 아니다. 우주항공 분야에 협동조합들이 진출해서 위성을 쏘아 올리는 일을 못할 이유는 없다. 그것이 꼭 필요한 일이라고 생각되지 않기 때문에 안 하는 것일 뿐이다. 이론적으로 사회적 경제라고 해서 규모가 문제되지는 않는다. 그러나 의사 결정은 어렵다. 규모가 커도 어렵고, 규모가 작아도 어렵다.

2

마지막 단계에 어떤 결정을 내릴 것인가? 주식회사의 가장 큰 장점은 이 의사 결정 문제를 주식을 많이 가진 사람이 내리도록 한 선명성이다. 그 사람이 창업자일 수도 있고, 오너일 수도 있고, 은행일 수도 있고, 심지어는 법원일 수도 있다. 기업이 어려워서 법정관리에 들어가면 법원이 의사 결정을 대신 한다. 좋든 싫든, 결정은 내려진다.

사회적 경제에서는 이 '최종 단계'의 결정이 어렵다. 그것은 협동조합이건 사회적 기업이건 마을기업이건 마찬가지다. 원칙적으로는 모든 조합원이 의사 결정을 해야 한다. 조합원총회 같은 것이 존재한다. 물론 매번 그렇게 모일 수는 없으니까 집행위원회 같은 것을 만들어서 실무적 결정을 내린다. 그렇지만 몇 사람이 독단적으로 자신이 위임받은 결정을 마음대로 행사할 수는 없다. 그렇다면 어떻게 결정을 내리게 되는가? 조직이 가지고 있는 철학과 사람들의 상식에 기반할 수밖에 없다. 그런데 시대는 변하고 철학도 바뀐다. 심지어는 시대정신도 바뀐다. 바뀐 시대에 적절하게 변화해서 살아남자고 하는 생각에 동의가 안 될까? 얼만큼 바뀌는 것이 적절하게 바뀌는 것일까? 그리고 어느 수준이 변절이 아닌 것인가? 모두가 동의할 수 있는 명확한 기준을 만들기가 어렵다.

많은 생협이 초창기에 겪었던 논쟁이다. 인터넷 구매를 어느 정도 수준으로 늘릴 것인가? 직접 얼굴을 보지 않고 판매하는 것이 과연 생협 정신에 맞는 것인가? 매장을 늘리면 어느 정도까지 늘릴 것인가? 이런 것도 심각한 논쟁거리였다. 우리의 생협은 소비자운동보다 농민운동에 뿌리를 내리고 있는 경우가 더 많다. 과연 농산품이 아닌 공산품도 팔 것인가? 판다면 어느 정도까지 팔 것인가? 원래 소비자들이 공동구매를 통해서 좀 값싸게 사자는 취지라면 이런 건 아예 논쟁할 필요가 없는 주제다. 그렇지만 공산품의 거래 범위도 쉽지 않은 논쟁이다. 이런 논쟁은 쉽게 결론이 나지 않는다. 매번의 결정이 어렵고, 그때마다 거친 언성이 오간다. 오랫동안 같이 일했던 동료가 이런 논쟁을 통해서 떠나가기도 하고, 다시는 친구처럼 지낼 수 없게 사이가 벌어지기도 한다. 그래도 이런 철학적이고 원칙적인 논쟁은 상급의 논쟁이다.

사회적 경제에서도 당연히 사람 사는 곳이니까 부패 문제가 생긴다. 그리고 상벌을 처리해야 하는 경우도 있다. 큰 부패면 당연히 상벌위원회 같은 것을 열어서 절차대로 처리하면 되지만, 이것을 부패라고 해야 할지 아니면 그냥 소소한 실수라고 해야 할지 판단하기 어려운 일들도 벌어진다. 눈감아 주는 것이 맞느냐, 아니면 원칙대로 처리하는 것이 맞느냐? 이것도 인간이 하는 일이라서 판단하기 어렵다. '여긴 원래 그래', 그렇게 넘어가다 보면 소소한 일상의 부패가 만연한다. 이런 것이 누적되면 부패인지 무능인지, 판단 자체가 어려울 지경이 된다. 무능하거나 부패한 사람을 조직에서 내보내야 하는 순간도 발생한다. 정리해고? 사회적 경제에서 정리해고를 하느냐? 한 사람 내보내는 일이 조직 전체를 흔드는 거대한 논쟁으로 비화되기도 한다. 정말 일 안 하고 누구 얘기도 듣지 않는 사람은 내보내는 수밖에 없다. 그렇지만 그렇게 누군가를 자르고 내보내는 일이 한국의 시민단체에서 처리하기 쉬운 일은 아니다. 어차피 큰 월급 주고 있는 것도 아닌데, 이 정도 문제도 해결하지 못하면서 무슨 민주화냐, 하는 이야기가 사방에서 튀어나온다. 내게 이런 문제에 대한 자문이 왔을 때, 나는 절차대로 상벌위원회를 열어서 내보내는 것이 좋겠다고 조언했다. 원칙과 절차를 알고 있다고 하더라도 그것을 그대로 시행하기는 어렵다. 그래도 나는 사회적 경제일수록 더 원칙대로 해야 한다고 생각한다.

"돈 받고 일하는 것 아니냐, 당신은 주는 만큼은 일해야 하는 거고……."

주식회사에서는 이런 이야기를 쉽게 한다. 이상하지도 않다. 그러나 사회적 경제에서는 이런 이야기가 입 밖으로 잘 안 나온다. 어차피 엄청나게 큰돈 받고 일하는 것도 아니고, 한 명 한 명에게 엄청난 성과를 기대하는 것도 아니니, 결국은 대부분 적당히 덮어 주고 문제를 봉합한다.

이런 일들이 누적되면, 결국 남아서 더 일을 하는 게 좋을 것이라고 기대를 받던 사람들이 먼저 나가게 된다. 그리고 그냥 버티기로 한 사람들이 끝까지 남아 있게 된다. 처음에 있었던 좋은 사람들이 사라지고, 정말로 일 못하고 기능적으로만 버티는 사람들이 다수가 된다. 실제로 그렇게 성과를 못 내게 된 협동조합들도 있다. 이런 일이 짧은 기간에 순식간에 벌어지면 좀 낫다. 시간을 두고 한 명 한 명 나가고, 그 과정에서 큰 아픔과 상처가 생겨난다. 그러면 철학과 정신은 사라지고 아픔과 상처만 남은 조직이 된다. 어려운 결정을 피하면 조직이 결국에는 어려워진다. 조직이 문을 닫는 것도 힘이 있어야 한다. 해소하겠다는 큰 결정을 내리고 집행을 할 만한 심장부에 해당하는 사람들이 있어야 문이라도 닫는다. 조합원들이 있고, 조합비가 있으면 그냥 버티고 있어도 어떻게 굴러가는 것처럼 보이기는 한다. 민간 시장에서는 망하면 파산하면서 그냥 망하는 것이라서 버티고 있을 수가 없다. 그렇지만 사회적 경제에서는 정부 지원금을 받거나 모아 놓은 조직의 기반이 있으면 별 성과 없이 그냥 버틸 수도 있다. 딜레마에 부딪히게 된다. 그리고 그 딜레마는 슬프다.

이와 유사한 일이 사회적 경제에서만 벌어지는 것은 아니다. IMF 외환위기 때 한국의 많은 기업이 정리해고를 했다. 정리해고를 하면, 모두가 나갔으면 하고 생각하는 사람들은 남고 유능해서 계속 남아 일을 해주기를 바라는 사람들이 나간다. 나갈 수 없는 사람과 나갈 수 있는 사람, 잡고 싶은 사람과 잡고 싶지 않은 사람, 그 사이에 묘한 평행선이 달린다. 더 좋은 조직을 만들기 위해서 조직을 흔드는데, 그것이 반드시 성과가 좋다는 보장이 없다. 모범사원과 우수사원이라는 농담으로 그 근본적 딜레마를 설명하는 것을 본 적이 있다. 출퇴근 잘하고 인사 잘하는 사람들이 모범사원이다. 밤을 새우면서 위험한 일을 성공시키는 사람들은 우수사원이다. 모범사원과 우수사원, 어느 쪽이 더 조직에 필요한 것인가? 결국은 구조조정에 실패해서 문을 닫게 된 어떤 대기업 쪽에서 들은 이야기다.

"구조조정 하고 2년쯤 지나니까 우수사원은 하나도 안 남고 모범사원들만 남았더라고요."

조직론은 늘 어려운 문제다. 그리고 사회적 경제에서 핵심적인 질문은 그 조직의 가치나 윤리 또는 형태에 있지 않다. 사회적 기업이냐 협동조합이냐, 그런 형태가 중요한 것이 아니다. 어떻게 조직을 구성하고, 그 조직에서 중요한 의사 결정을 내릴 것이냐, 그리고 어떻게 그 결정들을 부드럽게 할 수 있느냐, 이것이 진짜로 중요한 문제가 된다. 이런 문제를 해결하지 못하면, 그 안에서 사람들은 매일 싸운다. 그리고 계속해서 사람들이 빠져나간다. 앞에 내건 구호는 아름답지만 그 구호 아래의 조직은 아름답지 않은 경우가 있다.

3

한국에서 사회적 경제는 아직 1퍼센트를 넘지 않는다. 그렇지만 아마도 정권 두 번, 즉 10년을 지나고 나면 최소한 5퍼센트 수준에는 도달해 있을 것이라고 생각한다. 대규모로 고용을 만들어 낼 특별한 방법이 없기 때문에 정부나 개인이나 사회적 경제에 더 많은 에너지를 부을 것이다. 전체로 본다면 돈도 문제가 없고, 사람도 문제가 없다. 한국 경제가 소규모 지역 비즈니스를 감당하기 어려울 정도로 작은 것도 아니고, 그동안의 시민사회와 사회적 경제의 역사가 뒷받침을 하기 때문에 인력도 문제는 없다. 사회적 분위기도 1990년대 중후반 IMF 외환위기 때와는 많이 다르다. 대규모로 폭발하기 직전의 '티핑 포인트'에 도달해 있다는 징조가 많다. 이제 넘어야 하는 벽은 자본, 인력, 지식과 같은 경제적 요소가 아니다. 어떻게 조직 내부의 문제를 해결하고 많은 것을 결정할 것인가, 그런 의사 결정에 관한 문제다. 지금까지는 규모가 작거나 시범 사업 단계였기 때문에 그 안에서 벌어지는 소소한 갈등이나 알력은 문제가 되지 않았다. 그 아픔이 적었던 것은 아니지만 그것을 사회적으로 깊이 논의할 필요가 없었다. 의사 결정, 여전히 어려운 문제다. 그리고 앞으로도 어려운 문제다. 주식회사는 '1원 1표'의 원칙을 내걸고,

'어느 쪽이 이익이 많은가'라는 단순한 원칙으로 의사 결정을 내린다. 물론 요즘 사회책임 투자 같은 공적 가치를 내걸기 시작한 일부 회사들은 이렇게 단순하게 판단을 내리지는 않지만, 많은 경우 의사 결정은 상대적으로 쉽다. 큰돈이 걸리면 오히려 어려운 결정을 더 쉽게 할 수도 있다. 의사 결정에 참여한 사람들이 각자 지금보다 더 많은 돈만 벌면 된다. 왼쪽으로 갈 건지, 오른쪽으로 갈 건지, 우회해서 갈 건지 그 과정은 결과에 묻힌다. 그러나 사회적 경제에서는 현재 큰돈이 걸려 있지 않기 때문에 타협이 쉽지 않다. 그리고 사회적 목표 즉 공공성을 담보로 하기 때문에 과정도 문제가 된다. 자연과 생태계를 극단적으로 파괴하는 것을 감수하면서까지 돈을 벌어야 할까? 사회적 경제에서는 이런 결정을 내리기 어렵다. 손해를 감수하자는 사람과 손해를 감수하지 말자는 사람들이 격돌하면 쉽게 결론이 나지 않는다. 외부에서 중재해 줄 사람도 별로 없다. 시민단체의 알력에는 원로들이 개입해서 문제를 푸는 경우도 있지만, 사회적 경제에서는 그렇게 외부에서 원로가 개입하기도 쉽지 않다. 어쨌든 개별적으로는 모두가 경제활동을 하는 독립된 법인이다. 대부분의 경우, 스스로 결정하는 수밖에 없다. 시민단체와 달라 사회적 경제의 경우, 잘못된 결정을 해서 경제적 손실이 발생할 수도 있다. 원로라고 해서 괜히 말을 보태거나 조언을 하기가 쉽지 않다.

돈이 많은 사람이 그만큼 더 많은 결정을 내리는 것은 민주주의 관점에서는 부당하기는 하지만 조직론과 의사 결정의 관점에서는 효율적이다. 물론, 그러니까 기업 범죄라는 것이 존재할 수 있다. 절차대로 하는 데는 큰 의사 결정이 필요하지 않지만, 범죄를 저지르기 위해서는 많은 의사 결정이 필요하다. 역설적으로 의사 결정이 효율적이니까 범죄가 가능한 것이다. 사회적 경제에는 '착한 사람의 딜레마'가 발생할 위험이 있다. 착한 사람들이 모여서 많은 것을 고려하다 보면 아무 결정도 못 내리는 상황에 빠지게 된다. 아무에게도 피해가 가지 않거나 손해가 가지 않는 결정도 쉬운 일은 아니다. 반드시 이기적으로 자신만을 위해서 계산적으로 행동하는 사람들만 '죄수의 딜레마' 같은 구조적 문제점에 봉착하는 것은 아니다.

4

박근혜를 대통령에서 파면하는 과정은 어려운 의사 결정의 연속이었다. 국회가 의결을 했고, 특검이 많은 결정을 내렸다. 그리고 그 모든 결정을 참고하여 헌법재판소가 최종적인 결정을 했다. 이 결정은 단심이고, '어필'이라고 부르는 상급심으로 넘어가는 과정이 없다. 한 번 결정하면 그것으로 끝이다. 어떤 결정이든지 결정은 내려져야 하고, 어떤 결정이든지 발생시키는 파급력은 엄청나다. 과연 이 결정은 어떻게 내릴까? 이 과정은 헌법재판관들끼리 모여서 결정하는 평의에서 이루어졌다. 평의? 평의를 공개하지 않는다는 정도만 규정이 있지, 그 안에서 어떻게 진행하는지에 대해서는 미리 규정된 것이 없다.

나는 이 과정을 지켜보면서 한국의 사회적 경제에 미래가 있다는 생각을 했다. 평의는 주식회사 방식이나 공무원 방식은 아니다. 위원장이 생각보다 많은 권한을 행사할 수 있는 여의도 방식도 아니다. 헌법재판관들끼리 누가 더 많은 권한을 가지고 있지도 않고, 상하관계가 존재하지도 않는다. 그리고 단 한 명일지라도 반대 의견이 소수라고 무시되지 않는다. 주요한 반대는 판결문에 적는다. 이런 구조 자체가 사회적 경제의 의사 결정과 굉장히 유사하다. 사회적 기업이나 협동조합의 대표나 위원장이라고 해서 더 많은 결정권이 있는 것은 아니다. 권한은 평등하고, 모든 의견은 존중된다. 그렇지만 사회적 경제는 많은 경우 판단을 내리지 못한다. 어떤 차이가 있을까?

좋은 말은 다 갖다 붙일 수 있다. 공부 많이 하고, 사법고시도 통과하고, 오랜 경륜과 사회적 존경을 갖춘 최고 권위의 헌법재판관, 이렇게 해석할 수도 있다. 그러나 이건 국회도 마찬가지다. 국회의원이 한 명 한 명 헌법기관이고, 나름대로는 최고로 잘난 사람들이라서 그 자리에까지 가 있는 것이다. 그런데도 결정을 잘 못 내린다. 소속된 정당이 다르고 정파가 달라서 그렇다고 말하기는 쉽다. 그렇게 따지면 헌법재판관들도 대통령이 임명하거나 국회가 임명하거나 대법원이 임명한다. 추천한 기관도 다 다르다. 심지어 같은 대통령 몫이라고 해도 전 정권의 대통령과 현 정권의 대통령의 기본 정치 성향이 극단적으로 다르기도 하다. 이렇게 산개된 성향을 가진 사람들이 결정을 내릴 수 있다는 것은 정말로 놀라운 일이다. 박근혜 탄핵에서, 헌법재판소는 그 어렵고 힘든 결정을 내렸다. 그리고 그 결정은 생각보다 빠른 시간 안에 이루어졌다.

만약 헌법재판관들이 평의를 통해서 결정을 내릴 수 있다면 왜 사회적 기업이나 협동조합 같은 사회적 경제의 법인들은 결정을 내릴 수 없는 것일까? 우리 모두는 헌법재판관들이 공식·비공식 평의를 계속해서 열어 가면서 결국 판단을 하는 것을 지켜보았다. 사실 사회적 경제도 그렇게 중요한 의사 결정을 내리면 된다. 많은 결정이 중요하기는 하지만, 판단을 아예 내리지 않고 유보하는 것이 더 나쁘다. 그리고 그렇게 내려진 결정 중에는 옳지 않은 결정이 있을 수도 있다. 사람이 하는 일이라서 모두 옳고 딱 맞는 결정만 내릴 수는 없다. 헌법재판소가 평의를 통해서 가장 큰 의사 결정을 처리한다면, 왜 다른 사회적 기구들은 그렇게 할 수 없을까? 못할 이유는 없다. 개인의 선호와 취향 그리고 철학을 뛰어넘어 같이 내리는 결정을 못할 정도로 그렇게 어려운 결정은 별로 없다. 평의가 할 수 있다면 다른 사회적 경제의 기구들도 그런 결정을 내릴 수 있다. 우리가 못하는 것은, 그 결정이 헌재 결정처럼 중요하다고 인식하지 못했기 때문이다. 많은 사람들이 그 결정을 중요하게 지켜보고 있고, 늦어지는 것은 괜찮지만 결정이 내려지지 않아서는 안 된다는 것을 알고 있으면 평의 같은 결정을 내릴 수 있다. 판단을 해야 하는 마지막 순간, 수많은 전문적 지식이 중요해지지 않는다. 기본적인 상식과 약간의 지식 그리고 많은 토론과 의논이 중요해진다. 그리고 이 정도는 어느 조직이나 할 수 있다. 헌재의 평의는 좌우를 넘었다. 그리고 정치와 경제 또는 사회의 분할도 넘었다. 그 판단은 정치적인 판단이지만 지난 수년간 그리고 앞으로도 수십년간, 가장 중요한 경제적 결정이 될 가능성이 높다. 정치적이고 사회적인 결정이기도 하지만, 경제적으로도 중요한 결정이다. 그리고 경제적 의사 결정에서 가장 중요한 모델이 되기도 할 것이다.

앞으로도 길게 이어질 가능성이 높은 경제적 불황 국면, 그래도 점점 더 강화될 지방자치, 국가가 직접 도와주기 어려운 개별적 경제 주체들이 만나게 될 절망감, 이런 것들은 사회적 경제가 제 기능을 수행하기 위한 물리적이고 경제적인 조건이다. 그러나 그 안에 결정적인 핵심 요소가 빠져 있다는 생각이 들었다. 개연성은 있지만 실제로 그렇게 움직이기 위해서는 조직론에서 의사 결정이 원만하게 이루어져야 한다. 그런데 좌우로 나뉘고, 지역으로 나뉘고, 연령별로 심지어는 성별로도 나뉘는 지금의 한국 상황에서 많은 조직들이 좋은 의사 결정을 내릴 수 있을까? 내가 마지막까지 느낀 불안감은 바로 이 조직론의 맹점이다. 모든 물리적 요소가 준비되어 있다고 해도 실제로 그렇게 움직인다는 보장은 없다. 비어 있는 그 마지막 퍼즐을 헌재의 평의가 채워 넣었다. 평의가 할 수 있다면 우리도 할 수 있다. 좋은 의사 결정 과정을 한 번이라도 본 사회와 그렇지 않은 사회가 만들어 내는 미래의 차이, 그 변곡점을 우리는 지났다. 평의가 탄핵 인용 결정을 하는 날 그것을 넘었다. 아주 긴 시간이 흘러서 지금의 우리를 뒤돌아볼 때, 평의의 그 결정이 한국 경제에서 가장 중요한 순간이었다고 평할 날이 올지도 모른다. 나는, 올 거라고 생각한다.

사회적 경제 조례 개정 현황

사회적 경제 조례 개정 현황

조사 결과 요약

1. 조사 대상 조례는 각 지자체 조례 중 사회적 경제, 사회적 기업, 협동조합을 포함하는 것을 설정했다.

2. 사회적 경제 조례는 기존에 여러 영역으로 분리되어 있던 사회적 기업 조례를 사회적 경제라는 큰 범주로 새롭게 제정한 것이다. 이에 따라 사회적 경제 조례를 새롭게 제정하였는지도 하나의 변수가 될 수 있을 것이라는 판단에서 〈사회적 경제 조례 개정 현황〉 표에서는 사회적 경제로 통합하여 제정하였으면 '통합'으로, 그렇지 않았다면 '기존'으로 분류했다.

3. 강원도 횡성, 전남 5개 군(구례, 고흥, 무안, 진도, 신안)을 제외하고는 모두 사회적 경제 '영역' 조례가 제정되었다.

4. 다음 표에서 '사회적 경제(기업 및 조합 포함)'의 경우 '통합'으로, '사회적 기업 + 협동조합'의 경우 '기존 + 조합'으로, '사회적 기업'의 경우 '기업'으로 표기했다.

5. 다음 표는 더불어민주당과 새누리당 분당 이전 상황을 기준으로 작성되었다.

6. 다음 표의 출처는 다음과 같다.
   - 조례 검색: 자치법규정보시스템(http://www.elis.go.kr)
   - 지역구 정당 표시: 2014년 지방선거 결과 기준, 출처: 중앙선거관리위원회

7. 기초자치단체와 광역자치단체에서의 사회적 경제 조례 개정 현황을 살펴보면 다음과 같다.

● 기초지방자치단체 사회적 경제 조례 개정 현황(226개)

기초	총계	사회적 경제 조례 미개정 지자체	사회적 경제 조례 개정 지자체 Ⓐ + Ⓑ + Ⓒ	사회적 경제(기업 및 조합 포함) Ⓐ	사회적 기업+협동조합 Ⓑ	사회적 기업 Ⓒ
더민주	80	4	76	45	7	24
새누리	117	1	116	24	21	71
무소속	29	1	28	4	4	20
Total	226	6	220	73	32	115

● 광역지방자치단체 사회적 경제 조례 개정 현황(17개)

기초	총계	사회적 경제 조례 미개정 지자체	사회적 경제 조례 개정 지자체 Ⓐ + Ⓑ + Ⓒ	사회적 경제(기업 및 조합 포함) Ⓐ	사회적 기업+협동조합 Ⓑ	사회적 기업 Ⓒ
더민주	9	0	9	5	2	2
새누리	8	0	8	5	3	0
무소속	0	0	0	0	0	0
Total	17	0	17	9	5	3

사회적 경제 조례 제정 현황

	제정 현황	조례명	제정 연도, 특이사항	관련 부서 및 연락처
서울특별시	통합	서울특별시 사회적 경제 기업 제품 구매 촉진 및 판로 지원에 관한 조례, 서울특별시 사회적 기업 육성에 관한 조례 등	15.7.30 /16.01.07	서울특별시 사회적경제 담당관 02-2133-5483
종로구	통합	서울특별시 종로구 사회적 경제 활성화 및 지원에 관한 조례, 종로구 사회적 기업 육성 및 지원 조례	16.06.17	사회적경제팀 02-2148-2282
중구	기업	서울특별시 중구 사회적 기업 육성에 관한 조례	11.07.22	취업지원과 02-3396-5697
용산구	기업	서울특별시 용산구 사회적 기업 설립 및 지원에 관한 조례	13.12.31	일자리경제과 02-2199-6800
성동구	통합	서울특별시 성동구 사회적 경제 활성화 지원에 관한 조례, 서울특별시 성동구 사회적 경제 활성화 기금 설치 및 운용 조례	16.03.17	도시재생과 02-2286-7783
광진구	기업	서울특별시 광진구 사회적 기업 육성 및 지원에 관한 조례	11.03.14	일자리정책과 02-450-7246
동대문구	기업	서울특별시 동대문구 사회적 기업 육성 및 지원에 관한 조례	11.06.09	경제진흥과 02-2127-4317
중랑구	기존+조합	서울특별시 중랑구 사회적 기업 육성 및 지원에 관한 조례, 서울특별시 중랑구 협동조합 활성화 및 지원에 관한 조례	09.12.29	일자리경제과 02-2094-2220
성북구	통합	서울특별시 성북구 사회적 가치 실현을 위한 사회적 경제 기본 조례, 서울특별시 성북구 사회적 경제 제품 구매 촉진 및 판로 지원에 관한 조례 등	14.12.26	사회적경제과 02-2241-3894
강북구	통합	서울특별시 강북구 사회적 경제 활성화 및 지원에 관한 조례, 서울특별시 강북구 사회적 기업 육성 및 지원에 관한 조례	15.09.25	일자리지원과 02-901-7253
도봉구	통합	서울특별시 도봉구 사회적 경제 기본 조례, 서울특별시 도봉구 사회적 경제 기업 제품 구매 촉진 및 판로 지원에 관한 조례	15.10.08	마을공동체과 02-2091-2482
노원구	기존+조합	서울특별시 노원구 사회적 기업 육성 및 지원에 관한 조례, 서울특별시 노원구 협동조합 활성화 지원에 관한 조례	10.12.30	일자리경제과 02-2116-3495

자치구	제정 현황	조례명	제정 연도, 특이사항	관련 부서 및 연락처
은평구	통합	서울특별시 은평구 사회적 경제 기본 조례, 서울특별시 은평구 사회적 기업 육성에 관한 조례	15.05.07	사회적경제과 02-351-6874
서대문구	통합	서울특별시 서대문구 사회적 경제 활성화 지원 조례, 서울특별시 서대문구 사회적 기업 육성 및 지원 조례 등	15.10.01	일자리경제과 02-330-8298
마포구	기업	서울특별시 마포구 사회적 경제 기업 제품 구매 촉진 및 판로 지원에 관한 조례, 서울특별시 마포구 사회적 기업 육성 및 지원에 관한 조례	09.10.01	일자리경제과 02-3153-8594
양천구	기업	서울특별시 양천구 사회적 기업 육성 및 조례	10.09.20	일자리경제과 02-2620-4812
강서구	기업	서울특별시 강서구 사회적 기업 육성에 관한 조례	10.10.29	일자리경제과 02-2600-6327
구로구	통합	서울특별시 구로구 사회적 경제 기본 조례, 서울특별시 구로구 사회적 기업 등 육성에 관한 조례	15.10.01	일자리지원과 02-860-2125
금천구	통합	서울특별시 금천구 사회적 경제 기본 조례, 서울특별시 금천구 사회적 기업 육성에 관한 조례	15.07.15	지역혁신과 02-2627-1876
영등포구	통합	서울특별시 영등포구 사회적 경제 육성 및 지원에 관한 조례, 서울특별시 영등포구 사회적 기업 육성 및 지원에 관한 조례	14.04.24	일자리정책과 02-2670-4100
동작구	통합	서울특별시 동작구 사회적 경제 활성화 지원에 관한 조례, 서울특별시 동작구 사회적 기업 육성 및 지원에 관한 조례	15.12.28	사회적마을과 02-820-9590
관악구	기업	서울특별시 관악구 사회적 기업 육성 및 지원에 관한 조례	11.06.16	사회적경제과 02-879-5753
서초구	기업	서울특별시 서초구 사회적 기업 육성 및 지원에 관한 조례	11.05.12	일자리경제과 02-2155-8739
강남구	기업	서울특별시 강남구 사회적 기업 육성 및 지원에 관한 조례	10.08.13	일자리정책과 02-3423-5592
송파구	기업	서울특별시 송파구 사회적 기업 육성에 관한 조례	10.05.24	일자리경제과 02-2147-2500
강동구	기업	서울특별시 강동구 사회적 경제 육성 및 지원에 관한 조례	10.08.04	사회적경제과 02-3425-5823

	지정 현황	조례명	제정 연도, 특이사항	관련 부서 및 연락처
부산광역시	통합	부산광역시 사회적경제 육성 및 지원에 관한 조례, 부산광역시 사회적 기업 육성에 관한 조례 등	16.11.02	경제기획과 051-888-4764
중구	기업	부산광역시 중구 사회적 기업 육성에 관한 조례	11.05.06	경제진흥과 051-600-4473
서구	기업	부산광역시 서구 사회적 기업 육성에 관한 조례	11.04.01	복지정책과 051-240-4313
동구	기업	부산광역시 동구 사회적 기업 육성 및 지원에 관한 조례	10.12.09	경제진흥과 051-440-4231
영도구	기업	부산광역시 영도구 사회적 기업 육성에 관한 조례	10.12.30	경제진흥과 051-419-4481
부산진구	기업	부산광역시 부산진구 사회적 기업 육성에 관한 조례	10.07.12	일자리사업 담당 051-605-4343
동래구	기업	부산광역시 동래구 사회적 기업 육성에 관한 조례	10.10.01	고용계 051-550-4872
남구	기업	부산광역시 남구 사회적 기업 육성에 관한 조례	10.12.20	미상
북구	기업+조합	부산광역시 북구 사회적 기업 육성 조례, 부산광역시 북구 협동조합 활성화 및 지원에 관한 조례	11.03.02	경제진흥과 051-309-2074
해운대구	기업+조합	부산광역시 해운대구 사회적 기업 육성 조례, 부산광역시 해운대구 협동조합 활동조합 활성화와 지원 조례	10.05.10	일자리창출과 051-743-4342
사하구	기업	부산광역시 사하구 사회적 기업 육성·지원에 관한 조례	11.04.07	경제진흥과 051-220-4485
금정구	기업	부산광역시 금정구 사회적 기업 육성 및 지원에 관한 조례	11.02.11	일자리경제과 051-519-4802
강서구	기업	부산광역시 강서구 사회적 기업 육성에 관한 조례	11.02.10	창조경제과 051-970-4491
연제구	기업	부산광역시 연제구 사회적 기업 육성 및 지원에 관한 조례	10.12.24	경제진흥과 051-665-4541
수영구	기업	부산광역시 수영구 사회적 기업 육성·지원 조례	10.12.31	지역경제과 051-610-4476

• 부산 2016년 제정 후 이직 기초자치단체에는 사회적 경제 조례 없음.

	제정 현황	조례명	제정 연도, 특이사항	관련 부서 및 연락처
사상구	기업	부산광역시 사상구 사회적 기업 육성에 관한 조례	10.10.18	일자리경제과 051-310-3043
기장군	기업	부산광역시 기장군 사회적 기업 육성에 관한 조례	10.12.30	교통경제과 051-709-7394
대구광역시	통합	대구광역시 사회적 경제 기업 육성 및 지원에 관한 조례, 대구광역시 사회적 기업 육성 및 지원에 관한 조례 등	16.09.30	경제과 053-668-2662
중구	기업	대구광역시 중구 사회적 기업 등의 육성 및 지원에 관한 조례	10.11.01	경제과 053-661-2562
동구	기업	대구광역시 동구 사회적 기업 육성 지원에 관한 조례	10.11.01	창조경제과 053-662-2591
서구	기업	대구광역시 서구 사회적 기업 육성에 관한 조례	10.12.20	경제과 053-663-2661
남구	기업	대구광역시 남구 사회적 기업 육성 및 지원에 관한 조례	11.03.10	일자리창출 담당 053-664-2614
북구	기업	대구광역시 북구 사회적 기업 육성 및 지원에 관한 조례	10.09.20	첨단산업과 053-665-2561
수성구	기존+조합	대구광역시 수성구 사회적 기업 육성 및 지원에 관한 조례, 대구광역시 수성구 협동조합 지원에 관한 조례	10.11.01	일자리투자사업단 053-666-4332
달서구	기존+조합	대구광역시 달서구 사회적 기업 육성 및 지원에 관한 조례, 대구광역시 달서구 협동조합 활성화 및 지원에 관한 조례	10.08.11	경제과 053-667-2543
달성군	통합	대구광역시 달성군 사회적 경제 육성 및 지원에 관한 조례, 대구광역시 달성군 사회적 기업 육성 및 지원에 관한 조례	16.09.30	경제과 053-668-2662
인천광역시	통합	인천광역시 사회적 경제 육성 및 지원에 관한 조례	14.01.09(전부 개정)// 제정일: 10.01.18	사회적경제지원센터 032-725-3300
중구	기업	인천광역시 중구 사회적 기업 육성 및 지원에 관한 조례	11.03.08	경제정책과 032-760-6920
동구	기업	인천광역시 동구 사회적 기업 육성에 관한 조례	10.12.24	미래발전정책실 032-770-6015
남구	통합	인천광역시 남구 사회적 경제 육성 지원에 관한 조례	13.11.18 (전부 개정)// 제정일: 10.09.16	일자리창출추진단 032-880-7956

	제정 현황	조례명	제정 연도, 특이사항	관련 부서 및 연락처
연수구	통합	인천광역시 연수구 사회적 경제 육성 및 지원에 관한 조례	16.07.12(전부 개정)// 제정일: 11.01.13	일자리창출과 032-749-8472
남동구	통합	인천광역시 남동구 사회적 경제 육성 및 지원에 관한 조례	15.03.05(전문 개정)// 제정일: 10.12.17	일자리정책과 032-453-2490
부평구	통합	인천광역시부평구 사회적 경제 육성 및 지원에 관한 조례	14.04.07(전부 개정)// 제정일: 10.12.31	일자리기획단 032-509-6580
계양구	통합	인천광역시 계양구 사회적 경제 육성 및 지원에 관한 조례	14.10.17(전부 개정)// 제정일: 10.10.01	지역경제과 032-450-5483
서구	통합	인천광역시 서구 사회적 경제 육성 및 지원에 관한 조례	16.07.08(전부 개정)// 제정일: 10.04.09	일자리지원과 032-560-5801
강화군	기업	인천광역시 강화군 사회적 기업 육성 및 지원에 관한 조례	11.03.02	미상
옹진군	통합	옹진군 사회적 경제 육성 및 지원에 관한 조례	14.11.03	지역경제과 032-899-2530
광주광역시*	통합	광주광역시 사회적 경제활동 지원 조례, 광주광역시 사회적 기업 육성에 관한 조례	13.08.01	일자리정책과 062-613-3602
동구	통합	광주광역시 동구 사회적 경제 육성 지원에 관한 조례	14.11.20	경제과 062-608-2742
서구	통합	광주광역시 서구 사회적 경제 육성 지원에 관한 조례, 광주광역시 서구 사회적 경제 제품 구매 촉진 및 판로 지원에 관한 조례	15.06.09	사회적경제과 062-360-7061
남구	통합	광주광역시 남구 사회적 경제 육성 지원에 관한 조례	16.03.30	지역경제순환과 062-607-2731
북구	통합	광주광역시 북구 사회적 경제 육성 지원에 관한 조례	13.12.24	기업지원과 062-510-1313
광산구	통합	광주광역시 광산구 사회적 경제 육성 지원에 관한 조례	15.10.29	사회경제과 062-960-3943

• 사회적 기업 관련 조례 폐지 후 일괄 사회적 경제지로.

	제정 현황	조례명	제정 연도, 특이사항	관련 부서 및 연락처
대전광역시	기업	대전광역시 사회적 기업 육성 및 지원에 관한 조례	09.10.09	일자리경제과 042-270-3563
동구	기업	대전광역시 동구 사회적 기업 육성 및 지원에 관한 조례, 대전광역시 동구 사회적 경제제품 우선 구매촉진 지원에 관한 조례	10.11.16	경제과 042-251-4632
중구	기업	대전광역시 중구 사회적 기업 육성 및 지원 조례	11.02.10	경제기업과 042-606-7451
서구	기업	대전광역시 서구 사회적 기업 육성 조례	11.04.18	일자리경제정책실 042-611-6182
유성구	통합	대전광역시 유성구 사회적 경제 육성 지원에 관한 조례, 대전광역시 유성구 사회적 기업 육성 및 지원 조례	14.04.18	일자리추진단 042-611-2225
대덕구	기업	대전광역시 대덕구 사회적 기업 육성 및 지원 조례	11.02.18	경제과 042-608-6932
울산광역시	기존+조합	울산광역시 사회적 기업 육성에 관한 조례, 울산광역시 협동조합 육성에 관한 조례	.09.08.10	일자리정책과 052-229-3091
중구	기존+조합	울산광역시 중구 사회적 기업 육성 및 지원에 관한 조례, 울산광역시 중구 협동조합 지원에 관한 조례	10.12.27	경제일자리과 052-290-3340
남구	통합	울산광역시 남구 사회적 경제 육성에 관한 조례	15.03.20	행복기획단 052-226-5681
동구	기업	울산광역시 동구 사회적 기업 육성에 관한 조례	13.04.11	경제진흥과 052-209-3511
북구	기존+조합	울산광역시 북구 사회적 기업 육성 및 지원에 관한 조례, 울산광역시 북구 협동조합 지원에 관한 조례	10.08.12	창조경제과 052-241-7721
울주군	기업	울산광역시 울주군 사회적 기업 육성 및 지원에 관한 조례	10.10.25	지역경제과 052-229-8591
경기도	통합	경기도 사회적 경제 기금 설치 및 운영 조례, 경기도 사회적 경제 육성 지원에 관한 조례	16.07.19	사회적경제육성팀 031-8008-3585
수원시	통합	수원시 사회적 경제 육성 지원에 관한 조례, 수원시 협동조합 활성화 지원 조례	14.10.07	사회적경제팀 031-228-3881

301

	제정 현황	조례명	제정 연도, 특이사항	관련 부서 및 연락처
성남시	통합	성남시 사회적 경제 육성 지원에 관한 조례	09.04.27	고용노동과 031-729-3662
의정부시	통합	의정부시 사회적 경제 육성 지원에 관한 조례, 의정부시 사회적 기업 육성 지원에 관한 조례	14.05.16	지역경제과 031-828-8862
안양시	통합	안양시 사회적 경제 육성 지원에 관한 조례, 안양시 사회적 협동조합 지원에 관한 조례	16.01.06	고용경제과 031-8045-5120
부천시	통합	부천시 사회적 경제 육성 및 지원에 관한 조례	15.01.12	일자리경제과 032-625-2701
광명시	통합	광명시 사회적 경제 제품 구매 촉진 및 판로 지원에 관한 조례, 광명시 사회적 기업 육성 및 지원에 관한 조례, 광명시 협동조합 지원에 관한 조례	13.01.07	일자리경제과 02-2680-6834
평택시	통합	평택시 사회적 경제 육성 및 지원에 관한 조례	16.07.28	일자리경제과 031-8024-3522
동두천시	통합	동두천시 사회적 경제 육성 지원에 관한 조례	15.01.07	지역경제과 031-860-2366
안산시	통합	안산시 사회적 경제 육성 지원에 관한 조례, 안산시 협동조합 지원에 관한 조례	15.10.19	일자리정책과 031-481-2299
고양시	통합	고양시 사회적 경제 육성 및 지원에 관한 조례, 고양시 협동조합 육성에 관한 조례	14.10.21	일자리청출과 031-8075-3724
과천시	기존+조합	과천시 사회적 경제 기업 육성 및 지원에 관한 조례, 과천시 협동조합 활성화 지원 조례	10.10.11	사회적공동체팀 02-3677-2865
구리시	통합	구리시 사회적 경제 육성 및 지원에 관한 조례, 구리시 협동조합 지원에 관한 조례	15.09.30	산업경제과 031-550-2599
남양주시	통합	남양주시 사회적 경제 기업의 구매 촉진 및 사회적 경제 활성화에 관한 조례, 남양주시 사회적 기업 육성 및 지원에 관한 조례, 남양주시 협동조합 활성화 및 지원에 관한 조례	14.05.08	창조경제과 사회적경제팀 031-590-8905

지자체	제정 현황	조례명	제정 연도, 특이사항	관련 부서 및 연락처
오산시	통합	오산시 사회적 경제 육성 및 지원 조례. 오산시 사회적 경제 제품 구매 촉진 및 판로 지원에 관한 조례. 오산시 협동조합 지원에 관한 조례	10.08.16	지역경제과 031-8036-7581
시흥시	통합	시흥시 사회적 경제 육성 및 지원에 관한 조례	09.11.06	주민자치과 031-310-6054
군포시	통합	군포시 사회적 경제 육성 지원에 관한 조례. 군포시 사회적 기업 육성 및 지원에 관한 조례	16.12.12	지역경제과 031-390-0355
의왕시	기업	의왕시 사회적 기업 육성 · 지원에 관한 조례. 의왕시 협동조합 지원에 관한 조례	10.10.13	기업지원과 031-345-2360
하남시	통합	하남시 사회적 경제 육성 지원에 관한 조례	15.05.11	기업지원과 031-790-6284
용인시	통합	용인시 사회적 경제 육성 및 지원에 관한 조례	10.04.29	일자리정책과 031-324-2205
파주시	기존+조합	파주시 사회적 기업 육성 및 지원에 관한 조례. 파주시 협동조합 육성에 관한 조례	10.02.26	일자리정책과 031-940-5062
이천시	기업	이천시 사회적 기업 육성 조례	10.08.13	기업지원과 031-644-2182
안성시	통합	안성시 사회적 경제 육성 지원에 관한 조례	16.05.17	창조경제과 031-678-5454
김포시	통합	김포시 사회적 경제 기본 조례. 김포시 사회적 경제 제품 구매 촉진 및 판로 지원에 관한 조례. 김포시 사회적 기업 육성 및 지원에 관한 조례	16.10.31	경제진흥과 031-980-2265
화성시	통합	화성시 사회적 경제 육성 및 지원에 관한 조례. 화성시 사회적 경제지원기금 및 운용 조례. 화성시 협동조합 지원에 관한 조례	10.05.13	사회적공동체담당관 031-3696-6155
광주시	통합	광주시 사회적 경제 활성화 지원에 관한 조례	16.02.29	기업지원과 031-760-2105

	제정 현황	조례명	제정 연도, 특이사항	관련 부서 및 연락처
양주시	통합	양주시 사회적 경제 육성 및 지원에 관한 조례, 양주시 협동조합 지원에 관한 조례	15.12.31	사회적경제팀 031-8082-6091
포천시	통합	포천시 사회적 경제 육성 및 지원에 관한 조례	10.07.28	사회적공동체팀 031-538-2285
여주시	기업	여주시 사회적 기업 육성 지원에 관한 조례	13.09.23	지역경제과 031-887-2236
연천군	기업	연천군 사회적 기업 육성 및 지원에 관한 조례	10.12.30	지역경제과 0361-839-2285
가평군	기업	가평군 사회적 기업 육성 및 지원 조례	10.11.10	경제과 031-580-2952
양평군	통합	양평군 사회적 경제 육성 및 지원 조례, 양평군 협동조합 지원에 관한 조례	15.12.31	특화도시개발과 031-770-2207
강원도	통합	강원도 사회적 경제 육성 지원에 관한 조례	14.01.03(전부 개정)// 제정일: 11.12.30	사회적경제과 033-249-3950
춘천시	기업+조합	춘천시 풀뿌리 사회적 기업 육성 및 지원에 관한 조례, 춘천시 협동조합 활성화 및 지원에 관한 조례	12.06.14	경제과 033-250-3219
원주시	기업+조합	원주시 사회적 기업 육성에 관한 조례, 원주시 협동조합 육성 및 지원에 관한 조례	10.11.17	기업지원과 033-737-2971
강릉시	통합	강릉시 사회적 경제 육성 및 지원에 관한 조례	16.11.16	경제진흥과 033-660-2018
동해시	기업	동해시 사회적 기업 육성 및 지원에 관한 조례	11.03.25	경제과 033-530-2165
태백시	기업	태백시 사회적 기업 육성 및 지원에 관한 조례	11.08.05	경제정책과 033-550-2103
속초시	기업	속초시 사회적 기업 육성 및 지원 조례	10.12.17	기획감사실 033-639-2127
삼척시	통합	삼척시 사회적 경제 육성 및 지원에 관한 조례	16.07.22	지역경제과 033-570-3364

• 사회적 기업 관련 조례 폐지 후 일괄 사회적 경제로.

	제정 현황	조례명	제정 연도, 특이사항	관련 부서 및 연락처
홍천군	통합	홍천군 사회적 경제 육성 지원에 관한 조례	15.07.30	경제협력과 033-430-2840
횡성군	미제정			
영월군	기업	영월군 사회적 기업 육성에 관한 조례	11.12.16	전략사업과 033-370-2352
평창군	기업	평창군 사회적 기업 육성에 관한 조례	15.01.02	경제체육과 033-330-2744
정선군	통합	정선군 사회적 경제 육성 지원 조례	15.02.23	지역경제과 033-560-2309
철원군	통합	철원군 사회적 경제 육성 지원에 관한 조례	15.12.30	경제활성화담당 033-450-5351
화천군	기업	화천군 사회적 기업 육성에 관한 조례	11.11.25	일거리창출 033-440-2456
양구군	기업+조합	양구군 사회적 기업 육성에 관한 조례, 양구군 협동조합 지원에 관한 조례	13.02.22	경제관광과 033-480-2214
인제군	통합	인제군 사회적 경제 육성 및 지원에 관한 조례	14.01.07	지역경제과 033-460-2383
고성군	기업	고성군 사회적 기업 등 육성 및 지원에 관한 조례	14.01.02	경제진흥과 033-680-3376
양양군	기업	양양군 사회적 기업등 육성 및 지원에 관한 조례	14.12.19	경제도시과 033-670-2707
충청북도	기업+조합	충청북도 사회적 기업 육성 지원에 관한 조례, 충청북도 협동조합 육성 및 지원 조례	11.08.12(전문 개정)// 제정일: 09.05.08	경제정책과 220-3241
청주시	기업	청주시 사회적 기업 육성·지원에 관한 조례	14.07.01	일자리경제과 201-1482
충주시	기업+조합	충주시 사회적 기업 육성 조례, 충주시 협동조합 육성과 지원에 관한 조례	13.03.09	경제과
제천시	통합	제천시 사회적 경제 조직의 육성 지원에 관한 조례	15.12.31	일자리창출팀 043-641-6632
보은군	기업	보은군 사회적 기업 육성 지원에 관한 조례	11.03.11	경제정책계 3233

	제정 현황	조례명	제정 연도, 특이사항	관련 부서 및 연락처
옥천군	기업	옥천군 사회적 기업 육성·지원에 관한 조례	11.02.28	경제정책실 043-730-3391
영동군	기업	영동군 사회적 기업 육성·지원에 관한 조례	11.02.10	경제과 043-740-3741
진천군	기업+조합	진천군 사회적 기업 육성 및 지원에 관한 조례, 진천군 협동조합 지원 조례	11.06.10	경제과 043-539-3332
괴산군	기업	괴산군 사회적 기업 육성 및 지원에 관한 조례	11.12.30	일자리창출팀 3321
음성군	기업	음성군 사회적 기업 육성 및 지원에 관한 조례	11.01.12	경제과 043-871-3611
단양군	기업+조합	단양군 사회적 기업 육성 및 지원에 관한 조례, 단양군 협동조합 육성 및 지원에 관한 조례	11.06.10	지역경제과 043-420-2431
증평군	기업	증평군 사회적 기업 육성 및 지원에 관한 조례	12.01.06	경제과 043-835-4041
충청남도	통합	충청남도 사회적 경제 육성 지원에 관한 조례, 충청남도 사회적 경제 제품 구매 촉진 및 판로 지원에 관한 조례	12.07.25(전부 개정)// 제정일: 09.04.15	경제정책과 041-635-3305
천안시	통합	천안시 사회적 경제 육성에 관한 조례, 천안시 사회적 경제 제품 구매 촉진 및 판로 지원에 관한 조례	13.05.13(전부 개정)// 제정일: 09.09.11	지역경제과 041-521-2357
공주시	기업	공주시 사회적 기업 육성에 관한 조례	10.11.15	기업경제과 041-840-8306
보령시	통합	보령시 사회적 경제 육성 및 지원에 관한 조례	15.04.10	지역경제과 041-930-3543
아산시	통합	아산시 사회적 경제 육성 및 지원에 관한 조례, 아산시 사회적 경제 제품 구매 촉진 및 판로 지원에 관한 조례	13.10.25(전부 개정)// 제정일: 09.07.27	사회적경제과 041-540-2641
서산시	기업	서산시 사회적 기업 육성 및 지원에 관한 조례	10.12.31	일자리경제정책과 041-660-2547
논산시	기업	논산시 사회적 기업 육성·지원에 관한 조례	15.09.10(전부 개정)// 제정일: 09.11.10	사회적경제과 041-746-6013

	제정 현황	조례명	제정 연도, 특이사항	관련 부서 및 연락처
계룡시	기업	계룡시 사회적 기업 육성·지원에 관한 조례	12.06.12	지역경제과 042-840-2500
당진시	기업	당진시 사회적 기업 육성 및 지원에 관한 조례	12.01.01	지역경제과 041-350-4020
금산군	기업	금산군 사회적 기업 육성에 관한 조례	11.02.15	지역경제과 041-750-2651
부여군	기업	부여군 사회적 기업 육성에 관한 조례	10.08.23	경제교통과 041-830-2266
서천군	통합	서천군 지역순환경제 활성화 지원에 관한 조례, 서천군 지역순환경제센터 설치 및 운영에 관한 조례	14.01.06	지역경제과 041-950-4357
청양군	기업	청양군 사회적 기업 육성·지원에 관한 조례	11.11.29	미상
홍성군	기업	홍성군 사회적 기업 육성 및 지원에 관한 조례	10.10.27	기업지원부아 041-630-1612
예산군	기업	예산군 사회적 기업 육성 및 지원에 관한 조례	10.11.30	경제통상과 041-339-7254
태안군	기업	태안군 사회적 기업 육성 및 지원에 관한 조례	10.11.30	경제진흥과 041-670-2170
세종시(신설)	기업	세종특별자치시 사회적 기업 등 육성 지원에 관한 조례	12.11.12	로컬푸드과 044-300-2533
전라북도	기업+조합	전라북도 사회적 기업 육성 지원 조례, 전라북도 협동조합 촉진에 관한 조례	10.11.05(전부 개정)// 제정일: 09.07.03	경제신업국 280-3781
전주시	통합	전주시 사회적 경제 활성화 기본 조례, 전주시 사회적 기업 육성에 관한 조례, 전주시 협동조합 지원에 관한 조례	14.12.30	사회적경제지원과 063-281-2256
군산시	기업+조합	군산시 사회적 기업 육성에 관한 조례, 군산시 협동조합 육성 및 지원에 관한 조례	09.04.15	인력양성일자리과 063-454-2770
익산시	통합	익산시 사회적 경제 육성·지원에 관한 조례, 익산시 협동조합 지원에 관한 조례	16.07.15(전부 개정)// 제정일: 09.07.08	민생경제과 063-859-4389

• 2014년 사회적 기업 조례 폐지 후 지역순환경제로 전환.

지역	제정 현황	조례명	제정 연도, 특이사항	관련 부서 및 연락처
정읍시	기업	정읍시 사회적 기업 육성 및 지원에 관한 조례	10.07.12	지역공동체육성과 063-539-6841
남원시	기업	남원시 사회적 기업 육성에 관한 조례	10.06.28	일자리지원 담당 063-620-6336
김제시	기업	김제시 사회적 기업 육성 및 지원에 관한 조례	11.03.16	경제교통과 063-540-3987
완주군	통합	완주군 사회적 경제 육성·지원에 관한 조례, 완주군 사회적 경제 제품 구매 촉진 및 판로 지원에 관한 조례	16.04.21	일자리경제과 미상
진안군	기업	진안군 사회적 기업 육성 조례	10.08.16	전략산업과 063-430-2539
무주군	기업	무주군 사회적 기업 육성에 관한 조례	10.11.01	산업경제과 063-320-2381
장수군	기업	장수군 사회적 기업 육성에 관한 조례	10.09.06	건설경제과 063-350-2255
임실군	기업	임실군 사회적 기업 육성 및 지원에 관한 조례	10.10.04	지역경제과 063-640-2071
순창군	기업+조합	순창군 사회적 기업 육성 및 지원에 관한 조례, 순창군 협동조합 활성화 및 지원에 관한 조례	10.11.01	일자리창출과 063-650-1313
고창군	기업	고창군 사회적 기업 육성지원 조례	10.11.01	민생경제과 063-560-2346
부안군	기업	부안군 사회적 기업 육성 및 지원에 관한 조례	10.09.17	미래창조경제과 063-580-4384
전라남도	통합	전라남도 사회적 경제 육성과 지원에 관한 조례, 전라남도 사회적 경제 기업 제품 구매 촉진 및 판로 지원에 관한 조례	14.10.10	일자리정책실 061-286-2951
목포시	기업+조합	목포시 사회적 기업 육성에 관한 조례, 목포시 협동조합 지원에 관한 조례	09.08.03	일자리정책과 061-270-8212
여수시	통합	여수시 사회적 경제 육성과 지원에 관한 조례	15.11.10	지역경제과 061-659-3622
순천시	통합	순천시 사회적 경제 활성화 조례	15.10.01	시민소통과 061-749-5456
나주시	통합	나주시 사회적 경제 활성화 지원에 관한 조례	15.10.15	일자리정책실 061-339-8161

	지정 현황	조례명	제정 연도, 특이사항	관련 부서 및 연락처
광양시	기업+조합	광양시 사회적 기업 육성에 관한 조례, 광양시 협동조합 지원에 관한 조례	09.12.30	투자유치과 061-797-3455
담양군	통합	담양군 사회적 경제 육성 및 지원에 관한 조례	14.12.29	지역경제과 061-380-3047
곡성군	통합	곡성군 사회적 경제 육성과 지원에 관한 조례	17.01.09	경제과 061-360-8281
구례군	미지정			
고흥군	미지정			
보성군	기업	보성군 사회적 기업 육성에 관한 조례	10.07.30	경제산업과 061-850-5493
화순군	기업	화순군 사회적 기업 육성 및 지원 조례	12.03.08	산업경제과 061-379-3151
장흥군	기업	장흥군 사회적 기업 육성 및 지원에 관한 조례	11.03.07	기업지원과 061-860-0352
강진군	통합	강진군 사회적 경제 육성 및 지원에 관한 조례	15.11.05	지역개발과 061-430-3355
해남군	기업	해남군 사회적 기업 육성에 관한 조례	10.11.16	지역개발과 061-530-5351
영암군	기업	영암군 사회적 기업 육성 지원에 관한 조례	09.12.31	지역경제팀 미상
무안군	미지정			
함평군	기업	함평군 사회적 기업 육성 및 지원에 관한 조례	12.10.09	지역경제과 061-320-3356
영광군	기업	영광군 사회적 기업 육성 및 지원에 관한 조례	13.12.20	투자경제과 061-350-5451
장성군	기업	장성군 사회적 기업 육성에 관한 조례	10.09.24	고용투자정책과 061-390-7469

• 전화 문의 결과 아직 협의가 안 된 사항이라는 답을 받음.

지자체명	제정 현황	조례명	제정 연도, 특이사항	관련 부서 및 연락처
완도군	기업+조합	완도군 사회적 기업 육성 및 지원에 관한 조례, 완도군 협동조합 육성 및 지원에 관한 조례	14.10.24	일자리창출 담당 061-550-5545
진도군	미제정			
신안군	미제정			
경상북도	기업+조합	경상북도 사회적 기업 육성에 관한 조례, 경상북도 협동조합 육성에 관한 조례	09.03.09	사회적경제과
포항시	기업	포항시 사회적 기업 육성에 관한 조례	10.04.20	일자리경제노동과 054-270-3923
경주시	기업	경주시 사회적 기업 육성에 관한 조례	10.12.16	노사협력과 054-760-7967
김천시	기업	김천시 사회적 기업 육성에 관한 조례	10.12.30	일자리투자과 미상
안동시	통합	안동시 사회적 경제활동 지원 조례, 안동시 사회적 기업 육성 및 지원에 관한 조례	14.01.03	일자리경제과 054-840-5309
구미시	기업	구미시 사회적 기업 육성 및 지원에 관한 조례	11.08.03	노동복지과 054-480-6243
영주시	기업	영주시 사회적 기업 육성에 관한 조례	10.12.09	경제활성화실 054-639-6142
영천시	통합	영천시 사회적 기업 육성 및 지원에 관한 조례	10.07.28	일자리경제과 054-330-6058
상주시	기업	상주시 사회적 기업 육성 및 지원에 관한 조례	10.12.28	경제기업과 054-537-7407
문경시	기업	문경시 사회적 기업 육성 및 지원에 관한 조례	09.09.28	경제교통과 054-550-6765
경산시	기업	경산시 사회적 기업 육성 및 지원에 관한 조례	11.03.29	일자리경제과 053-810-5123
군위군	기업	군위군 사회적 기업 육성 및 지원에 관한 조례	11.11.04	경제과 054-380-6259

	제정 현황	조례명	제정 연도, 특이사항	관련 부서 및 연락처
의성군	기업	의성군 사회적 기업 육성 지원에 관한 조례	11.05.12	경제교통과 054-830-6562
청송군	기업+조합	청송군 사회적 기업 육성에 관한 조례, 청송군 협동조합 활성화 및 지원에 관한 조례	11.08.02	기획감사실 054-870-6451
영양군	기업	영양군 사회적 기업 육성 지원에 관한 조례	10.12.28	주민생활지원과 054-680-6233
영덕군	기업	영덕군 사회적 기업 육성 지원에 관한 조례	11.10.13	새마을경제과 054-730-6234
청도군	기업	청도군 사회적 기업 육성 지원에 관한 조례	11.04.22	미상
고령군	기업+조합	고령군 사회적 기업 육성에 관한 조례, 고령군 협동조합 지원에 관한 조례	11.04.08	경제교통과 054-950-6057
성주군	기업	성주군 사회적 기업 육성 지원에 관한 조례	11.11.03	경제교통과 054-930-6712
칠곡군	기업	칠곡군 사회적 기업 육성 지원에 관한 조례	10.09.28	전략기획과 054-979-6092
예천군	기업	예천군 사회적 기업 육성 지원에 관한 조례	10.12.31	새마을경제과 054-650-6859
봉화군	기업	봉화군 사회적 기업 육성 지원에 관한 조례	12.02.23	새마을경제과 054-679-6273
울진군	기업	울진군 사회적 기업 육성 지원에 관한 조례	10.11.08	일자리주진팀 054-789-6470
울릉군	기업	울릉군 사회적 기업 육성 및 지원에 관한 조례	11.03.31	경제교통과 미상
경상남도	기업+조합	경상남도 사회적 기업 육성에 관한 조례, 경상남도 협동조합 활성화 지원 조례	09.05.14	고용정책단 미상
창원시 (통합창원-마산,진주)	기업+조합	창원시 사회적 기업 육성에 관한 조례, 창원시 협동조합 지원 조례	10.07.01	일자리창출과 055-225-3324
진주시	기업+조합	진주시 사회적 기업 육성 및 지원에 관한 조례, 진주시 협동조합 지원에 관한 조례	12.02.23	지역경제과 055-749-5230

	제정 현황	조례명	제정 연도, 특이사항	관련 부서 및 연락처
통영시	기업	통영시 사회적 기업 육성에 관한 조례	10.08.17	지역경제과 055-650-5220
사천시	기업+조합	사천시 사회적 기업 육성 및 지원에 관한 조례, 사천시 협동조합 지원 조례	11.03.29	투자유치과 055-831-3080
김해시	기업+조합	김해시 사회적 기업 육성에 관한 조례, 김해시 협동조합 지원에 관한 조례	10.12.31	일자리창출과 055-330-3461
밀양시	기업+조합	밀양시 사회적 기업 육성에 관한 조례, 밀양시 협동조합 육성 및 지원에 관한 조례	11.04.07	기업경제과 055-359-5056
거제시	기업+조합	거제시 사회적 기업 육성에 관한 조례, 거제시 협동조합 육성 및 지원에 관한 조례	11.03.25	조선해양플랜트과 055-639-4123
양산시	기업+조합	양산시 사회적 기업 육성에 관한 조례, 양산시 협동조합 지원에 관한 조례	09.07.10	경제기업과 055-392-3113
의령군	기업	의령군 사회적 기업 육성 및 지원에 관한 조례	11.04.11	일자리창출 담당 055-570-812
함안군	기업+조합	함안군 사회적 기업 육성 및 지원에 관한 조례, 함안군 협동조합 지원에 관한 조례	11.04.20	일자리 담당 055-580-2542
창녕군	기업	창녕군 사회적 기업 육성 및 지원에 관한 조례	10.12.29	경제도시과 055-530-1172
고성군	기업	고성군 사회적 기업 육성 및 지원에 관한 조례	11.04.20	경제교통과 055-670-2492
남해군	기업	남해군 사회적 기업 육성 및 지원에 관한 조례	12.02.08	경제과 055-860-3233
하동군	기업	하동군 사회적 기업 육성에 관한 조례	11.11.21	경제수산과 055-880-2192
산청군	기업	산청군 사회적 기업 육성에 관한 조례	15.04.14	경제도시과 055-970-6801
함양군	기업	함양군 사회적 기업 육성 및 지원에 관한 조례	11.07.08	경제과 055-960-5181

	제정 현황	조례명	제정 연도, 특이사항	관련 부서 및 연락처
거창군	기업+조합	거창군 사회적 기업 등의 육성 및 지원에 관한 조례, 거창군 협동조합 지원에 관한 조례	10.08.13	경제교통과 055-940-3350
함천군	기업	함천군 사회적 기업 육성 및 지원에 관한 조례	10.12.17	경제교통과 055-930-3391
제주특별 자치도	통합	제주특별자치도 사회적 경제 기본 조례, 제주특별자치도 사회적 기업 등 육성 및 지원 조례, 제주특별자치도 협동조합 활성화 지원 조례 등	14.12.31	경제정책과 064-710-2265

313

지은이 **우석훈**

경제학자, 두 아이의 아빠. 성격은 못됐고 말은 까칠하다. 늘 명랑하고 싶어
하지만 그마저도 잘 안 된다. 사람들의 욕심과 의무감 대신 재미와 즐거움,
그리고 보람으로 살아가는 경제를 기다린다. 대표 저서로 《88만원 세대》,
《불황 10년》,《오늘 한 푼 벌면 내일 두 푼 나가고》,《국가의 사기》,《민주주
의는 회사 문 앞에서 멈춘다》 등이 있다.

사회적 경제는 좌우를 넘는다
더 가난해지지 않기 위한 희망의 경제학

1판 1쇄 발행 2017년 5월 4일
1판 4쇄 발행 2019년 5월 20일

지은이 우석훈
펴낸곳 (주)문예출판사 | **펴낸이** 전준배
출판등록 1966. 12. 2. 제 1-134호
주소 03992 서울시 마포구 월드컵북로 6길 30
전화 393-5681 | **팩스** 393-5685
홈페이지 www.moonye.com | **블로그** blog.naver.com/imoonye
페이스북 www.facebook.com/moonyepublishing | **이메일** info@moonye.com

ISBN 978-89-310-1047-3 03320

이 도서의 국립중앙도서관 출판시도서목록(CIP)은 서지정보유통지원시스템
(http://seoji.nl.go.kr)과 국가자료공동목록시스템(http://www.nl.go.kr/kolisnet)에서
이용하실 수 있습니다. (CIP제어번호 CIP2017010311)